Gitta Mühlen Achs

Wer führt?

Gitta Mühlen Achs

Wer führt?

Körpersprache
und die Ordnung
der Geschlechter

Frauenoffensive

1. Auflage, 2003
© Verlag Frauenoffensive
(Metzstr. 14 c, 81667 München
www.verlag-frauenoffensive.de)

ISBN 3-88104-361-6

Druck: Clausen & Bosse, Leck
Umschlaggestaltung: Erasmi & Stein, München

Dieses Buch ist gedruckt auf Papier aus chlorfrei gebleichtem Zellstoff.

INHALT

VORWORT

Der Zusammenhang zwischen Körpersprache, Macht und Geschlecht beschäftigt mich seit zwanzig Jahren. Die Ergebnisse meiner wissenschaftlichen Arbeit sind eingeflossen in zahlreiche Veröffentlichungen. Von unschätzbarem Wert waren dabei die vielen Seminare und Workshops, die mir Gelegenheit gegeben haben, die Relevanz „meines" Themas immer wieder feststellen und meine Standpunkte überprüfen und weiterentwickeln zu können. Allen, die in solchen Veranstaltungen dazu beigetragen haben, bin ich zu größtem Dank verpflichtet.

In der Anfangszeit waren meine Arbeitsbedingungen von dem glücklichen Umstand bestimmt, daß feministische Fragestellungen zwar nicht unbedingt unterstützt, aber wenigstens ernstgenommen wurden. Die Arbeit auf „Neuland" war aufregend und vermittelte das Gefühl, etwas Substanzielles zu einer grundlegenden Veränderung der Geschlechterverhältnisse – zum Wohle aller – beitragen zu können.

Gegenwärtig durchleben wir eine Zeit des geschlechterpolitischen Revisionismus. Zum einen werden feministische Positionen heute mit feinerer, aber nicht minder wirksamer Klinge als früher attackiert: mit Ausblendung, Relativierung, Ironie und Witz. In einer Spaßgesellschaft wird auch der Feminismus totgelacht. Zum anderen läßt sich vor dem Hintergrund der postmodernen Philosophie jede „unpassende" wissenschaftliche Erkenntnis noch leichter als früher mit individuellen, gegenläufigen Erfahrungen aushebeln. Zum dritten wird der Zugang zu gesellschaftlichen Bereichen der Macht vor allem den „braven Mädchen" gewährt, die sich dafür dankbar erweisen, indem sie sich klar und deutlich vom Feminismus abgrenzen. Und nicht zuletzt hält der totgeglaubte Sexismus wieder Einzug – besonders in den Medien.

Wie können diese Untiefen erfolgreich umschifft werden? Mir ist durchaus klar, daß die Lektüre eines Buches nicht mit der Teilnahme an einem Workshop gleichgesetzt werden kann, der es ermöglicht, unmittelbar am Verhalten selbst anzusetzen. Dennoch hoffe ich, durch meine spezifische Vorgangsweise auch meinen LeserInnen von Nutzen sein zu können. Dazu sollen sowohl die vielen Bezüge auf alltägliche Erfahrungen als insbesondere auch die Abbildungen beitragen. Mit ihnen soll weniger etwas „bewiesen" als vielmehr ein „Aha-Effekt" ausgelöst werden. Machen Sie das Beste draus!

München, im Juli 2003   *Gitta Mühlen Achs*

MACHT, GESCHLECHT UND KÖRPERSPRACHE
Eine Einleitung

Power, the control of others,
is accomplished by getting others
to accept your view and perspective.
(Peter M. Hall)

Wer führt, hat Kontrolle über die, die geführt werden. Wer führt, setzt seine Ziele durch, entscheidet, wo's lang geht. Wer führt, hat Macht. Macht ist eine universelle Erscheinung des menschlichen Zusammenlebens, ein inhärenter Bestandteil jeder menschlichen Beziehung. Die Vorstellung vollkommen machtfreier Beziehungen ist utopisch, denn in der Realität gibt es solche Beziehungen nicht. Wir können aber die nicht weniger bedeutsame Unterscheidung zwischen Beziehungen, in denen eine Machtbalance, ein prinzipielles Machtgleichgewicht besteht, und solchen, die sich durch prinzipielle Ungleichheit hinsichtlich der Macht der Beteiligten kennzeichnen lassen, treffen.

Im vorliegenden Buch untersuche ich das Verhältnis zwischen den Geschlechtern unter diesem Aspekt, wobei sich mein Interesse insbesondere auf ihre körpersprachlichen Selbstdarstellungs- und Kommunikationsweisen richtet. Entsprechend der Theorie von Geschlecht als einer sozialen und symbolischen Konstruktion (vgl. West & Zimmerman, 1991) stellen wir dieses nicht zuletzt in unseren gemeinsamen Interaktionen durch bestimmte Verhaltensweisen selbst ununterbrochen her. Daher müßten sich gerade hier wesentliche machtrelevante Hinweise auf das Verhältnis zwischen Männern und Frauen finden lassen. Mit Paula-Irene Villa (2000) gehe ich dabei davon aus, daß sich das Geschlechterverhältnis grundsätzlich nicht nur durch Vorstellungen von einer (möglicherweise auch wertneutralen) Differenz kennzeichnen läßt, sondern von sozialer Ungleichheit im Allgemeinen – sozusagen als differenzierter Ausdruck des Gegensatzes von Lohnarbeit und Kapital – nicht zu trennen ist.

Entsprechend der klassischen soziologischen Definition von Max Weber besteht Macht darin, *„innerhalb einer sozialen Beziehung den eigenen Willen auch gegen Widerstreben durchzusetzen, gleichviel, worauf diese Chance beruht"*. Systematische Ungleichheiten in bezug auf die Möglichkeiten, Macht zu realisieren, lassen sowohl innerhalb persönlicher Beziehungen als auch zwischen sozialen Gruppen hierarchische Strukturen entstehen. Die Legitimität solcher Herrschaftsverhältnisse wird im allgemeinen um so weniger angezweifelt, je stärker sie in einer Gesellschaft institutionalisiert sind. Und je tiefer sie in solcher Weise verankert sind, als um so beständiger erweisen sie sich. Im Idealfall beruht die Anerkennung hierarchisch strukturierter sozialer Ordnungen auf der Idee von der Gott- bzw. Naturgegebenheit der jeweiligen Unterschiede, auf denen sie aufbauen. Die historischen Hierarchien zwischen Ständen und Klassen im alten Europa funktionierten ebenso wie die rassistisch begründeten Herrschaftsverhältnisse im jungen Amerika nur so lange, als niemand ihre Grundlagen bezweifelte und sich dagegen auflehnte. Weil es aber endlich dazu kam, sind die lange Zeit nahezu undurchdringlichen Schranken zwischen den Menschen, die sie errichtet hatten, heute nur noch Geschichte. Die demokratisch organisierten Gesellschaften der westlichen Hemisphäre zeichnen sich heute durch weitgehende soziale Durchlässigkeit aus. Der gesellschaftliche Rangplatz eines Menschen ist nicht mehr durch Blut und Geburt ein für allemal festgelegt, sondern kann auf der Basis individueller Fähigkeiten und durch den Erwerb entsprechender Qualifikationen quasi selbst bestimmt werden.

Diese Feststellung trifft zwar generell, allerdings nicht auf alle gesellschaftlichen Gruppen und vor allem nicht auf Frauen und Männer in gleicher Weise zu. Ein geschlechterdifferenzierender Blick auf unsere gesellschaftliche Realität zeigt, daß sie in dieser Hinsicht nicht unwesentlich vom Ideal einer demokratischen Gesellschaftsordnung abweicht. Ohne Zweifel haben Frauen im politischen Kampf um bürgerliche Rechte, um das Recht auf Bildung, Ausbildung und Berufstätigkeit in relativ kurzer Zeit große, geradezu atemberaubende Erfolge errungen. Mädchen erhalten heute nicht nur die gleichen Bildungschancen wie Jungen, sie sind – gemessen an ihren Noten – im allgemeinen und weiterbildenden Schulwesen bis hin zur Hochschulreife im Durchschnitt mittlerweile sogar erfolgreicher als diese. Eine gewinnbringende Umsetzung ihres kontinuierlich wachsenden Qualifikationsvorsprungs auf dem Arbeitsmarkt gelingt allerdings immer noch vergleichsweise wenigen. Die traditionell geschlechtshierarchisch geordneten Verhältnisse innerhalb aller relevanten gesellschaftlichen Institutionen – der Politik, der Wirtschaft, der Verwaltung, der Wissenschaft, der etablierten Religionen und nicht zuletzt auch im besonders bewußtseinsbildenden Bereich der Massenmedien – sind bisher nicht wesentlich verändert, geschweige denn abgebaut worden.

Eine Studie der 1999 gegründeten Helsinki-Gruppe der Europäischen Kommission belegt, daß beispielsweise in den Universitäten quer durch alle Fachbereiche Professorinnen massiv unterrepräsentiert und vor allem in den Natur- und Ingenieurwissenschaften nur als Minderheit vertreten sind. Auch in der deutschen Wirtschaft haben Frauen mit einem Anteil von elf Prozent in Führungspositionen und vier Prozent im Top-Management noch keinen entscheidenden Einfluß gewonnen. Mit solchen Zahlen steht Deutschland nicht nur schlecht, sondern im internationalen Vergleich als Schlußlicht da. Ein Grund für die letztlich enttäuschend zögerliche Entwicklung in Richtung Gleichberechtigung bzw. Chancengleichkeit im öffentlichen Bereich der Gesellschaft ist nicht zuletzt im privaten Bereich mit seinen nahezu unangetasteten traditionellen Geschlechterstrukturen zu suchen. Hier haben sich in der jüngeren Vergangenheit vergleichsweise noch weniger Veränderungen, geschweige denn die gesellschaftlich beschlossenen, tiefgreifenden Umwälzungen vollzogen. Wir müssen im Gegenteil betrübt feststellen, daß im privaten Verhältnis der Geschlechter, dessen Neustrukturierung sich die zweite Welle der Emanzipationsbewegungen des 20. Jahrhunderts im besonderen auf die Fahnen geschrieben hatte, eine traditionelle Geschlechterpolitik erfolgreich fortgesetzt wird, in der wie eh und je pseudobiologisch argumentiert wird: Weil Frauen die Kinder kriegen, sind sie auch für alle nachfolgenden Aufgaben im Zusammenhang mit ihrer Aufzucht und Erziehung prädestiniert.

Der Anteil der Männer, die ihre Arbeitskraft wenigstens für einen befristeten Zeitraum vorrangig in den Dienst der privaten Reproduktionsarbeit in Haushalt und Familie stellen, übersteigt europaweit bis heute nirgendwo die Fünf-Prozent-Marke. Die wenigen sogenannten Haus- bzw. Familienmänner, die entweder ausschließlich oder im Teilzeitmodell die familiären Haushalts- und Erziehungspflichten in nennenswertem Umfang übernehmen, können zwar – ebenso wie die starken, durchsetzungsbereiten, erfolgreichen weiblichen Führungskräfte – mit starkem öffentlichen Interesse und vereinzelt durchaus sogar mit Anerkennung rechnen. Von einer Aufhebung der für unsere Gesellschaft grundlegenden geschlechtsspezifischen Arbeitsteilung oder gar von einer Beseitigung der mit ihr verknüpften hierarchischen Verhältnisse kann jedoch bei weitem noch nicht die Rede sein.

Läßt sich das private Verhältnis zwischen Frauen und Männern auch heute noch durch einen systematischen Unterschied in bezug auf ihre Möglichkeiten der Machtausübung kennzeichnen? Zunächst ist festzustellen, daß solche Machtunterschiede vielfältig begründet sein können. Sie können entweder auf rein körperlicher Überlegenheit, auf ökonomischer Überlegenheit, auf geistiger Überlegenheit oder auf der persönlichen Attraktivität einer Person beruhen. Tatsächlich können wir erhebliche Unterschiede zwischen Frauen und Männern im Hinblick auf ihre Möglichkeiten, auf diese Machtgrundlagen zurückzugreifen, feststellen. Diese sind insgesamt keineswegs naturgegeben, auch wenn entsprechende Behauptungen – quasi als ultima ratio – in keiner Diskussion über Geschlechterverhältnisse fehlen: Männer *sind* eben von Natur aus größer und stärker als Frauen.

Goffman (1994) hat als erster sehr überzeugend dargestellt, daß diese wesentliche männliche Machtgrundlage im Verhältnis der Geschlechter von Frauen und Männern durch die subjektive Wahl ihrer jeweiligen Partner bzw. Partnerinnen weitgehend und scheinbar freiwillig selber hergestellt wird: indem sie sich auf eine Weise zu Paaren zusammenschließen, die dem männlichen Partner eine in bezug auf diese und weitere Machtgrundlagen grundsätzlich überlegene Position einräumt. Welch zentrale Bedeutung die Vorstellung von „männlicher Überlegenheit" als wesentliches Kriterium der heterosexuellen Partnerwahl tatsächlich hat, ist dabei wohl den wenigsten wirklich bewußt. Sie wird jedoch durch den schlichten Augenschein unmittelbar evident.

Abb. 1 zeigt ein Paar, das die wesentlichen Kriterien der heterosexuellen Partnerwahl beinahe prototypisch erfüllt. Wie dieses Paar läßt sich die überwiegende Mehrheit aller heterosexuellen Paare in unserer Kultur dadurch charakterisieren, daß der männliche Partner in wesentlichen machtrelevanten Aspekten seiner Partnerin ganz eindeutig überlegen ist: Er ist in der Regel größer

Abb. 1: Ein schönes Paar.
Franz B. und Lebensgefährtin Heidi B.

11

und kräftiger als die Frau, reifer, besser ausgebildet, und bezieht ein höheres Einkommen als sie. Nicht nur die letztgenannte Variable, sondern auch die beiden ersten, scheinbar ausschließlich biologisch begründeten Variablen – der Unterschied hinsichtlich Körpergröße und Körperkraft – haben eine soziale Dimension. Denn obwohl Männer in ihrer Gesamtheit der Gesamtheit der Frauen in diesen beiden Punkten zweifellos überlegen sind, gibt es doch einen nicht unbeträchtlichen Bereich, in dem sich die beiden Gruppen statistisch überschneiden. Wäre „männliche Überlegenheit" kein relevantes Paarbildungskriterium, dann müßten Paare, die diesen Unterschied nicht zum Ausdruck bringen – also solche, bei denen die Männer entweder gleich groß oder sogar kleiner sind als ihre Frauen –, zum einen wesentlich häufiger vorkommen, als sie es tatsächlich tun, und zum anderen auch bedeutend weniger Aufsehen erregen. Die selektive Partnerwahl nach dem Kriterium männlicher Überlegenheit stellt aber sicher, daß Männer fast immer ihre Frauen überragen und somit, „wohin auch immer der Mann oder die Frau geht, ein passendes Gegenstück dabei ist, um die Inszenierung der Geschlechtsrollendarstellung zu erwidern" (Goffman, 1994, 142). Dieser gerade aufgrund ihrer unmittelbaren Körperlichkeit so überzeugenden Zurschaustellung männlicher Überlegenheit kommt gegebenenfalls noch der ebenfalls weitverbreitete Altersunterschied zugute, demzufolge der Mann letztlich auch erfahrener und begüterter ist als die Frau.

Zumindest bezüglich der letztgenannten Machtgrundlage, der persönlichen Attraktivitätsmacht, könnte eine gewisse Ausgewogenheit zwischen den Geschlechtern unterstellt werden. Die Attraktivitätsforschung sagt uns, daß attraktive Menschen – unabhängig von ihrem Geschlecht – auf die damit zusammenhängende sogenannte Belohnungsmacht zurückgreifen können, um andere dazu zu bringen, in ihrem Interesse – womöglich sogar gegen ihre eigenen Interessen – zu handeln. Eine nähere Betrachtung deckt jedoch auch in diesem Punkt gravierende Unterschiede auf. Im heterosexuellen Beziehungskontext stehen nämlich nur die Vorstellungen von männlicher Attraktivität in Einklang mit allgemeinen Überlegenheitsvorstellungen, während die weiblicher Attraktivität zugrundeliegenden Vorstellungen und Vorstellungen von allgemeiner Überlegenheit einander förmlich ausschließen. Die verschiedenen Aspekte dieses Zusammenhangs werden im 3. Kapitel dieses Buchs ausführlich erörtert.

Die Vorstellung von männlicher Attraktivität ist vor allem weniger ausschließlich mit dem Körper und der Erfüllung allgemeiner Schönheitsstandards verknüpft als die von weiblicher Attraktivität. Einschlägige Befragungen machen immer wieder deutlich, daß Frauen sich ebenso – wenn nicht sogar stärker – von Männern, die witzig, humorvoll, warmherzig und nicht zuletzt kinderlieb sind, so stark angezogen fühlen, daß sie ein längerfristiges Arrangement mit ihnen eingehen, innerhalb dessen sie sich in der Regel dann wieder freiwillig unterordnen. Mit ihren spezifischen Attraktivitätsvorstellungen stellen Frauen Männern somit nicht nur eine wesentlich breitere, sondern auch eine wesentlich sicherere Basis für die langfristige Durchsetzung eigener Interessen zur Verfügung als umgekehrt. Denn die traditionellen Vorstellungen von männlicher Attraktivität – und damit auch die durch sie begründete Attraktivitätsmacht – lassen sich im Lauf eines Lebens durchaus weiterentwickeln bzw. steigern, während eine nahezu ausschließlich auf physischer Schönheit und sexueller Anziehungskraft beruhende Attraktivitätsmacht mit der Zeit zwangsläufig dahinschwindet. Frauen können demzufolge auch von der einzigen Machtgrundlage, die ihnen durch das zentrale heterosexuelle Paarbildungskriterium nicht von vornherein verschlossen ist, nicht in gleicher Weise wie Männer profitieren, im Gegenteil. Die gegenwärtige inhaltliche Bestimmung weiblicher Attraktivität, die aktuellen Vorstellungen von weiblicher Schönheit haben letztlich denselben hierarchisierenden Effekt.

Die Vorstellungen von einer grundsätzlichen Unterschiedlichkeit der Geschlechter reichen heute weit über den körperlich-sexuellen Bereich, über ihre je spezifischen Aufgaben und Funktionen im Bereich der Fortpflanzung hinaus. Es sind weitreichende Stereotypen, die sowohl psychologische Befindlichkeiten als auch psychische Strukturen, Fähigkeiten und Interessen von Frauen und Männern betreffen, die sich zu einem Gesamtkonzept bündeln lassen, das mit dem Begriff Gender bezeichnet wird. Den Kern dieses Konzepts stellen strukturbildende, hierarchisierende Vorstellungen wie z.B. die folgenden dar: Männer sind stark und aktiv, sie denken logisch, sind wettbewerbsorientiert, beruflich ambitioniert und mutig; Frauen hingegen sind schwach, passiv und emotional, sie denken unlogisch, sind beziehungsorientiert, wenig ambitioniert und ängstlich. Die diesen Vorstellungen innewohnende Polarität bewirkt, daß Weiblichkeit und Männlichkeit nicht nur als unterschiedlich, sondern eigentlich als absolute Gegensätzlichkeiten erscheinen. Da die dem männlichen Pol zugeordneten Merkmale in der Regel höher bewertet werden und größeres gesellschaftliches Ansehen genießen, kommt es bereits auf dieser Ebene der Gendervorstellungen zu einer nachhaltigen Hierarchisierung der Geschlechter.

Die einseitige ideologische Verknüpfung von Macht mit Männlichkeit schlägt im Geschlechterverhältnis nicht nur hinsichtlich größerer Verfügbarkeit von Macht zu Buche, sondern auch in bezug auf den Umgang mit Macht (vgl. Lips, 1981). Die aktuelle kritische Männer- bzw. Männlichkeitsforschung prägte in diesem Zusammenhang den Begriff der *hegemonialen Männlichkeit*, um jene vorherrschende Form von Männlichkeit zu bezeichnen, die sich sowohl über die Unterordnung von Frauen als auch jener Gruppen von Männern, die ihren Vorstellungen nicht entsprechen (z.B. Schwule), konstituiert. Robert Connell (1999), einer ihrer prominentesten Vertreter, bringt diesen Zusammenhang pointiert auf den Punkt: Hegemoniale Männlichkeit *ist* Ausübung von Macht. Vor diesem Hintergrund wird Männern nicht nur eher zugestanden, aktiv nach Macht zu streben und sie gegebenenfalls auch ganz offen direkt auszuüben. Sie werden förmlich daran gemessen, wie weit sie dabei kommen und wie gut sie es beherrschen, während Frauen andere, indirekte und manipulative Formen der Machtausübung nahegelegt werden, die sie – empirischen Untersuchungen zufolge – offensichtlich auch tatsächlich bevorzugen. Die Frauen zugestandenen Machtstrategien zeichnen sich durch einen eher appellativen Charakter aus – nach dem Motto: Ich zeige meine Schwäche und Hilflosigkeit in der Hoffnung, daß mir jemand zu Hilfe eilt und das tut, was ich von ihm will. Der Pferdefuß einer solchen Vorgehensweise ist unschwer zu erkennen: Die Entscheidung liegt letztlich nicht in der Hand jener Person, die das Ziel anstrebt und mittels ihrer Attraktivitätsmacht erreichen will, sondern bei ihrem „Opfer". Die Durchsetzung eigener Interessen ist bei dieser Strategie an die Voraussetzung einer hinreichenden Attraktivität geknüpft. Die „mächtige" Person muß den Vorstellungen der anderen Person von vornherein weitgehend entsprechen, damit diese überhaupt in Erwägung zieht, selbst entsprechend aktiv zu werden.

Solche appellativen Machtstrategien sind im Grunde die einzig legitimen Waffen, die untergeordnete Schwächere gegen Übergeordnete einsetzen können. Sie ermöglichen allerdings nur die Realisierung solcher Ziele, die den Fortbestand der bestehenden sozialen Ordnung zwischen ihnen nicht gefährden. Mit appellativen Strategien, insbesondere mit manipulativ angelegten, die vor allem Frauen nahegelegt werden, wird gemessen an der klassischen Definition von Weber keine Macht im eigentlichen Sinn ausgeübt. Der Einsatz solcher „weiblicher Waffen" bestätigt, auch wenn er vordergründig ans Ziel führt, vor allem die bestehende Ordnung der Geschlechter. Unsere Kultur gibt uns Eva, die zentrale Denkfigur des christlichen Abendlandes, als prototypische Erstanwenderin dieser bedingt erfolgreichen Strategie vor. Nachdem sie den arglosen Adam tückisch des eigenen Willens beraubt hat, stürzt sie durch ihre Anmaßung letztlich die Menschheit ins Verderben. Keine kleine Leistung, möchte man meinen, die seitdem dem ganzen Geschlecht unterstellt wird – durchaus vergleichbaren Ausmaßes waren ja auch die Folgen dieser Geschichte, an denen die realen Frauen noch bis heute zu tragen haben.

Der Körper spielt nicht nur in den Vorstellungen von weiblicher Attraktivität und als Grundlage der speziell Frauen zugeschriebenen Macht eine herausragende Rolle. Merleau-Ponty sah ihn als Quelle sowie Medium der Weltaneignung an, Judith Butler als einen Faktor „von Gewicht" im Prozeß der Konstruktion gesellschaftlicher Realitäten (vgl. Butler, 1990, 1995). In meiner Auseinandersetzung mit geschlechtsbezogenen körperlichen Phänomenen steht allerdings nicht die Beziehung zwischen Sex und Gender – sozusagen zwischen Natur und Kultur – im Zentrum, die vor allem Butler in ihrem diskurstheoretischen Denkansatz behandelt und kritisch umgedeutet hat. Vielmehr geht es um eine machttheoretisch fundierte Betrachtung des Geschlechtskörpers als Diskurs, als Handlung und als Träger sozialer Ungleichheit (vgl. Villa, 2000). Mein Ziel ist die Identifikation und Entschlüsselung sogenannter Geschlechterzeichen, d.h. jener ritualisierten Verhaltensmuster, durch die wir unsere Zugehörigkeit zu einer der beiden vorgegebenen Geschlechtsklassen zum Ausdruck bringen und durch die wir zugleich unser Verhältnis zueinander definieren und bestimmen (vgl. Kapitel 4.2).

Bordieu (1997) hat die besondere Wirksamkeit vergeschlechtlichter Herrschaftsstrukturen gerade darauf zurückgeführt, daß sie „somatisch" funktionierten: Durch kollektive wie individuelle sozialisatorische Prozesse in die Körper eingeschrieben und damit „naturalisiert", wirkten sie im „Modus der Evidenz", durch den sie sich unmittelbar selbst legitimieren. Wenn wir uns vor diesem Hintergrund der Körpersprache als dem wesentlichsten Instrument der sozialen Kommunikation zuwenden, wird dieser Zusammenhang offensichtlich. Der Körper bildet die Basis, auf der die gesellschaftlich begründete Ideologie von der Unterschiedlichkeit der Geschlechter mit der individuellen Identität zu einer untrennbaren Einheit verschmilzt. Nicht nur seine äußere Gestalt, auch seine scheinbar individuellen Ausdrucksweisen, seine Bewegungen und Handlungen sind soziale Codes, die sowohl die kulturellen Vorstellungen als auch die mit den Geschlechtsklassen verbundene Definitionsmacht, ihre Handlungsspielräume und jeweiligen sozialen Positionen zum Ausdruck bringen.

Gender, das soziale Geschlecht, wird somit nicht einfach von außen aufoktroyiert. Es ist das Ergebnis vielfältiger alltäglicher sozialer Praktiken in sozialen Interaktionen *(doing gender)*, in denen es hergestellt und von einer Generation zur nächsten weitergegeben wird. Unter vergeschlechtlichten Herrschaftsbedingungen gewinnt die Körpersprache somit eine zusätzliche bedeutende Funktion. Sie wird, wie Ray Birdwhistell, einer der renommiertesten Analytiker nonverbaler Kommunikationsprozesse, treffend formulierte, zum „tertiären Geschlechtssmerkmal". Somit erweist sich nicht nur die Vorstellung machtfreier Räume als Utopie, sondern auch die Hoffnung auf ein Entkommen aus hierarchisch strukturierten Herrschaftsbeziehungen durch den Rückzug ins Private als trügerisch. Die spontane Nutzung des zentralen Kommunikationsinstruments Körpersprache wird unter den gegebenen Verhältnissen überlagert durch den Zwang zur gemeinschaftlichen Darstellung von Geschlechterritualen, in denen das zelebriert wird, was unserer Gesellschaft „wichtig" ist. Dies ist die neue, ebenso wesentliche wie verborgene Funktion der Körpersprache, die im 4. Kapitel ausführlich erörtert wird.

Der besondere Stellenwert der Körpersprache im Prozeß des *doing gender* ergibt sich aus ihrem besonderen Charakter als unser ältestes, komplexestes und bedeutungsvollstes soziales Kommunikationsinstrument. Sie vermittelt allein über 70 Prozent aller sozial relevanten Informationen, die meisten davon unbewußt. Sie eröffnet eine ganz besondere Ebene der Kommunikation, auf der wir ununterbrochen und fortwährend aktiv sind und Informationen austauschen, auf der ein Schweigen prinzipiell nicht möglich ist. Ungeachtet ihrer unangefochtenen Vorrangstellung im sozialen Bereich eignet sie sich kaum für einen sachlichen Austausch von Informationen und Gedanken – und bedauerlicherweise schon gar nicht, wie Scheflen (1976) bemerkte, zur Übermittlung von *neuen* Ideen. Aber sie vermittelt zuverlässig vielfältigste Informationen über persönliche Merkmale, Eigenschaften und Befindlichkeiten, über Alter, Geschlecht und ethnische Zugehörigkeit, über Gefühle und Einstellungen, über das eigene Selbstbild und das Verhältnis zu anderen Menschen, über soziale Rollen und den gesellschaftlichen Status einer Person.

Ihre besondere Glaubwürdigkeit und besondere Wirkungskraft verdankt sie nicht nur ihrer Komplexität und weitgehend unbewußten Funktionsweise. Beides ergibt sich auch daraus, daß der Körper, der zugleich Instrument und Medium ist, zwei unterschiedlichen Ordnungen angehört. Anders als die verbale Sprache, die ein ausschließlich abstraktes, rein symbolisches System ist, deren Zeichen keine

„natürlichen" Bedeutungen transportieren, ist die Körpersprache auch Teil einer ganz realen Ordnung. Der Körper kann abstrakt-symbolische Zeichen ausdrücken (vgl. den hochgereckten „Siegesdaumen"), er bringt aber auch natürlich motivierte Zeichen hervor (vgl. das Erröten als Ausdruck von Scham oder Peinlichkeitsgefühlen). Vor allem diese Qualität der Zeichenvielfalt macht Körpersprache zum idealen Herrschaftsinstrument, denn sie ermöglicht ein Anknüpfen an das „Natürliche" und somit eine subtile Form der Ausübung von Herrschaft, die darin besteht, *die bestehende Ordnung aufrechtzuerhalten und ihr Zustimmung zu verschaffen"* (Scheflen, 1976, 23). Der Rückgriff auf die Körpersprache als soziales Herrschaftsinstrument fiel historisch mit dem Aufstieg des Bürgertums zur politisch führenden Klasse des 18. Jahrhunderts zusammen. In dieser Zeit entwickelte sich ein enormes, zunächst aber noch recht allgemeines Interesse an der Sprache des Körpers. Sie wurde als unverfälschter Ausdruck innerster Prozesse wahrgenommen, die zeichenhaft ans Äußere des Körpers drängten (so glaubte man beispielsweise, daß Mordverdächtige beim Anblick der Leiche die Farbe wechseln oder andere untrügliche Zeichen ihrer Schuld hervorbringen würden). Die wachsende Einsicht in die psychologische und soziale Bedeutung der Körpersprache verband sich mit der Erkenntnis ihrer Formbarkeit.

Fortan wurde der Körper einschneidenden „Erziehungsmaßnahmen" unterworfen: Die bürgerlichen Prinzipien des Triebverzichts, der Selbstdisziplin und der Tugendhaftigkeit wurden Kindern mit strenger Zucht von klein auf in die Körper einprogrammiert. Die Konsequenzen dieser Behandlung ermöglichten nicht zuletzt eine klare Unterscheidung von anderen sozialen Ständen wie z.B. dem Adel, der für sich aus dem höfischen Zeremoniell eine andere, exaltierte und emotionalisierte Körpersprache herausdifferenziert hatte. Anstandsbücher wie der 1788 erstmals aufgelegte „Knigge" formten und ritualisierten das Verhalten der Bürger und Bürgerinnen und ihren Umgang miteinander mittels detaillierter Anweisungen.

Wie Norbert Elias in seiner umfassenden Analyse des Zivilisationsprozesses (1969) eindrucksvoll dargelegt hat, erfolgt eine bürgerliche Erziehung im Prinzip weniger über Appelle an die Vernunft als mittels drastischer Körperkontrolle und strenger Affektdisziplinierung über den Körper und das Gefühl. Die gesellschaftlich artikulierten Regeln werden dem Körper direkt eingeschrieben, verinnerlicht und dann scheinbar freiwillig befolgt. Als verinnerlichte „Selbstzwangapparatur" dem kritischen Bewußtsein der bürgerlichen Subjekte entzogen, kann ihre soziale Funktion bei der Aufrechterhaltung der gesellschaftlichen Ordnung weder wahrgenommen noch kritisch reflektiert werden.

Im 2. Kapitel versuche ich, die von feministischen Kritikerinnen vielfach monierten geschlechtsbezogenen „blinden Flecken" in der Elias'schen Wahrnehmung dieses Vorgangs auszufüllen. Die Tatsache, daß ich dabei auf vergleichsweise alte Literatur zurückgreife bzw. zurückgreifen muß, zeigt zum einen, daß dieses Wissen auch Elias selbst durchaus zur Verfügung gestanden hätte. Zum anderen macht der Mangel an aktuelleren Ergebnissen deutlich, daß sich die psychologische Forschung auf diesem kritischen Forschungsfeld heute deutlich weniger engagiert als noch vor zwanzig, dreißig Jahren, obwohl der Bedarf an Erkenntnissen nicht gesunken, sondern eher noch gestiegen ist. Auch unter Bezugnahme auf klassische Ergebnisse der empirischen psychologischen Forschung schlage ich dabei einen weiten Bogen von den ersten Körpererfahrungen Neugeborener bis hin zu sozialen Phänomenen des sexuellen Mißbrauchs und der gewaltförmigen Erziehung von Jungen, um aufzuzeigen, wie, in welcher Weise und mit welchen Folgen sich die differierenden Vorstellungen von Männlichkeit und Weiblichkeit auf die Körpersozialisation und den Umgang mit Mädchen und Jungen bereits in den ersten Lebensjahren auswirken.

Auf psychologischer Ebene bestand die Belohnung für die umfassende, moralisch begründete Selbstdisziplinierung der Menschen im neuen Selbstbewußtsein des autonomen, unabhängigen, rationalen, nur sich selbst verpflichteten Bürgers. Dieses neue Selbstbewußtsein konnten jedoch nur noch männliche Subjekte entwickeln. Den Preis dafür – sozusagen das Schmerzensgeld für die Unterwerfung unter moralische Kontrolle, gesellschaftlichen Zwang und ein abstraktes Gesetz – bezahlten aber auch und vor allem die Frauen. Denn sie wurden mit dem Makel einer grundsätzlichen Inferiorität behaftet. Zeitgenössische Beschreibungen definieren eine neue menschliche Kategorie: das „andere" Geschlecht, die reinen „Geschlechtswesen", intellektuell schwach und „unfähig zu jeder, selbst der häuslichen Leitung" (Comte, zit. in Beauvoir, 1951). Diese Wesen unterschieden sich von der allgemeinen Kategorie des Menschen, der nur noch männlich gedacht wurde, nicht nur durch ihre Andersartigkeit, sondern – wie anfangs auch ganz offen gesagt wurde – auch durch ihre Minderwertigkeit. Die Frau wurde abhängig vom Mann, sie war „genaugenommmen nur ein Annex des Mannes", sein „bewegliches Eigentum" (Balzac, zit. in Beauvoir, 1951). Sie verlor damit im Grunde jeden Anspruch auf den Status eines freien, selbstbewußten Subjekts. Das

Selbstbewußtsein wurde zur Leerstelle, die im modernen Konzept von Weiblichkeit konsequenterweise mit der Selbstaufmerksamkeit belegt wurde. Diese äußert sich nicht zuletzt in der Übernahme des fremden, männlichen Blicks auf den eigenen Körper. Er wird aus dieser Perspektive zwangsläufig als unzulänglich erachtet und in der Folge vielfältigen Korrektur- bzw. „Verschönerungs"maßnahmen unterzogen, die durchaus auch die Grenze zur Selbstzerstörung überschreiten, wie in Kapitel 3 dargestellt wird.

Die Anbindung der Vorstellung von grundlegenden Unterschieden zwischen den Geschlechtern an ihre Körperlichkeit entwickelte im Grunde erst in der Moderne jenen normativen Charakter, den sie heute in extremem Maß aufweist. Zunächst resultierte sie in einer spezifischen Beschränkung der expressiven und instrumentellen Verhaltensmöglichkeiten sowie der allgemeinen Bewegungsfreiheit der Frauen. Ihr weitgehender Ausschluß aus der Öffentlichkeit und ihre Verbannung in das private Heim entzog sie allerdings keineswegs, wie der lateinische Begriff „privat" – zu deutsch „der Herrschaft beraubt" – nahelegen könnte, dem Wirkungsbereich des Prinzips Herrschaft (vgl. Kapitel 4.3). Er isolierte sie voneinander und unterstellte sie einem Prinzip, das durch den allgemeinen gesellschaftlichen Fortschritt bereits historisch überwunden schien: der persönlichen, d.h. willkürlichen und absoluten Herrschaft ihres bürgerlichen Ehemannes. Diesem wurde auferlegt, den im Grunde entwürdigenden Charakter solcher Lebensumstände durch entsprechend „höfliches", zuvorkommendes und chevalereskes Benehmen so gut wie möglich zu vertuschen:

„Die verheiratete Frau ist eine Sklavin, die man auf den Thron zu setzen verstehen muß", sagt Balzac; es ist gut, wenn der Mann bei allen unwichtigen Anlässen hinter den Frauen zurücktritt, ihnen den ersten Platz zugesteht; anstatt sie Lasten tragen zu lassen, wie das in den primitiven Gesellschaften üblich war, beeilt man sich, ihnen jede lästige Angelegenheit und Sorge abzunehmen, was gleichzeitig bedeutet, daß man sie von jeder Verantwortung freihält. Man gibt sich der Hoffnung hin, daß sie, in dieser Weise genarrt und durch die Bequemlichkeit ihrer Lage verführt, willig die Rolle der Mutter und Hausfrau auf sich nehmen würde, auf die man sie beschränken will. (de Beauvoir, 1951, 123)

Laqueur (1992) belegt detailliert, daß dem gesellschaftlichen Rückschritt zur privaten Versklavung der Frauen keineswegs wissenschaftliche Erkenntnisse über das weibliche Geschlecht, beispielsweise aus der Anatomie oder der Physiologie, zugrundegelegt wurden. Die Motive dafür waren ganz eindeutig politischer Natur. Es begann eine neue Ära der Frauenunterdrückung, die in der Politisierung der Körper und der Sexualisierung des weiblichen Geschlechts ihren bisherigen Höhepunkt erreichte. Der Ausschluß von Frauen aus allen Bereichen des öffentlichen Lebens, ihre gesellschaftliche Marginalisierung und Trivialisierung wurden nun nicht mehr wie früher transzendental begründet, sondern aus ihrer „Natur" heraus. Die Frau war sozusagen selbst der lebende Beweis ihrer „Minderwertigkeit". Diese Strategie erwies sich als um so erfolgsträchtiger, je mehr es gelang, dem weiblichen Körper einen eigenen Code einzuprägen, der die Herrschaft der Männer als die natürlichste Sache der Welt erscheinen ließ. Heute versucht man Frauen diesen Weiblichkeitscode dadurch schmackhaft zu machen, daß man die einseitige Verpflichtung auf die Prinzipien der Ästhetik und der sexualisierten Erotik als positives Ergebnis einer „sexuellen Revolution" darstellt, die auch der Befriedigung weiblicher Bedürfnisse mehr Raum eröffnet hätte. Tatsächlich jedoch haben sich die Männer von sich aus wesentlich früher aus der Abhängigkeit von entsprechenden Bedürfnissen des anderen Geschlechts gelöst. In dem von Flügel (1930) als die „große männliche Umkehr" beschriebenen Prozeß befreiten sich Männer bereits Ende des 18. Jahrhunderts von den bis dahin allgemeingültigen Zwängen, die eigene Erscheinung entsprechend den Wünschen und Vorstellungen des anderen Geschlechts zu gestalten. *Richtige* Männer putzten sich nicht mehr – wie Frauen – heraus, sie mußten sich nicht mehr – wie diese noch heute – schön *machen*. Sie entwickelten ihre eigenen, durchweg konträren Vorstellungen von einer spezifisch *männlichen* Attraktivität, die nicht mehr rein ästhetisch begründet wurde, sondern durch ihre Verbindung mit dem Prinzip der Macht. Mit dieser – einseitigen – Erotisierung von Macht begann der Siegeszug der „Herren in Grau", die uns auch heute noch voranschreiten. Korrespondierend dazu unterwirft das neue Konzept der femininen Attraktivität den weiblichen Körper dem Diktat einer letztlich vollkommen artifiziellen Natürlichkeit. Die gesellschaftlichen Vorstellungen von Weiblichkeit werden Frauen zur „zweiten Natur", die sie heute – mit Leib *und* Seele – verkörpern.

Die moderne, psychologisch fundierte Form der vergeschlechtlichten Herrschaft kommt vor allem in der Entwicklung der Körpersprache vom komplexen sozialen Beziehungsmedium zum Idiom institutionalisierter Herrschaftverhältnisse zum Ausdruck. Die von Marianne Wex (1979) dokumentierten historischen Veränderungen weiblicher und männlicher Körperhaltungen von der Frühgeschichte bis zur Neuzeit zeigen, daß dieser Prozeß, der mit der Errichtung patriarchaler Verhältnisse eingesetzt hat, im 20. Jahrhundert besonders zügig vorangeschritten ist.

Heute üben der Körper und seine Sprache eine zentrale Funktion bei der differenzierten und unbewußten Verankerung von Macht und Ohnmacht, Dominanz und Unterwerfung, Emotionalität und „cooler" Gelassenheit in den Identitäten von Männern und Frauen aus. Die Ursachen dieser Entwicklung werden nicht mit Gender, der herrschenden Geschlechterideologie in Verbindung gebracht, sondern individualisiert, so daß das Genderkonzept letztlich nicht in Frage gestellt werden kann. Daran ändert auch die damit einhergehende enorme Einschränkung der kommunikativen Möglichkeiten nichts, die vor allem von Frauen durchaus wahrgenommen wird. Die Ablehnung und der Widerstand von Männern gegenüber einer Veränderung der traditionellen Geschlechterzeichen läßt sich darüber hinaus auch durch ihre Furcht vor dem Verlust ihrer Hegemonialmacht erklären. Diese ist für viele offensichtlich immer noch ein zentraler Aspekt ihrer männlichen Identität, so daß bislang nur vergleichsweise wenige von den Vorteilen überzeugt werden konnten, die eine grundsätzliche Machtbalance zwischen den Geschlechtern mit sich bringen würde.

Schwieriger ist es, die teilweise recht starken weiblichen Widerstände gegen die Aufgabe stereotyper Selbsterniedrigungsmuster zu verstehen. Diese Frage, die sich nicht ausschließlich aus einer psychologischen Perspektive beantworten läßt, hat mich in den letzten Jahren immer mehr beschäftigt. In meinen *Doing Gender*-Seminaren konnte ich immer wieder feststellen, daß vor allem Frauen die Einschreibung von Gender in ihr individuelles Ausdrucksrepertoire als so endgültig und unveränderlich erleben, daß es ihnen beinahe unmöglich erscheint, neue Verhaltensweisen, und sei es auch nur versuchsweise, auszuprobieren. Selbst in spielerischen Zusammenhängen scheitert die Übernahme selbstbewußter und direkter Machtstrategien, die als zutiefst männlich erachtet werden, oft vor allem daran, daß Frauen sich dabei „schrecklich" fühlen. Sie gelingt ihnen aber ohne große Gewissensbisse, wenn sie die Geschlechtskategorie wechseln, wenn sie sich in die Rolle eines Mannes versetzen – wie folgende Äußerung einer Teilnehmerin deutlich macht: *„Ich wäre rücksichtslos und würd' mich dabei wohlfühlen."*

Sind Frauen also – zum wievielten Mal eigentlich? – schon wieder selber schuld, wenn es ihnen nicht gelingt, das Wissen über ihre Verhältnisse in praktisches Handeln umzusetzen, um sich aus *selbstverschuldeter Unmündigkeit* (Kant) zu befreien? Die anhaltende gesellschaftliche Benachteiligung von Frauen nach dem Prinzip des *blaming the victim* auf ihre eigenen individuellen Denk- und Verhaltensweisen zurückzuführen, ist nicht nur zu einfach, sondern immer noch falsch. Leider scheint diese einfache Erklärung gegenwärtig wieder an Boden zu gewinnen. Strukturelle Erklärungen der Geschlechterverhältnisse werden heute vielfach sogar als überholt hingestellt. Unsere Gesellschaft scheint sich im Großen und Ganzen darauf verständigt zu haben, Sexismus und die Unterdrückung von Frauen als historisches Phänomen hinter sich gelassen zu haben, ein erledigtes Problem, das nur von unbelehrbaren Feministinnen künstlich am Leben erhalten und anderen Frauen eingeredet wird. Schon wird die Tagesordnung wieder von scheinbar aktuelleren Fragen des Rassismus oder des „Klassismus" bestimmt.

Aber das Rad der Geschichte läßt sich nicht so einfach zurückdrehen. Eine neue Chance für mehr gesellschaftliche Geschlechtergerechtigkeit und damit letztlich auch für eine Machtbalance zwischen den Geschlechtern könnte die neue politische Strategie des *Gender mainstreaming* eröffnen, die als eine Erweiterung bzw. Ergänzung traditioneller Gleichstellungspolitiken entwickelt wurde. 1995 im Rahmen der Weltfrauenkonferenz in Peking aus der Taufe gehoben, wurde das Prinzip *Gender mainstreaming* 1996 auch von der Europäischen Union verbindlich beschlossen und in der Folge von diversen nationalen Regierungen, unter anderem auch der deutschen, übernommen. Es beinhaltet eine neue Sichtweise, in der die gesellschaftlichen Unterschiede zwischen den Geschlechtern, das Wissen um Ursachen und Folgen einseitiger Privilegien und Aufgabenzuweisungen und die Vorstellung von der sozialen Konstruiertheit von Geschlecht ins Zentrum der Wahrnehmung gestellt und allem politischen Handeln zugrundegelegt werden soll.

Alle, auch die privaten Arrangements der Geschlechter sollen nach diesem Prinzip durchleuchtet, analysiert und zum gesellschaftlich formulierten Ziel der Geschlechtergerechtigkeit in Beziehung gesetzt werden. Offensichtliche Diskrepanzen *(gender gaps)* machen deutlich, wo angesetzt werden muß, um die traditionelle Ordnung der Geschlechter nachhaltig zu verändern. Wie effektiv dieses erfolgversprechende Konzept tatsächlich umgesetzt werden wird, muß sich allerdings erst erweisen.

HAUTNAH
Grundlegende Erfahrungen mit der Geschlechterdifferenz

1. Seelenhunger nach Berührung

Unser größtes, ursprünglichstes und für die emotionale Kommunikation mit anderen wahrscheinlich wichtigstes Sinnesorgan ist die Haut. Sie vermittelt uns die ersten und grundlegenden Kontakte mit unserer Umwelt. Diese sind – aufgrund der unterschiedlichen Rezeptoren und der vielfältigen Ausdrucksmöglichkeiten der Haut – von Anfang an bereits ziemlich differenziert. Durch oberflächliche Veränderungen der Haut können Gefühle unterschiedlichster Qualität ausgedrückt und kommuniziert werden – z.B. Angst durch Erbleichen oder Schwitzen oder Scham durch Erröten.

Die Kommunikation über die Haut unterscheidet sich schon physiologisch grundlegend von allen anderen Modalitäten der Körpersprache. Die Haut ist Sender und Empfänger zugleich. Ihr Ausdruck ist unmittelbar – reflexartig – mit den entsprechenden Befindlichkeiten bzw. Gefühlen verknüpft. Er kann im Gegensatz zu anderen Ausdrucksmöglichkeiten – der Mimik, Gestik und auch der verbalen Sprache – kaum bewußt und rational gesteuert, verändert oder gar verhindert werden, im Gegenteil: Oft verstärkt sogar die Wahrnehmung einer Hautveränderung, z.B. eines Errötens, diese durch ihre offensichtliche Unbeherrschbarkeit als doppelt peinlich empfundene Reaktion. Aber nicht nur temporäre Hautveränderungen übermitteln Informationen über innere psychische Zustände. Auch dauerhafte, krankhafte Veränderungen der Haut, z.B. die Schuppenflechte, werden von der Dermatologie heute weitgehend psychosomatisch interpretiert, als ebenso unübersehbarer wie unbewußter Ausdruck psychischer Probleme oder Erkrankungen.

Anders als niedrigere Organismen bleiben wir Menschen nicht für immer auf diese Kommunikationsmodalität beschränkt. Im Lauf unserer Entwicklung eröffnen wir uns zunehmend andere Kanäle der Kommunikation, wodurch sich unser kommunikatives Repertoire entsprechend erweitert und differenziert. Die ersten hautnahen Erfahrungen in den Begegnungen mit anderen Menschen werden dabei jedoch nicht einfach überschrieben. Sie bilden das Fundament, auf dem spätere Erfahrungen aufbauen und das die weitere Entwicklung beeinflußt, und sind insofern von grundlegender Bedeutung. Sowohl das quantitative Ausmaß als auch die spezifische Qualität der ersten hautnahen sozialen Erfahrungen beeinflussen die Wahrnehmung und Bewertung späterer Begegnungen und somit letztlich auch die generelle Bereitschaft zu Kontakten mit anderen Menschen.

Zu den ersten sensorischen Eindrücken, die unser Gehirn zu verarbeiten hat, gehört die vorgeburtliche Empfindung des innigen Kontakts mit dem Mutterleib, der unseren Körper vollständig umschließt. *Wir schweben in einer warmen Flüssigkeit, sind in einer vollkommenen ,Umarmung' zusammengekuschelt, schwingen im Rhythmus der Bewegungen der Mutter mit und hören den Pulsschlag ihres Herzens. Da wir während der langen Entwicklungszeit vor der Geburt keinen anderen Umweltreizen ausgesetzt sind, prägen sich diese ersten starken Eindrücke unserem Hirn unauslöschlich ein. Sie bedeuten Sicherheit, Geborgenheit, und Passivität. (Morris, 1972, 12)*

Dieser Zustand „ozeanischen" Wohlbefindens endet zwar mit der biologischen Geburt. Das Bedürfnis nach Berührung und Körperkontakt mit anderen Menschen bleibt jedoch bestehen. Von nun an können und müssen wir diese Kontakte aktiv herstellen und uns zugleich mit den Kontaktbedürfnissen und -versuchen anderer Menschen auseinandersetzen.

Der Begriff des Seelenhungers nach Berührung (Montagu, 1971) verweist auf die überlebenswichtige Funktion körperlicher Kontakte. Er stellt das Bedürfnis nach Körperkontakt als ein seelisches Grundbedürfnis gleichwertig neben den Hunger nach Nahrung. Nur eine adäquate Befriedigung dieses Seelenhungers ermöglicht und gewährleistet eine normale körperliche und seelische Entwicklung. Der Wiener Psychoanalytiker und Ethologe René Spitz brachte als erster die schweren Fehlentwicklungen, die er bei Kleinkindern in Säuglings- bzw. Findelheimen diagnostizierte und unter dem Begriff „Hospitalismus" zusammenfaßte, mit einem Mangel an körperlichen Kontaktmöglichkeiten in Verbindung. Die untersuchten Babys hatten bei ansonsten guten bis sehr guten Aufzuchtbedingungen in ihren ersten fünf Lebensmonaten nur etwa 1/10 der üblichen körperlichen Zuwendungen von ihren Bezugspersonen erfahren. Zunehmend depressiver und passiver, zeigten sie sich ungeachtet ausreichender medizinischer Versorgung extrem krankheitsanfällig, konnten mehrheitlich im dritten Lebensjahr noch nicht sprechen und entwickelten auch keine normale, altersgemäße Autoerotik (d.h. sie lernten nicht, ihr Berührungsdefizit durch Selbstberührungen auszugleichen). Die

Mortalitätsrate unter diesen Kindern war unglaublich hoch – sie „verhungerten" buchstäblich aus Mangel an körperlichen Kontakten (vgl. Spitz, 1945 und 1972).

Die Beobachtungen und Schlußfolgerungen von Spitz wurden in der Folge von anderen ForscherInnen mehrfach bestätigt (vgl. Bowlby, 1971 bis 1979). Das Ehepaar Harlow konnte sogar (in einer Studie, die heute aus ethischen Gründen zu Recht so nicht mehr ohne weiteres durchgeführt werden könnte) den empirischen Beweis für die überragende Bedeutung des Körperkontakts für das Wohlbefinden, die Gesundheit und normales Sozialverhalten erbringen.

In ihrer Studie hielten sie neugeborene Rhesusäffchen monatelang in totaler sozialer Isolation. Zur Grundversorgung mit Wärme und Nahrung stellten sie den Tieren eine Surrogatmutter zur Verfügung: ein zylindrisches Drahtgestell, in das eine Wärmelampe und ein Fläschchen eingebaut waren. Die Tiere entwickelten unter diesen Bedingungen schwere Entwicklungs- und Verhaltensstörungen, die auch durch spätere Wiedereingliederung in den sozialen Hordenverband nicht mehr restlos behoben werden konnten. Eine vergleichsweise geringfügige Veränderung der Versuchsanordnung hatte dramatische Auswirkungen: Durch die Ummantelung des Drahtgestells mit Gummi und Samt wurde die zwar warme und nährende, aber drahtharte „Nahrungsmutter" in eine weiche „Kuschelmutter" verwandelt. Obwohl die „Kuschelmutter" kein Nahrungsangebot machte (es war kein Fläschchen eingebaut), wurde sie von den Affenkindern eindeutig vor der „Nahrungsmutter" bevorzugt. Etwa ein halbes Jahr lang verbrachten sie täglich mehr als zwölf Stunden eng an das weiche, fellige Muttersurrogat geklammert und verließen sie nur kurz, um (an der „Drahtmutter") Nahrung aufzunehmen; in angsterregenden Situationen suchten sie stets nur bei ihr Zuflucht. Sie entwickelten eine so tiefe emotionale Beziehung zur felligen Surrogatmutter, daß ein Wiedersehen selbst nach zweijähriger Trennung noch heftigste Gefühlsausbrüche auslöste. Das AutorInnenpaar schloß daraus: Auch bei uns Menschen entsteht die Bindung und Liebe zur Mutter nicht primär aufgrund ihrer Versorgungsfunktion (der Fähigkeit oder Bereitschaft zum Stillen, der ja bei der Zuweisung der Funktion des „Mutterns" an Frauen so große Bedeutung beigemessen wird). Sie erwächst vielmehr aus dem zuverlässigen Kontaktkomfort der mütterlichen Oberfläche (H.F. Harlow, 1958, 13, 673–685).

Nach der Geburt eines Kindes sorgen seine Bezugspersonen zunächst für emotionale Kontinuität, indem sie die primitiven vorgeburtlichen Körperempfindungen periodisch wiederbeleben. Durch körpernahes Halten und Herumtragen mit wiegenden und schaukelnden Bewegungen vermitteln sie dem Kind Empfindungen der Geborgenheit, die an den pränatalen Zustand erinnern und das damit verbundene Gefühl aufrechterhalten. Im Lauf der Entwicklung differenziert sich die psychologische Bedeutung der Haut als Kommunikationsebene den neuen Lebensumständen und -bedürfnissen des Kindes entsprechend aus. Neben ihrer Funktion als zunächst einzige und allein deshalb extrem wichtige Kontaktfläche wird sie zunehmend auch als Grenze des Selbst erlebt. Infolgedessen wird sie mit ebenso intensiven wie konträren Gefühlen besetzt, die das gesamte Spektrum menschlicher Beziehungsbedürfnisse widerspiegeln – vom Wunsch nach größtmöglicher Nähe und vollkommener Verschmelzung mit anderen bis zum Bedürfnis nach totaler Autonomie und Selbständigkeit. Die Haut wird dadurch zur wichtigsten Schnittstelle zwischen dem Selbst und der Außenwelt und bleibt ein Leben lang der bedeutendste Austragungsort des menschlichen Urkonflikts zwischen Bindung und Distanzierung, Selbstbehauptung und Selbstverlust.

Im Idealfall entsteht auf der Grundlage der intensiven Körperkommunikation zwischen der primären Bezugsperson und dem Kind in den ersten sechs Lebensmonaten, in der Entwicklungsphase der sogenannten Mutter-Kind-Symbiose (Mahler u.a., 1978), eine feste gegenseitige emotionale Bindung. Daraus entwickelt sich jenes seelische Urvertrauen, das wiederum die Grundlage für ein sicheres Selbstgefühl und die Basis für die spätere Entwicklung einer eigenständigen Identität bildet (Erikson, 1950). Aufgrund seiner enormen Bedeutung und Tragweite wird dieser körperlich-seelische Prozeß auch als die zweite, die psychische Geburt eines Menschen bezeichnet. Die Art und Weise, wie andere Menschen in dieser Phase mit dem kindlichen Körper umgehen, wie und mit welchen Motiven sie auf ihn zugreifen und ihn manipulieren, beeinflußt diesen Prozeß ganz entscheidend. Sie legt fest, ob und wie das Kind lernt, seine Haut hinlänglich als seine Körpergrenze wahrzunehmen, mit welchen Gefühlen es diese Grenze möglicherweise dauerhaft besetzt und wen es letztlich als Verfügungsinstanz darüber zu begreifen lernt – sich selbst oder andere.

Eine normale psychische Entwicklung bedarf also nicht nur, wie Spitz aufzeigte, einer bestimmten Quantität an körperlichen Kontakten. Auch die emotionale Qualität der körperlichen Stimulationen, denen ein Kind ausgesetzt ist, hat gravierende Auswirkungen auf seine Entwicklung. Im schlimmsten Fall erlebt ein Kind diese hochsensible Grenz- und Schutzschicht seines sich eben erst entwickelnden Ichs nicht als Teil seines Selbst, den es selbst unter Kontrolle hat, sondern sozusagen als Spielfläche für andere, deren Zugriff es sich nicht entziehen kann oder darf. Unter solchen Bedingungen kann es nicht lernen, zwischen Selbst- und Fremdbestimmung genau und sicher zu unterscheiden. Qualitative Mängel der Wahrnehmung und der emotionalen Besetzung der eigenen Haut beeinträchtigen die Entwicklung eines „Haut-Ichs", das die erste und entscheidende Vorstellung ist, die wir von uns selbst haben, und lösen letztlich schwerste, nahezu therapieresistente psychische Störungen (sogenannte Borderline-Störungen) aus.[1]

2. Erste Differenzerfahrungen: *Es ist ein Mädchen! Ich bin ein Junge!*[2]

Der Prozeß der psychischen Geburt unterliegt vielfältigen Einflüssen. Um ihn erfolgreich zu durchlaufen, bedarf es, wie gesagt, der angemessenen Mitwirkung anderer Menschen. Aber auch die sozialen Strukturen der Gesellschaft bzw. die ihnen zugrundeliegenden Normen und Regeln wirken auf diesen Prozeß ein. Da Gender, das kulturelle Geschlecht, eine zentrale Kategorie unserer Gesellschaft ist, beinhaltet die psychische Geburt auch die Übernahme und Verinnerlichung dieser Kategorie. Um dies zu gewährleisten, bedarf es geschlechtsspezifisch differenzierender sozialisatorischer Praktiken, die unter dem Begriff Genderisierung zusammengefaßt werden können.

Die Genderisierung eines Kindes beginnt praktisch mit der Geburt und zwar entsprechend der geschlechtlichen Klassifizierung als Mädchen oder Junge, das heißt mit der Einordnung des Kindes in das zweiklassige biologische Geschlechtersystem. Kinder werden nicht geschlechtsneutral, sondern entsprechend ihrem biologischen Geschlecht aus einer je spezifischen Genderperspektive wahrgenommen, beurteilt und behandelt. Die unterschiedlichen Erwartungen, Wahrnehmungen, Bewertungen und Verhaltensweisen im Umgang mit weiblichen und männlichen Säuglingen und Kleinkindern und ihre Auswirkungen auf diese werden in der Psychologie seit den 50er Jahren unter dem Begriff der „geschlechtsspezifischen" bzw. der „geschlechtsgebundenen" Sozialisation erforscht (vgl. Bilden, 1990).

Die Genderisierung ihrer Mitglieder ist eine zentrale Aufgabe der gesamten Gesellschaft, die von allen gesellschaftlichen Institutionen, zunächst jedoch von der Familie im Rahmen ihres allgemeinen Erziehungsauftrags übernommen wird. Dieser besteht darin, die relevanten gesellschaftlichen Normen zu vermitteln und dafür zu sorgen, daß sie von den Zöglingen übernommen, das heißt letztlich verinnerlicht werden. Die Familie initiiert und begleitet damit jenen psychischen Prozeß der Zivilisation, den Norbert Elias als die Umwandlung äußerer, gesellschaftlich definierter Zwänge in eine Selbstzwangapparatur beschrieben hat. Demzufolge empfinden wir unser „zivilisiertes" Verhalten nicht als erzwungen, sondern als Ausdruck unseres freien Willens. Gemeinsam mit anderen Konzepten wird auch das zentrale Konzept Gender auf diese Weise unmittelbar in die Psyche eingeschrieben. Obwohl Elias sich durchaus bewußt war, daß sich dieser Prozeß der Zivilisation „bis heute weitgehend blind"[3] vollzieht, war er nicht in der Lage, die Kategorie Gender und ihre enormen differenzierenden Auswirkungen im Prozeß der psychischen Zivilisation wahrzunehmen.

Das Konzept Gender basiert auf den kulturell vorherrschenden unterschiedlichen Idealvorstellungen von Weiblichkeit und Männlichkeit (vgl. Kapitel 1). Diese Vorstellungen wirken wie ein Filter, der sich allen psychischen Funktionen überlagert und sie entsprechend beeinflußt. Diese Wirkung läßt sich bereits anhand der Wahrnehmung von Babys und Kindern nachweisen: Diese werden nämlich nicht, wie die beiden neutralen Begriffe vermuten lassen könnten, als geschlechtsneutrale Wesen wahrgenommen und behandelt, sondern ausschließlich als Mädchen oder Jungen, und zwar von Frauen und Männern gleichermaßen. Väter scheinen sich allerdings schon bei Neugeborenen stärker an Geschlechterstereotypen zu orientieren als Mütter. Sie beschreiben beispielsweise – unabhängig von realem Gewicht und realer Größe – Söhne als „kräftig", Töchter jedoch als „zart" (vgl. Rubin u.a., in Mertens, 1992). In sogenannten Baby-X-Studien konnte nachgewiesen werden, daß Erwachsene das Verhalten eines ihnen unbekannten Säuglings, der ihnen einmal als Mädchen und einmal als Junge vorgestellt wird, unterschiedlich wahrnehmen und interpretieren und dementsprechend unterschiedlich mit dem Kind interagieren.

Da psychische Entwicklung mit einer schrittweisen Anpassung des eigenen Wahrnehmungs- und Verarbeitungsapparats an die kulturell vorgegebenen Strukturen einhergeht, beeinflussen diese Wahrnehmungs- und Verhaltensmuster der Erwachsenen auch die Entwicklung der Kinder (vgl. Bem, 1981, 1982, 1983). Im Prozeß seiner Genderisierung erlernt das Kind nicht nur angemessenes Verhalten, sondern auch die geschlechtsgebundene Wahrnehmung und Bewertung von Reizen und Informationen aus der Außenwelt wie aus seinem Inneren. Es entwickelt demzufolge keinen einfachen, allgemeinen Standard zur Bewertung der Angemessenheit von Verhaltensweisen, sondern einen Doppelstandard. Was für Jungen und Männer gilt – z.B. die Unterdrückung des Ausdrucks von Schmerz und Schwäche –, gilt nicht für Mädchen, und was für Mädchen gilt – z.b. die Tabuisierung körperlicher Aggression gegen andere –, gilt nicht für Jungen. Nur wenn das Kind durch sein Verhalten die jeweils seinem Geschlecht vorgegebenen Normen erfüllt, bringt es seine Geschlechtsidentität in angemessener Weise zum Ausdruck und bestätigt sich auch selbst in seiner Identität.

Allein dieser Zusammenhang ist in einer von der sozialen Kategorie Gender durchdrungenen Gesellschaft für jedes Individuum von enormer Bedeutung. Regelgerechtes Verhalten wird darüber hinaus von der Umgebung in aller Regel positiv bewertet und damit weiter verstärkt. Mädchen erhalten beispielsweise explizites Lob für fürsorgliches Verhalten, Sanftmut und Reinlichkeit, Jungen ernten Anerkennung für Tapferkeit, Mut, Schmerzunempfindlichkeit und Ehrgeiz.

Die unterschiedliche Körpersozialisation der Kinder reflektiert die Erwartungen der Gesellschaft im Hinblick auf die späteren sozialen Aufgaben als Erwachsene und die ihnen zugewiesenen sozialen Aufgaben und weist ihnen zugleich die sozialen Positionen zu, die damit verbunden sind. Entgegen anderslautenden Behauptungen zielt die bürgerliche Gesellschaft auch heute noch mit ihrer nachweislich geschlechterdifferenzierenden Erziehung darauf ab, ihren Mitgliedern soziale, das heißt auch in Hinblick auf Macht und Durchsetzungsvermögen relevante Unterschiede körperlich einzuschreiben. Es geht darum, wie Montagu sehr deutlich formulierte, „einen ganzen Mann' aus dem Jungen zu machen und das Mädchen so zu erziehen, daß es später geschickt die Umwelt manipuliert" (Montagu, 1971, 219).

Die verbreitete Vorstellung, wir hätten uns von dieser traditionellen Geschlechtersozialisation bereits weitgehend gelöst, beruht weniger auf tatsächlichen Veränderungen als vielmehr darauf, daß diese Sozialisation heute mit wesentlich subtileren Mitteln vorangetrieben wird und deshalb weit unbewußter abläuft. Heute tragen metaphorische Formulierungen wie „Männer sind vom Mars, Frauen von der Venus" eher wieder dazu bei, biologistische Vorstellungen von der „wesensbedingten" weiblichen Scheu vor aktiver Machtausübung zu bekräftigen.

Schon in den vierziger Jahren des vorigen Jahrhunderts hat Margaret Mead in einer kulturvergleichenden Studie festgestellt, daß Jungen je nachdem, wie sie von den Erwachsenen behandelt werden, unterschiedliche Sozialcharaktere ausbilden („boys are made, not born!").

Diese Aussage ist allein schon insofern bemerkenswert, als in der aktuellen Diskussion über bestimmte Formen sozial unverträglichen und unzivilisierten Verhaltens von Jungen und Männern (z.B. ihre erhöhte Gewaltbereitschaft und Gewalttätigkeit) heute wieder biologisch erklärt bzw. gerechtfertigt wird: Jungen sind eben so!

Judith Arcana griff in den späten achtziger Jahren in einer differenzierten Studie Meads Fragestellungen auf und kam zu vergleichbaren Ergebnissen. Auf der Basis ausführlicher und intensiver Gespräche mit sechzig amerikanischen Müttern und deren Söhnen untersuchte sie die Mechanismen bzw. konkreten Verhaltensweisen, durch die Söhne auf das gesellschaftlich vorherrschende Machtverhältnis der Geschlechter und die ihnen darin zugewiesene superiore Rolle vorbereitet werden. Es zeigte sich, daß sowohl Mütter als auch Väter dazu beitragen, wenn auch in unterschiedlicher Weise. Die Mütter vermittelten Arcana zufolge ihren Söhnen durch ihre ständige Verfügbarkeit und durch ein bereitwilliges „Verströmen" selbstloser und bedingungsloser Liebe ein relativ diffuses Gefühl von Macht und Überlegenheit über Frauen. Die Väter hingegen brachten die Geschlechterhierarchie durch konkrete Handlungsmuster zum Ausdruck. Sie widmeten ihren Söhnen mehr Zeit als ihren Töchtern, regten sie mehr an, schenkten ihnen mehr Beachtung, sprachen mehr mit ihnen (J. Arcana, 1986; vgl. auch Lewis, M., & Weinraub, M., 1979).

Die lebenswichtigen körperlichen Kontakte werden in den ersten Lebensjahren in der Regel von Müttern bzw. allgemein von Frauen hergestellt. In Familien mit traditioneller Arbeitsteilung beschäftigen sich Väter im ersten Lebensjahr ihres Kindes werktags durchschnittlich zwölf Minuten und an Wochenenden bzw. freien Tagen ca. zwanzig Minuten mit ihren Kindern (Fthenakis, 1985, 157f). Bereits in diesem frühen Stadium werden erstaunliche Unterschiede zwischen Mädchen und Jungen gemacht, und zwar sowohl bei der alltäglichen Versorgung, hinsichtlich des entwicklungspsychologisch so bedeutsamen Haltens und Wiegens, durch das Sicherheit und ein Gefühl von „Angenommensein" vermittelt wird, als auch in bezug auf spezifischere sensorische Stimulationen.

Diese Unterschiede im mütterlichen Verhalten finden ihren Niederschlag in der Psyche ihrer Söhne und Töchter und bereiten sie auf die unterschiedlichen Ansprüche vor, die später, im Erwachsenenalter, an ihre Kommunikations- und Bindungsfähigkeiten gestellt werden. In den ersten Lebensmonaten werden die Söhne körperlich bevorzugt. Sie erfahren mehr Schutz und Sicherheit, profitieren stärker von der ausgeprägteren Empathie ihrer Mütter und den häufigeren bewundernden Rückmeldungen über ihre aktiven Körperfunktionen und -fähigkeiten. Folgende Unterschiede sind in empirischen Untersuchungen festgestellt worden (vgl. Belotti, 1975; Scheu, 1977; Bilden, 1980; Henley, 1988):

- Männliche Säuglinge werden öfter und länger im Arm gehalten als weibliche.
- Die Bereitschaft zum Stillen der Säuglinge ist größer, wenn diese männlichen Geschlechts sind; nahezu alle Mütter von Söhnen wollen ihre Kinder stillen, aber nur zwei Drittel der Mütter von Töchtern.
- Söhne werden auch konkret häufiger als Mädchen gestillt und gefüttert.
- Während des Stillvorgangs registrieren die Mütter die Bedürfnisse männlicher Säuglinge sensibler und reagieren deutlicher darauf; Söhnen werden mehr Trinkpausen zugestanden als Mädchen, und sie werden insgesamt später entwöhnt als Mädchen.
- Die Grobmotorik von Jungen wird besonders gefördert – selbst bei fremden sechs Monate alten Jungen reagieren Frauen stärker auf grobmotorische Bewegungen und regen diese von sich aus mehr an; bei ihren eigenen Söhnen fördern Mütter bereits ab dem dritten Monat ganz gezielt die Muskelaktivitäten; im Umgang mit Töchtern überwiegen hingegen sanfte, zärtliche Körperkontakte.
- Söhne werden häufiger und in anderer Weise als Töchter taktil stimuliert; insbesondere ihre Geschlechtsteile werden auf sehr zärtliche Weise behandelt (z.B. während der Säuberung des Genitalbereichs), in ihren Funktionen (etwa wenn der Säugling während des Windelns spontan uriniert) zärtlich-belustigt zur Kenntnis genommen und oft geradezu bewundernd hervorgehoben. Durch solche Verhaltensmuster wird der männliche Körper auf eine spezifische Weise sexualisiert, die es dem Sohn ermöglicht, eine positive emotionale Beziehung zu seinen Geschlechtsteilen zu entwickeln.
- Die Geschlechtsteile der Töchter werden von den Müttern hingegen „übersehen", en passant behandelt und damit gewissermaßen negiert. Weil sie nicht in vergleichbarer Weise im alltäglichen Umgang bewundernd hervorgehoben werden, können sie auch nicht entsprechend positiv besetzt werden; sie werden kaum mit zärtlichen Kosenamen bedacht und nicht selten sogar in einen negativen Kontext gesetzt („da unten rum" muß vor allem Sauberkeit Einzug halten).

Diese typischen Interaktionsmuster beginnen sich nach dem ersten Lebenshalbjahr zu verändern. Das Kind tritt nun in eine neue Entwicklungsphase ein, in der es sich aus der engen Beziehung zur Mutter schrittweise zu lösen beginnt. Die damit korrespondierenden Veränderungen im Kontaktverhalten der Mütter sind Ausdruck der einfühlsamen Begleitung und Unterstützung dieses Reifungsprozesses, in dessen Verlauf sich die kommunikativen Bedürfnisse und Fähigkeiten der Säuglinge und damit auch die Modalitäten ihrer gemeinsamen Körperkommunikation verändern. Alle Kinder lösen sich mit der Zeit aus der für die ersten Monate charakteristischen Nähe-Modalität, in der unmittelbare Kontaktformen des Haltens, Berührens, Wiegens etc. vorrangig waren, und wechseln zu Distanz-Modalitäten über, in denen der visuelle und der akustische Kommunikationskanal dominieren. Diese Veränderungen leiten seitens des Kindes zugleich auch die Weiterentwicklung der ursprünglich symbiotischen, unspezifischen Mutterbindung ein. Da es in seinem neuen „Freiheitsdrang" das symbiotische Verhältnis zur Mutter nun erstmals auch als unangenehm und einengend empfindet und dadurch in emotionale Konflikte gerät, ist seine Gefühlslage in diesem Zeitraum besonders labil.

Der mütterliche Umgang mit dem Sohn entspricht seinen neuen Bedürfnissen und seiner labilen Gefühlslage. Durch ihren Rückzug stellen Mütter die Weichen für eine Entwicklung in Richtung „Männlichkeit". Bereits ab dem dritten Lebensmonat beginnen sie, explorierendes, selbständiges, loslösendes Verhalten gezielt zu fördern (vgl. Bilden, 1980, 787ff). Dadurch wird der Sohn, der zuvor vergleichsweise umfassender und intensiver taktil versorgt wurde als eine Tochter, auch in seinen neuen Lösungsbestrebungen stärker als diese unterstützt. Die Mutter ermuntert ihn zur kontinuierlichen Erweiterung seines Aktionsradius und zur optimalen Ausnutzung seiner wachsenden Handlungs- und Kommunikationsmöglichkeiten. Die Kommunikation zwischen Mutter und Sohn verlagert sich zunehmend von der Nähe-Modalität auf Distanz-Modalitäten. Dadurch werden Söhne besser auf die später im sozialen Umgang mit anderen Menschen wesentlichen Kommunikationsformen vorbereitet als Töchter (vgl. Lewis, in Henley, 1988, 171).

Das „Abrücken" vom Sohn spiegelt nicht unbedingt die innersten Bedürfnisse einer Mutter wider; es entspricht vor allem ihrem gesellschaftlichen Auftrag, Söhne „rechtzeitig" loszulassen, um ihre Männlichkeitsentwicklung nicht zu behindern oder gar zu gefährden, eben keine „Muttersöhnchen" aus ihnen zu machen. Oft wird sie geradezu gezwungen, lösungsunwillige Söhne aus der Bindung hinauszudrängen, von sich „wegzustoßen", damit sie selbständig, das heißt „männlich" werden können (vgl. M. Mitscherlich-Nielsen, 1978, 682). Die Gesellschaft – vor allem, aber nicht nur in Person des Vaters – achtet genau darauf, daß Söhne sich rechtzeitig aus der intensiven Mutterbindung lösen. Für die Mütter steht einiges auf dem Spiel. Denn wenn Männlichkeitsentwicklungen mißlingen, Söhne „mütterliche" Eigenschaften wie Weichheit, Empfindsamkeit, Sensibilität und Emotionalität nicht ordnungsgemäß abspalten und verdrängen, sondern sich mit ihnen identifizieren, werden in der Regel sie dafür verantwortlich gemacht.

Mit wachsender Selbständigkeit und zunehmend realistischerer Wahrnehmung der tatsächlichen Abhängigkeit von der Mutter entwickelt ein Kind neue Bedürfnisse. Im Stadium des gefühlsmäßigen Oszillierens zwischen dem Wunsch nach distanzierter Selbständigkeit und dem nach emotionaler Nähe und Sicherheit vermitteln die zärtlichen Berührungen der Mutter nicht mehr ausschließlich angenehme Gefühle von Liebe und Geborgenheit, sondern lösen auch negative Gefühle aus. Auch der zunehmende Umgang mit anderen Personen trägt dazu bei, das Bedeutungsspektrum von Berührungen – z.b. durch Erfahrungen von körperlicher Einengung, von Zwang, Bedrohung, Schmerz und Erniedrigung – in negativer Richtung zu erweitern. Solche Erfahrungen lösen andere Bedürfnisse aus als die unspezifisch angenehme „caring touch" der frühen Zeit: den Wunsch nach sicherer Abgrenzung, unter Umständen auch ein Bedürfnis nach Dominanz, nach Kontrolle der Macht, die von anderen ausgeübt wird.

Der Rückzug der Mutter kann in dieser labilen Entwicklungsphase der Loslösung beim Kind auch die erschreckende und zutiefst beängstigende Befürchtung auslösen, sie womöglich ganz zu verlieren. Die Ausbildung männlicher Autonomie und Selbständigkeit ist kein biologisch begründeter Automatismus und auch kein Geschenk des Himmels. Ihr Preis besteht in einer empfindlichen Reduktion oder gar im totalen Verlust des gewohnten mütterlichen Kontaktkomforts. Insbesondere der zuvor entsprechend verwöhnte Sohn, der sich – vor allem wenn die Mutter zuverlässig und selbstlos genug war –, an sie als eine ständig verfügbare Versorgungseinheit gewöhnt hat, kann nun ihr gegenüber Enttäuschung und Wut empfinden. Der Rückzug der Mutter entspricht zwar seinem Streben nach Verselbständigung, bricht aber formal mit dem bereits etablierten Machtverhältnis; mit ihrem Rückzug gibt sich die Mutter erstmals als selbständiges, von ihm unabhängiges, nicht ausschließlich auf ihn fixiertes Wesen zu erkennen.

Verglichen damit ist der mütterliche Umgang mit einem weiblichen

Kind anfänglich weniger körperintensiv und nicht im gleichen Maß von bewundernder Zärtlichkeit geprägt. Er wird andererseits auch nicht ebenso abrupt und in einer für Mutter und Kind gleichermaßen schmerzlichen, vielleicht sogar selbstzerstörerischen Weise verändert. Er verändert sich auf eine weniger offensichtliche, hinsichtlich ihrer langfristigen Auswirkungen auf das Kind aber dennoch dramatische Weise. Die ursprünglichen Bindungsformen der ersten, symbiotischen Entwicklungsphase werden gegenüber Mädchen nicht einfach nur länger beibehalten. Sie werden im kritischen Entwicklungsabschnitt der beginnenden Verselbständigung sogar noch intensiviert. Von dem Lebenszeitpunkt an, ab dem der Sohn in die Welt förmlich hinausgedrängt wird, um autonom und selbständig zu werden, wird das Mädchen von der Mutter, aber auch von anderen Personen durch vermehrte Berührungen und das Beibehalten bindender Kontaktformen in der Unselbständigkeit geradezu festgehalten.

Diese berührungsintensiven Kontaktmuster fixieren Töchter in der nun nicht mehr entwicklungsadäquaten Nähe-Modalität der Kommunikation. Sie behindern den natürlichen, zur Verselbständigung notwendigen und sie fördernden Prozeß der Distanzierung. Die kindliche Neugier auf die weitere Umgebung und das wachsende Interesse an Fremden werden weder anerkannt noch gefördert. Der Tatendrang der Töchter wird gebremst, ihr Körper motorisch deaktiviert und ihr Aktionsfeld eingeschränkt. Von besonderer Bedeutung ist in diesem Kontext ein Sozialisationsmechanismus, der speziell Mädchen an der Ausbildung körperlicher Abgrenzungsmechanismen gegenüber unerwünschten Kontakten und der Entwicklung entsprechender Strategien der Selbstverteidigung hindert: die Tabuisierung von Abweisungssignalen, die unter Punkt 4 behandelt wird.

3. „Muttern" und „Vatern":
Typische Unterschiede im Umgang mit Kindern

Das kleine Kind benutzt seine Körpersprache zunächst vor allem dazu, seine Bedürfnisse zum Ausdruck zu bringen. Damit es überleben kann, müssen diese Signale wahrgenommen, richtig interpretiert und zuverlässig durch körperliche Handlungen befriedigt werden. Diese Aufgabe wird in unserer Gesellschaft in aller Regel von der biologischen Mutter wahrgenommen und deshalb mit dem Begriff „Muttern" bezeichnet. Wenn, aus welchen Gründen auch immer, die Mutter diese Aufgaben nicht übernimmt, treten in der Regel nicht die Väter oder andere Männer, sondern andere Frauen für sie ein. Infolgedessen beginnt – abgesehen von Einzelfällen, die entsprechende Aufmerksamkeit erregen und in den letzten zehn bis fünfzehn Jahren durchaus etwas zahlreicher geworden sein können – in unserer Kultur das soziale Leben jeden Kindes in bzw. mit der Beziehung zu einer Frau (vgl. Chodorow, 1985).[4]

Zur Erklärung oder auch Rechtfertigung dieser Asymmetrie werden häufig biologische Gründe angeführt. Dabei wird aus der Tatsache, daß (noch) ausschließlich Frauen Kinder gebären können, ohne weiteres gefolgert, daß auch die der Geburt nachfolgenden Aufgaben des Mutterns – Ernähren, Pflegen, Versorgen des Kindes – ausschließlich und so lange wie möglich von Frauen wahrgenommen werden sollen. Dabei wird insbesondere auf die weibliche biologische Fähigkeit des Ernährens – das Bruststillen – abgehoben. Die Funktion des Ernährens an sich ist jedoch nicht ebenso naturhaft und ausschließlich wie die des Gebärens an den weiblichen Körper geknüpft. Viele Kinder werden – aus unterschiedlichsten Gründen und ohne erkennbare Schäden davonzutragen – nie brustgestillt, sondern mittels Fläschchen aufgezogen. Für die optimale Entwicklung eines Kindes scheint nicht die Ernährungsfunktion der Mutterbrust von zentraler Bedeutung zu sein, sondern vielmehr der mit dem Akt des Stillens verbundene Körperkontakt zwischen dem Kind und der versorgenden Person. Dieser Kontakt kann aber auch bei der Flaschenernährung in durchaus gleichwertiger Weise hergestellt werden. Der Beweis dafür wurde nicht zuletzt durch die berühmten Harlow-Experimente erbracht, auf die ich im vorigen Kapitel eingegangen bin.

Entscheidender für die Beharrlichkeit, mit der die Aufgabe des Mutterns ausschließlich Frauen zugewiesen wird, scheint die Tatsache zu sein, daß dieses spezifische Muster der geschlechtlichen Arbeitsteilung stärker und effektiver als alles andere die Aufrechterhaltung der traditionellen Geschlechterordnung über die Generationen hinweg garantiert. Denn die exklusive Verknüpfung von Weiblichkeit mit der Funktion des Mutterns hat vielfältige und tiefgreifende psychologische Auswirkungen, die die einer zeitweiligen – und relativ kurzzeitigen – sozialen Rollenübernahme weit übersteigen. Sie beeinflußt die psychosexuelle Entwicklung der nächsten Generation – sowohl der Mädchen wie der Jungen –, ihre Identitätsbildung in den ersten Lebensjahren (vgl. Chodorow, 1985) und damit die grundsätzliche Bereitschaft zur Übernahme und Tradierung dieser zentralen Struktur der geschlechtsspezifischen Arbeitsteilung durch die späteren Erwachsenen.

Das Muttern erschöpft sich von Anfang an nicht nur in reinen Versorgungstätigkeiten. Es transportiert symbolische Beziehungsbotschaften, die aufgrund der extremen Abhängigkeit des Kindes von vergleichbar vitaler Bedeutung sind: bedingungslose Bewunderung („adoring love") und umfassende Sorge („caring love").[5] Eine mutternde Frau vermittelt dem Kind somit eine erste Vorstellung von Liebe. Quintessentiell wird diese im schlichten Akt des Gehaltenwerdens zum Ausdruck gebracht, der dem Kind absolute Geborgenheit vermittelt und in den seitens der Erwachsenen zentrale Elemente der Liebe – Fürsorge und Empathie – und eine positive Identifikation mit dem Kind einfließen.

Dennoch ist die Beziehung zwischen Mutter und Kind keineswegs symmetrisch oder gleichwertig. Der weitgehenden – wenngleich nicht vollständigen – Machtlosigkeit und totalen Abhängigkeit des Kindes steht die nahezu grenzenlose Macht der Mutter gegenüber. Die mütterliche Überlegenheit leitet sich primär aus der körperlichen Unreife und der absoluten Unfähigkeit des Kindes, allein zu überleben, also aus seiner enormen Hilfsbedürftigkeit ab. Sie führt daher im Normalfall auch zur Übernahme der emotionalen Verantwortung für dieses Wesen bis zum Zeitpunkt seiner Eigenständigkeit, an dem sich das Verhältnis zwischen Mutter und Kind in machtspezifischer Hinsicht wieder ausgleicht. Ihr liegt in aller Regel kein sekundäres Dominanzbedürfnis zugrunde, das gerade nicht auf einen allmählichen Abbau, sondern auf die Herstellung und Aufrechterhaltung eines ungleichen Machtverhältnisses abzielt (folgen Mutter-Kind-Beziehungen tatsächlich einem solchen Muster, so ist dies Ausdruck ganz spezifischer Fehlentwicklungen). Die kindlichen Signale der Hilflosigkeit werden somit von der Mutter nicht als Beweise und Bestätigung ihrer eigenen Überlegenheit, sondern als Appelle wahrgenommen und interpretiert, die ihre Bindung und ihre Verpflichtung zur Befriedigung der Bedürfnisse des Kindes verstärken. Eine „mütterliche" Körpersprache vermittelt daher auch dem Kind ungeachtet der objektiv gegebenen Machtverhältnisse nicht primär den Eindruck eigener Machtlosigkeit gegenüber der Dominanz der Mutter, sondern ihre bedingungslose Bereitschaft, es umfassend und zärtlich zu versorgen, zu beschützen und verantwortungsvoll zu pflegen.

Eine explizite soziale Hierarchisierung der Mutter-Kind-Beziehung findet eigentlich nur zwischen Mutter und Sohn statt, allerdings in einer umgekehrten, die natürlichen Gegebenheiten konterkarierenden Weise. Wenn Mütter sich von kleinen Söhnen terrorisieren lassen und sich ihnen und ihren Bedürfnissen total unterwerfen, dann inszenieren beide gemeinsam das Prinzip der männlichen Dominanz über Frauen. Beispiele dafür lassen sich in alltäglichen Begegnungen zwischen Müttern und Söhnen immer wieder finden. Ebenso delegieren scheidende Väter ihre Autorität an das männliche Kind, dem für die Zeit ihrer Abwesenheit die Fürsorge für die erwachsene Mutter übertragen wird. Solche Rituale, wie scherzhaft auch immer sie gemeint sein mögen, reflektieren und stabilisieren eine hierarchische Geschlechterordnung. Nicht zuletzt bannen sie die tatsächliche Macht, die mütterlicher Fürsorge und körperlichen Zärtlichkeitsbekundungen zweifellos innewohnt. Indem der heranwachsende Sohn zunehmend Verfügungsmacht über seinen Körper gewinnt und letztlich autonom über Körperkontakte und Berührungen bestimmt, entmachtet er die Mutter und löst sich von ihren Ansprüchen. Das Kontaktverhalten zwischen Mutter und Sohn wird immer mehr ausschließlich von seiner Bedürfnislage bestimmt und von ihm kontrolliert. Als unangemessen oder unpassend wahrgenommene mütterliche Kommunikationsbedürfnisse werden negiert oder aktiv abgewehrt.

Daß Mütter die Grenzziehungen von Söhnen meist ohne Widerspruch akzeptieren, zeigt, daß ihre selbstlose und bewundernde Liebe auch die „Vermännlichung" ihres Objekts unbeschadet überlebt. Sie nehmen die mit der Machtumkehr einhergehende Vernachlässigung bzw. Ignoranz ihrer eigenen Berührungsbedürfnisse auch deshalb in Kauf, um ihre Söhne vor dem Spott und der Kritik einer männlichen Öffentlichkeit zu beschützen (vgl. Newson, J., & Newson, E., 1976). Der Sohn jedoch übersteht die radikale Abgrenzung von der Mutter und ihrem spezifischen Kontaktmuster weniger schadlos. In seiner Gefühlswelt hinterläßt die Abspaltung und Verdrängung „weiblicher" Kommunikationsmuster und Umgangsformen eine Lücke, die durch die ihm zugewiesenen „männlichen" Umgangsformen, die den Umgang mit dem Vater und gleichaltrigen Kameraden und Spielgefährten charakterisieren, nicht adäquat ausgefüllt werden kann. Denn in der Interaktion zwischen Männern haben Berührungen und Körperkontakte deutlich andere emotionale Qualitäten und soziale Funktionen.

Durch die geschlechterdifferenzierende Körpersozialisation bleibt der „caring touch", der grundlegende und zentrale Ausdruck emotionaler Bindungen, ausschließlich im aktiven Verhaltensrepertoire von Frauen erhalten. In der spezifischen Weiblichkeitssozialisation wird nur Mädchen systematisch jenes affiliative Verhalten beigebracht, das der Pflege und Versorgung anderer und als Ausdruck der Bewunderung dient. Nur Mädchen üben dieses Verhalten alltäglich im Umgang mit Puppen ein, der für „richtige" Jungen nach wie vor tabu ist. Die Söhne hingegen verabschieden sich mit der Übernahme „männlicher", d.h. Dominanz und Überlegenheit zum Ausdruck bringender Verhaltensweisen vom „caring touch" der frühen Jahre – viele für immer. Das zärtliche Kontaktverhalten der Mutter, der liebevolle Ausdruck bedingungsloser Bewunderung und selbstloser Fürsorge findet in ihrem aktiven „Wortschatz" keinen Raum. Da es mit Weiblichkeit verknüpft ist, wird es in einer „männlich" strukturierten Psyche nicht als Kompetenz, sondern nur als Bedürfnis etabliert, dessen Befriedigung entsprechend genderisierte Männer wiederum nur von Frauen erwarten. *Die traditionelle Rollenverteilung, in der die Mutter allein zuständig für die körperlichen Bedürfnisse des Kindes und seine Erziehung ist, verfestigt in den Söhnen die Illusion, es gäbe ein Wesen, das uns vollkommen glücklich machen könnte, wenn es nur wollte.*[6] Identifikation mit einer durch Abgrenzung von Weiblichkeit definierten Männlichkeit und mit der gesellschaftlich vermittelten Vorstellung von männlicher Superiorität sind die Voraussetzungen dafür, daß Männer von Frauen Formen der Zuneigung und einen Ausdruck von Emotionen erwarten und fordern, die sie selbst nicht geben können, und daß sie nicht in der Lage sind, diese eklatante Asymmetrie heterosexueller Beziehungen auch als Ausdruck eines eigenen Mangels zu interpretieren.

Worin besteht aber die spezifische Bedeutung der Väter für ihre Kinder? Welche besonderen Aufgaben erfüllen sie im Prozeß der Sozialisation? Gibt es typische, dem „Muttern" vergleichbare Verhaltensweisen des „Vaterns"? Diese Fragen lassen sich nur vor dem Hintergrund der weitgehenden Abwesenheit der Väter und ihres typisch „anderen" Verhaltens- und Interaktionsstils beantworten. Zunächst ist festzuhalten, daß Vätern zwar gesellschaftlich eine große Bedeutung im Hinblick auf die kindliche Entwicklung beigemessen wird, die sich jedoch nicht in dem zeitlichen Aufwand widerspiegelt, den sie dabei betreiben (dieser ist im ersten Lebensjahr des Kindes mit durchschnittlich zwölf Minuten werktags und zwanzig Minuten an freien Tagen erstaunlich gering; vgl. Fthenakis, 1985, 157f). Allerdings werden sie in ihrem Erziehungsauftrag, der im wesentlichen darin besteht, aus ihren Söhnen „Männer" zu machen, nicht alleingelassen, sondern erhalten vielfältige Unterstützung durch andere Personengruppen und Institutionen: Zum einen werden die gleichaltrigen oder nur wenig älteren Kameraden („peers") ihrer Söhne mit zunehmendem Alter immer wichtiger; zum anderen machen die Massenmedien insbesondere hinsichtlich ihres Angebots an männlichen Vorbildern ihrem Namen wahrhaft Ehre. Die überwiegend männlichen Helden unzähliger Comics, Cartoons, Filme etc. vermitteln Kindern praktisch rund um die Uhr all jene bedeutsamen Aspekte von Männlichkeit, die unsere Gesellschaft für wesentlich erachtet: Macht, überlegene Körperkraft, Dominanzstreben, Bereitschaft zur Gewalt, die soziale Bindungslosigkeit „einsamer Wölfe" etc. Die medialen Ersatzväter füllen auf diese Weise zwar die durch die Abwesenheit der realen Väter entstandene Lücke, jedoch mit unglaublich stereotypen, banalen, erschreckend eindimensionalen und vor allem durchweg durch gewaltförmige Umgangsweisen charakterisierbaren Männlichkeitsangeboten. Der Umgang der Väter und anderer realer Männer mit männlichen Kindern ist von Anfang an angemessen „männlich", d.h. deutlich rauher. Dieser Stil verhindert „Verweichlichung", fördert den Prozeß der emotionalen Abhärtung, erleichtert den künftigen Männern die Etablierung fester Ich-Grenzen und vermittelt ihnen somit das Gefühl, Herren über ihre eigene Haut zu sein. Väter müssen im Gegensatz zu den Müttern von ihren kleinen Söhnen nicht darauf aufmerksam gemacht werden, sie in der Öffentlichkeit nicht zärtlich zu berühren oder zu küssen. Väter leben die Regeln „männlichen" Umgangs selber unmittelbar vor. Ihr typisches Interaktionsverhalten ist die erste wirklich konkrete Information über „Männlichkeit", die Söhne erhalten. Ihre Bereitschaft, die väterlichen Verhaltensmuster zu übernehmen, ist daher groß und kann durch die Wahrnehmung elterlicher Interaktionsmuster und Beziehungsrituale durchaus noch gefördert werden. Das für Kinder aufgrund der geschlechtsspezifischen Körpersprache und des asymmetrischen Bindungsverhaltens von Mutter und Vater deutlich erkennbare ungleiche Machtverhältnis verstärkt die Bereitschaft zu „Vermännlichung" mehr als tausend Worte.[7] Eine Identifikation mit dem väterlichen Muster befriedigt die kindlichen Dominanzphantasien, die sich vor allem gegen die faktisch erziehende und daher wirklich als mächtig erlebte Mutter richten, der er eindeutig körperlich unterlegen ist. Die Mutter ist natürlich imstande, ihn jederzeit „hochzunehmen", ihn zu „fesseln", ihn körperlich zu dominieren und ihm ihren Willen aufzuzwingen. Doch im Umgang mit dem Vater, dem erwachsenen Mann, der auch er einmal sein wird, kehren sich alle diese Muster zu seinen Gunsten um.

Das „Vatern" steht bereits im Säuglingsalter in deutlichem Kontrast zum mütterlichen Verhaltensmuster der Pflege, Versorgung und des beruhigenden, schutzgebenden Haltens. Solche Funktionen übernehmen Männer zwar auch, nach wie vor aber nur ausnahmsweise. In ihrer Mehrheit scheinen sie weder in derselben Weise wie Frauen fähig noch willens, ihrem Kind im ersten Lebensjahr vor allem das Gefühl primärer Geborgenheit zu vermitteln. Eine holländische Untersuchung zeigte, daß viele Männer die Bedürfnisse und Interessen eines Kindes weder richtig wahrnehmen können noch überhaupt besonderes Interesse daran haben. Vielmehr hat es den Anschein, als betrachteten sie Elternschaft weniger unter dem Aspekt, was sie für die Kinder tun könnten, als „bisweilen unter dem Aspekt... inwieweit ihre eigenen Bedürfnisse durch die Kinder befriedigt werden".[8] Während Frauen sich aufgrund ihrer Mutterschaft aus der Öffentlichkeit und dem Berufsleben in der Regel zumindestens zeitweise zurückziehen, um sich voll und ganz ihrem Kind zu widmen, ziehen Männer aus einer Vaterschaft nicht selten neue Kraft für die Bewältigung ihrer Aufgaben in der Außenwelt. Entsprechende Äußerungen berühmter Väter werden von der Boulevardpresse ebenso anerkennend kolportiert wie der ebenfalls gendergerechte Rückzug der Mütter aus der Öffentlichkeit und tragen zur Aufrechterhaltung dieses Musters bei. André Agassi, als „junger Vater" wieder enorm erfolgreicher Tennisspieler, beschrieb es lt. Münchner *Abendzeitung* vom 21.2.03 mit folgenden Worten: „Jaden Gil macht mich so stark."

Es gibt aber auch Väter, die auf die verstärkte Zuwendung ihrer Frau zum Kind eifersüchtig und aggressiv reagieren, weil sie sich zurückgesetzt und vernachlässigt fühlen. Die Gesellschaft, die die Bedeutung der Präsenz von Vätern hochhält, reagiert paradox auf solche sozialen Unzulänglichkeiten von Vätern – nicht kritisch und mit verstärktem Bemühen, sie besser und gezielter für die väterlichen Aufgaben zu qualifizieren, sondern mit Verständnis für ihr Bedürfnis nach Priorität und mit Bereitschaft zur Entlastung. Beispielhaft dafür sei die Argumentation Frederick Leboyers, des „Vaters der sanften Geburt", angeführt, der sich mit folgendem verräterischen Argument gegen die Anwesenheit der Väter bei der Geburt ausspricht: Dem Kind, das nach der Geburt umgehend die schützende Gegenwart der Mutter spüren müsse, solle nicht das Gefühl genommen werden, daß die Aufmerksamkeit der Mutter „ganz und gar ihm" gelte.[9]

Da selbst die Kinder ihre Väter nicht in erster Linie als Beziehungswesen, sondern als autonome Subjekte wahrnehmen, machen auch sie sie für Mängel in der Qualität ihrer Beziehung in der Regel nicht verantwortlich (von den Söhnen, die J. Arcana in ihrer weiter oben zitierten Untersuchung befragt hatte, bezeichnete kaum einer von denen, die ihre Väter angeblich schätzten, auch die Vaterbeziehung als „gut"). Die spezifische Attraktivität von Vätern entwickelt sich offensichtlich weniger aus dem, was sie für ihre Kinder konkret tun, als aus dem, was sie für ihre Kinder repräsentieren. Es erstaunt daher kaum, daß auch Frustration und Groll, die aus einer wenig zufriedenstellenden Vaterbeziehung erwachsen, häufig auf die Mütter abgeladen werden.

Ihrem Selbstverständnis entsprechend definieren sich Männer nicht als mütterliche Pfleger, sondern als „Erreger" der Kinder. Männer engagieren sich weniger in der vom Kind selbst häufig als eher langweilig oder sogar unangenehm empfundenen alltäglichen Routine. Sie kümmern sich seltener um Grunderziehung im Hinblick auf Sauberkeit, Tischmanieren, Pünktlichkeit, Höflichkeit etc., sondern spielen lieber mit den Kindern. Ihre Art der Kinderbetreuung hat eher den Charakter einer Freizeitbeschäftigung und unterscheidet sich auch auf der rein motorischen Ebene durch ihren wilden und sprunghaften Rhythmus deutlich vom mütterlichen Stil (vgl. Mertens, 1992, 65). Sie setzen dem quantitativen und qualitativen Kontaktvorsprung der Mütter eine neue Qualität des Umgangs entgegen, indem sie die Interaktionsdimensionen Spannung und Action einführen. Ihre Körperspiele lassen sich durch schnelle, überraschende, als aufregend empfundene Signalwechsel charakterisieren. Es geht dabei wesentlich wilder und ausgelassener, unbeherrschter und auch aggressiver zu als im Spiel mit der Mutter. Spiele mit dem Vater werden häufiger von den Vätern selbst als von den Kindern initiiert, wobei Kinder sogar in ihren eigenen Aktivitäten unterbrochen werden. Sie befriedigen nicht selten eher väterliche als kindliche Bedürfnisse. (In einem aktuellen TV-Werbespot von IKEA weckt ein spielfreudiger Vater seine beiden Söhne nachts auf, um mit ihrer Eisenbahn zu spielen, erntet allerdings eine äußerst genervte Abfuhr.)

Väter stellen im Umgang mit ihren Kindern auf spielerische Weise potentiell gefährliche Situationen her, in denen sie selbst die zentralen Rollen übernehmen. Sie sind Bedrohung und Rettung in einer Person. Väter demonstrieren ihre körperliche Überlegenheit, indem sie ihre Kinder hochwerfen und sicher wieder auffangen, sie bis an den Rand eines hysterischen Anfalls körperlich stimulieren, sie im Kreis herumschleudern, bis ihnen fast die Sinne schwinden. Schon mit den Allerkleinsten spielen Männer laut und heftig „Flugzeug". Die Reaktionen der Kinder schwanken zwischen Begeisterung, Angstlust und echter Angst. Indem sie sich an den Vater klammern, ihn mit weit aufgerissenen Augen fixieren und durch Kichern, glucksendes Gelächter, Gekreisch und die klassische stereotype Wiederholung „Noch einmal!" um Weiterführung betteln, bestätigen sie ihn in seiner Überlegenheit.[10]

Ebenso wie beim Muttern zeigen sich auch beim Vatern mehr oder weniger subtile Unterschiede in Abhängigkeit vom Geschlecht der

Kinder. In einer entsprechenden Beobachtungsstudie über die Muster des väterlichen Umgangs mit Söhnen und Töchtern stellte Herzog (1985) fest, daß Väter beim Spielen mit ihren Söhnen das Ausmaß der Erregung deutlicher steigerten und es über einen längeren Zeitraum konstant hoch hielten. Das Ende eines Spieles signalisierten sie ihren Söhnen auf aggressivere Weise als Töchtern, ließen sich aber von ihnen eher zu einer Verlängerung oder Wiederaufnahme überreden. Söhne lernten dadurch, daß sie durch hartnäckiges Verhalten weitere Spielzeit gewinnen konnten, daß sich Beharrlichkeit und Dominanz also lohnen. So wird in spielerischen Interaktionen der Grundstein für soziale Kompetenzen gelegt, die im Erwachsenenleben von größter Bedeutung sind. Die Töchter waren diesbezüglich weniger erfolgreich. Die Väter ließen sich kaum jemals von ihnen besiegen oder kontrollieren. Sie konnten daher nicht die Erfahrung machen, daß kraftvolles Agieren sich lohnt, und keine körperlichen Fähigkeiten trainieren, die ihnen eventuell gegenüber Jungen oder später in der Auseinandersetzung mit erwachsenen Männern bei der Durchsetzung eigener Interessen nützlich sein könnten. Auch die Ergebnisse dieser Untersuchung bestätigen letztlich, daß sich Väter im Umgang mit Töchtern stark am Weiblichkeitsklischee und an stereotypen Vorstellungen von angemessen „weiblichen" Verhaltensweisen orientieren. Die meisten Väter bestärkten ihre Töchter eher darin, auf einen Wettbewerb mit gleichen Mitteln, den sie bei den Söhnen förderten, zu verzichten und sich statt dessen genderkonformer Durchsetzungsstrategien zu bedienen, bei denen Macht appelativ – durch die Zurschaustellung eigener Schwäche und Unterlegenheit – ausgeübt, zugleich aber auch die Stärke und Überlegenheit der Männer deutlich gemacht wird. Während Söhne also lernen, sich selbstbewußt auf ihre Kraft und ihre Ausdauer zu verlassen, um ihre Ziele zu erreichen, lernen Töchter, vorhandene Stärken zu verleugnen und andere durch Schmeicheln und Betteln zu manipulieren.

Die sporadische und gleichzeitig aufregende Anwesenheit des Vaters macht schon kleinen Kindern klar, daß er ein „Mann für besondere Stunden" ist. Weil Väter kaum an der alltäglichen Erziehungsroutine teilhaben und zudem ihre Söhne im Umgang bevorzugen, können insbesondere Mädchen kaum die Erfahrung machen, von ihren Vätern in ihren grundlegenden Bedürfnissen anerkannt oder gar umfassend zufriedengestellt zu werden.[11] Aber auch ihren Söhnen vermitteln Väter ihre Liebe und Zuneigung nicht primär durch Zärtlichkeiten oder symbiotische Einfühlung in innerste Bedürfnisse, sondern in der Regel durch pseudo-aggressive Körpermanipulationen, die sich hart an der Schmerzgrenze bewegen und sie nicht selten auch überschreiten.

Väter verfremden und karikieren die weiblichen Kontaktformen oder fügen ihnen eindeutig aggressive Komponenten hinzu. Die Übersteigerung und Verzerrung der eher sanften und langsamen „mütterlichen" Signale der Zuneigung im väterlichen Umgang mit Söhnen läßt den Eindruck einer „merkwürdigen Feindseligkeit" (Montagu, 1971) entstehen. Der heranwachsende Sohn wird nicht sanft, zärtlich oder gar beiläufig – wie es mit Mädchen geschieht – gestreichelt; sein Haar wird vielmehr grob zerzaust und verwuschelt, er wird geknufft und gezwickt, scherzhaft geboxt und rundum mit Klapsen und leichten Schlägen bedacht. Er soll keineswegs „verzärtelt", sondern ein „richtiger Mann", d.h. relativ unsensibel und unempfindlich werden und der Gewalt keineswegs grundsätzlich abgeneigt sein.

Der väterliche Umgang mit Töchtern ist sanftmütiger, zärtlicher, vorsichtiger. Der weibliche Körper wird seiner späteren gesellschaftlichen Funktion entsprechend nicht zur Eigenaktivität angeregt und schon gar nicht emotional „abgehärtet". Im sanften Umgang soll vielmehr die Sensibilität und Bereitwilligkeit der Tochter zu „zärtlichen" Begegnungen mit dem anderen Geschlecht gefördert werden. Dieses durchgängige „feely-touchy"-Interaktionsmuster mit weiblichen Kindern steht ebenso wie der ruppige und harte Umgang mit „kleinen Männern" in der Tradition bürgerlicher Erziehung. Der sozialreformerische Aufklärer J.J. Rousseau benötigte in seinem berühmten Erziehungsroman *Emile* (1762) nur ein einziges Kapitel, um die wesentlichen Grundsätze und das Ziel der Mädchensozialisation – die Unterordnung unter den Mann, die Relativierung weiblicher Bedürfnisse und die generelle Funktionalisierung des weiblichen Geschlechts – darzustellen.

„Die ganze Erziehung der Frau muß daher auf die Männer Bezug nehmen. Ihnen gefallen und nützlich sein, ihnen liebens- und achtenswert sein, sie in der Jugend erziehen und im Alter umsorgen, sie beraten, trösten und ihnen das Leben angenehm machen und versüßen: das sind zu allen Zeiten die Pflichten der Frau, das müssen sie von ihrer Kindheit an lernen."

Der zärtliche Umgang mit der Tochter ist allerdings nicht weniger verwirrend und ambivalent als der männlich-harte Umgang mit dem Sohn. Ihm gegenüber werden zärtliche Gefühle inadäquat, durch ruppiges, aggressives Verhalten zum Ausdruck gebracht. Im Umgang mit der Tochter klingen hingegen sexuelle Untertöne an, die für das Kind ebensowenig nachvollziehbar sind. Manche Väter beschreiben bereits Kleinkinder mit Begriffen wie „kokett" und „sexy" aus einer ausgesprochen heterosexuellen Perspektive, die gelegentlich auch von Frauen eingenommen wird. Piontelli (1987) berichtet zum Beispiel von einer Mutter, die die heftigen Reaktionen ihrer kleinen Tochter auf männliche Stimmen folgendermaßen kommentierte: „Sie ist wirklich eine kleine Hure... sie ist verrückt auf Männer."[12]

Der spezifische Beitrag des Vaters zur Körpersozialisation der Kinder löst die einseitige Verknüpfung des Ausdrucks affiliativer, bedingungsloser, sorgender Liebe mit Weiblichkeit, die in den ersten Lebensjahren im Umgang mit einer mutternden weiblichen Person hergestellt wurde, nicht auf, im Gegenteil: Diese Form der liebevollen, emotionalen Kommunikation bleibt für immer mit Weiblichkeit verbunden. Sie ist im Gegensatz zur väterlichen Zuneigung „umsonst" zu haben, muß nicht errungen werden. Die Liebe des Vaters hingegen ist an klare Bedingungen und Leistungen geknüpft: Sie muß verdient werden, sie kann auch verloren werden. In diesem neuen Kontext wird das kindliche Verhalten zum Maßstab, zum entscheidenden Kriterium der Qualität der Vaterbeziehung. „Mütterliche" Liebe bleibt in unserer Vorstellung ungeachtet aller Verfehlungen und Verirrungen des Kindes lebenslang bestehen („selbst als Massenmörder ist er doch mein Sohn, und ich werde ihn immer lieben und zu ihm stehen!"). Die „väterliche" Liebe wächst in dem Maß, in dem die von ihm vorgegebenen Normen und Erwartungen erfüllt werden. Damit fügt der Umgang mit dem Vater dem bis dahin allein durch den Umgang mit der Mutter gefüllten Begriff von Liebe neue und aufregend „aktive" Aspekte hinzu: Der Sohn kann sich seine Liebe „erkämpfen", die Tochter sie durch Wohlverhalten „gewinnen".

4. Selbstbehauptung und Selbstverlust:
Der Umgang mit unerwünschten Berührungen

Kinder beiderlei Geschlechts sind schon sehr früh in der Lage, ihrem Unwillen gegenüber unerwünschten Annäherungen oder körperlichen Stimulationen unmißverständlich Ausdruck zu verleihen. Ablehnungs- und Abscheusignale, durch die bereits Säuglinge unpassende, möglichweise lebensgefährliche Speisen zurückweisen, sind von derart vitaler Bedeutung, daß sie, im Gegensatz zu sozialen Bindungssignalen, genetisch verankert sind. Selbst das angeborene Lächeln, unser wichtigstes soziales Bindungssignal, bedarf zu seiner vollen Ausprägung eines Vorbilds. Das mimische Abscheusignal hingegen ist genetisch vollständig vorprogrammiert und wird quasi automatisch präsentiert (vgl. Douglas & Atwell, 1988, 281f.). Es ist auch deshalb von so außerordentlicher Bedeutung und Tragweite, weil es das zunächst einzige Mittel ist, mit dem schon kleine Kinder das Verhalten der ihnen körperlich und geistig vollkommen überlegenen Erwachsenen steuern und manipulieren können.

Die Verfügbarkeit von Abgrenzungssignalen garantiert dem Kind nicht nur seine körperliche Integrität, sondern ermöglicht ihm auch, differenziert auf Annäherungen zu reagieren. Mit seiner eindrucksvollen Ganzkörpersprache kann es eindeutig zwischen erwünschten und unerwünschten Begegnungen differenzieren und dieses auch zum Ausdruck bringen. Abscheusignale, die Abwendung des Kopfes oder des Körpers, „Aufbäumen" oder wütendes Geschrei sind klare Hinweise auf eine negative Bewertung des beabsichtigten Körperkontakts. Diese Verhaltensmuster verweisen zugleich auf das einzig relevante Kriterium für die Bewertung der emotionalen Qualität von Berührungen und Körperkontakten: das Einverständnis der Betroffenen.

Angesichts der eminenten Bedeutung von Abgrenzungssignalen ist es um so gravierender, daß Mädchen und Jungen im Hinblick auf ihre Verwendung bereits sehr früh in ihrer Entwicklung unterschiedlich sozialisiert werden. Dem vorherrschenden Weiblichkeitsideal entsprechend sollen Mädchen nicht nur äußerlich hübsch(er) und anziehend sein, sondern vor allem im Umgang mit anderen Menschen lieb und freundlich. Schon sehr früh werden bei der Vermittlung dieser Normen die Aspekte Schönheit und Freundlichkeit miteinander verknüpft. Um Mädchen vom Gebrauch der Abscheu- und Abgrenzungssignale abzuhalten und zu entgegenkommendem Verhalten unabhängig von ihrer Gefühlslage zu erziehen, wird die soziale Selbstbehauptungsfunktion dieser Signale ignoriert und durch ästhetische Aspekte ersetzt („ein ‚böses' Gesicht ist aber nicht hübsch!"). Der in der weiblichen Sozialisation insgesamt große Druck in Richtung „Attraktivität" fördert die Bereitschaft der Mädchen, sich entsprechender Signale zu enthalten. So entsteht die paradoxe Situation, daß Mädchen, die in unserer Kultur öfter und in umfassenderer Weise als gleichaltrige Jungen von anderen, auch fremden Menschen berührt werden, stärker als Jungen davon abgehalten werden, unerwünschte Berührungen deutlich als solche zu klassifizieren und aktiv von sich abzuwehren.

In der Männlichkeitssozialisation werden Kinder durch aggressivere Umgangsformen und mittels diverser Methoden der Abhärtung dazu gebracht, ihre Körperoberfläche psychologisch als feste Ich-Grenze zu empfinden, die vor Übergriffen geschützt und verteidigt werden kann und muß (vgl. Theweleit, 1980). In der weiblichen

Körpersozialisation werden andere Ziele angestrebt. Die Haut soll zart, weich und ansprechend sein und andere förmlich zur Berührung einladen. Nicht die Funktion der Abgrenzung und der Aufrechterhaltung von Autonomie steht im Vordergrund, sondern ihre Anziehungskraft. Dementsprechend werden Mädchen auf allen Ebenen des Umgangs mit Berührung und Körperkontakten an einer ihren eigenen Bedürfnissen entsprechenden differenzierten Wahrnehmung von Berührungen gehindert. Sie dürfen im Gegensatz zu Jungen den Zugang zu ihrem Körper nicht eigenmächtig kontrollieren. Sie werden eher dazu angehalten, auch Berührungen, die sie als dominante Übergriffe empfinden (als Beispiel seien die Zudringlichkeiten mancher Verwandter genannt, die sich Kindern förmlich aufdrängen), als legitimen Ausdruck der Bedürfnisse anderer zu begreifen und hinzunehmen. Sie lernen, die Bedürfnisse anderer über die eigenen zu stellen, den spontanen Ausdruck des Widerwillens zu unterdrücken oder gar durch Zeichen freundlichen Entgegenkommens zu maskieren. Abgesehen davon, daß sie damit zu „falschem" Verhalten angehalten werden, das nicht ihre wahren Gefühle und Bedürfnisse reflektiert, behindern diese Sozialisationsmuster Mädchen massiv bei der Entwicklung angemessener Abwehrreaktionen. Die Unfähigkeit vieler erwachsener Frauen, sich angemessen und mit gutem Gewissen gegen Übergriffe zu wehren, ist die Konsequenz solcher Sozialisationserfahrungen.

Mädchen lernen, die Täterperspektive zu übernehmen, den spontanen Ausdruck negativer Empfindungen im Zusammenhang mit unerwünschten Berührungen zu unterdrücken, diese als „angemessenen" Ausdruck von Zuneigung wahrzunehmen und zu tolerieren. Sie lernen, intime Kontakte nicht aus ihrer eigenen Bedürfnislage heraus wahrzunehmen, zu interpretieren und zu bewerten. Eine Belästigung wird so – oft auch im Bewußtsein der betroffenen Frau – zur „liebenswürdigen Schmeichelei", zum Kompliment, zum Tribut an ihre Attraktivität, für die sie schließlich selbst verantwortlich ist. Die erste Lektion in weiblichem *role-taking*, das später zur totalen Übernahme der männlichen Perspektive führen kann, zur absoluten Unterordnung der eigenen Empfindungen und Wahrnehmungen unter scheinbar allgemeine, in Wahrheit jedoch männliche Bedürfnisse, erhalten Mädchen also schon sehr früh. Da dieses Muster ausschließlich von Mädchen erwartet wird, bildet es zugleich eine wichtige Grundlage für die Aufrechterhaltung einer hierarchischen Geschlechterordnung, die von Männern durch einseitige Berührungsprivilegien gegenüber Mädchen und Frauen unterstützt wird, auf die ich später noch näher eingehen werde.

Unsere patriarchal strukturierte und generell eher kontaktfeindliche Gesellschaft bietet Jungen günstigere Voraussetzungen für die Ausbildung wirkungsvoller Abgrenzungsmuster als Mädchen. Jungen lernen und üben den selbstbewußten Umgang mit Berührungsbedürfnissen anderer Menschen von klein auf. Vor unerwünschten Berührungen können Männer sich durch aggressive Abwehrmethoden oder durch einen entsprechend hohen sozialen Status schützen. Unerwünschte Berührungen durch Frauen verhindert ein gesellschaftliches Tabu, das Frauen Körperkontakt mit fremden Männern, die nicht in einem persönlichen Verhältnis zu ihnen stehen, generell untersagt. Eigene Berührungsbedürfnisse gegenüber anderen Männern können sie unter den gegebenen Bedingungen nur in eingeschränktem Maß befriedigen. Körperkontakte zwischen Männern werden nur in einem eindeutig heterosexuellen Kontext toleriert, in welchem die Berührungen nicht als Ausdruck emotionaler Bindung, sondern als Ausdruck von Anerkennung interpretiert werden (z.B. beim Bejubeln gemeinsamer sportlicher Erfolge). Unter Bedingungen maximaler Öffentlichkeit, im Kontext von Kampf und Sieg kann es zwischen Männern sogar zu Ganzkörperkontakten kommen, ohne daß die Beteiligten eine Abwertung ihrer „Männlichkeit" befürchten müssen (vgl. dazu auch Kap. 5 und Abb. 45). Die Möglichkeit zur aktiven Berührung von Frauen, auch solchen, zu denen keine persönliche Beziehung besteht, ist hingegen durch ein weitreichendes männliches Berührungsprivileg gesichert.

Jedenfalls haben Männer als selbstbewußte, von anderen klar abgegrenzte Subjekte keine prinzipiellen Probleme, unerwünschte Berührungen als illegitimes Eindringen in ihre persönliche Sphäre zu definieren und entsprechend zu reagieren. Männer haben sowohl das Recht als auch die Mittel, Zudringlichkeiten abzuwehren. Eine deutliche Demonstration dieses Rechts gilt als akzeptables Verhalten, selbst wenn es sich gegen Frauen oder gar die eigene Mutter richtet. Auf vergleichbares Verhalten von Mädchen reagiert das Umfeld hingegen eher irritiert und oft auch ärgerlich. Klare und deutliche Zurückweisungen durch Mädchen stoßen bei Erwachsenen nur selten auf Verständnis oder gar Anerkennung. Sie werden eher negativ bewertet („sei doch nicht so böse!"), trivialisiert („mit so einem Gesicht siehst du aber gar nicht hübsch aus!"), umdefiniert („wenn du zornig bist, bist du besonders hübsch!") oder schlichtweg ignoriert. Ist dieses Muster einmal etabliert, durchzieht es als spezifische Behinderung bzw. Unfähigkeit zur Durchsetzung gegenüber anderen das ganze Frauenleben.

5. Seelenmord:
Grenzüberschreitungen durch Bezugspersonen

Vernachlässigung, körperliche und seelische Mißhandlungen von Kindern in ihren Familien und sexuelle Übergriffe von Eltern und anderen Erziehungsberechtigten sind ein weltweites und lange erfolgreich verdrängtes Phänomen. Obwohl bereits seit etwa dreißig Jahren entsprechende Aufzeichnungen gemacht werden, wird das ganze Ausmaß der Problematik erst allmählich offenkundig. Der aktuelle Bericht der Weltgesundheitsorganisation zum Thema Gewalt und Gesundheit (WHO, 2002) enthält erschütternde Zahlen. Geschätzte 57 000 Kinder unter fünfzehn Jahren, der Großteil von ihnen unter vier Jahren, wurden im Jahr 2000 von ihren Eltern getötet bzw. ermordet, wobei – so der Bericht – tatsächlich von einer weit höheren Zahl ausgegangen werden muß. Noch viel häufiger wird von schweren und andauernden körperlichen Mißhandlungen berichtet, die nicht unmittelbar zum Tod eines Kindes führen. Millionen von Kindern werden von ihren Eltern geschlagen, gefesselt, getreten. Die Schätzungen schwanken weltweit zwischen 25 und 50 Prozent der Kinder. Auch wird berichtet, daß etwa 20 Prozent aller Frauen und 5 bis 10 Prozent aller Männer während ihrer Kindheit sexuellen Übergriffen ausgesetzt waren. Schwere körperliche Züchtigungen werden nicht nur in Familien, sondern auch in Schulen und anderen Erziehungsinstitutionen durchgeführt. Jungen werden häufiger geschlagen und körperlich gezüchtigt als Mädchen. Für Mädchen ist hingegen das Risiko, ermordet, sexuell mißbraucht, zur Prostitution gezwungen, aber auch hinsichtlich ihrer Ernährung und ihrer Bildung schwer vernachlässigt zu werden, deutlich höher als für Jungen.

In Deutschland herrschen durchaus vergleichbare Verhältnisse. Einer aktuellen Untersuchung des Bundesfamilienministeriums zufolge gehört für 80 Prozent aller Kinder und Jugendlichen Gewalt zum Erziehungsalltag. 1,3 Millionen Kinder werden körperlich mißhandelt, 420 000 regelmäßig und mitunter bereits als Säuglinge. Alle zehn Minuten wird ein Kind krankenhausreif geschlagen, jährlich tragen etwa 300 000 bleibende körperliche Schäden davon, und etwa 100 Kinder werden pro Jahr von ihren Eltern totgeschlagen.[13]

In unserer Kultur wurde der gewaltförmige Umgang mit Kindern erst im ausgehenden 20. Jahrhundert aus dem Kontext „Erziehung" herausgelöst und unter dem Begriff „Gewalt gegen Kinder" problematisiert. Der Perspektivenwandel im allgemeinen Rechtsbewußtsein hat sich auch in einer kritischeren Wahrnehmung der Familie und ihres Umgangs mit Kindern niedergeschlagen. Heute stehen nicht mehr wie früher ausschließlich die Rechte der Eltern und des Staates auf eine bestimmte Erziehung des Kindes im Vordergrund, sondern die Rechte des Kindes selbst rücken zunehmend ins Blickfeld. Im Jahr 1989 sprach die UN-Kinderkonvention, die mittlerweile von 188 Ländern ratifiziert worden ist, dem Kind erstmals grundlegende Rechte auf Schutz vor Krieg, Folter und Gewalt zu; 1991 forderte die stellvertretende SPD-Vorsitzende Herta Däubler-Gmelin öffentlich die vollständige Ächtung der Prügelstrafe als Erziehungsmittel, und die *Die Grünen* beantragten im Deutschen Bundestag ein gesetzliches Verbot von „Körperstrafen und seelisch verletzenden Sanktionen". 2001 empfahl das Committee on the Rights of Children dem Generalsekretär der Vereinten Nationen die Durchführung einer tiefgehenden globalen Analyse über Gewalt gegen Kinder als Basis für die Entwicklung präventiver Maßnahmen. Es liegen noch keine Ergebnisse vor.

Den nachdrücklichen Forderungen auf politischer Ebene nach einem Abbau von Gewalt als Instrument der Erziehung liegen zum einen die erschreckend hohen Fallzahlen zugrunde, zum anderen neuere psychoanalytische Erklärungsansätze und Erkenntnisse über die tatsächlichen Auswirkungen körperlicher Gewalt auf die seelische Entwicklung der Kinder und auf die damit verbundene Tradierung gewaltförmiger Erziehung. Im Sinn Alice Millers, einer prominenten Fürsprecherin der Kinderrechte, trägt diese nämlich in erster Linie zur Aufrechterhaltung des Prinzips Gewalt in der Erziehung bei, da Kinder durch Erziehung in erster Linie das Prinzip des Erziehens lernen.

Eine gewalttätige und brutale Erziehung hat also nicht nur zerstörerische Auswirkungen auf die unmittelbar Betroffenen, wie der von Shengold eingeführte Begriff des „Seelenmords" deutlich macht. In einer sich scheinbar unendlich windenden Opfer-Täter-Spirale garantiert der Seelenmord an Kindern den Fortbestand pathologischer und damit zugleich wieder pathogener Persönlichkeits- und Beziehungsstrukturen. Denn nicht nur den unmittelbaren Opfern schlägt eine gewaltförmige Erziehung tiefe seelische Wunden. Sie beeinträchtigt auch die Entwicklungsmöglichkeiten ihrer Kinder oder Zöglinge. Wilhelm Reich hat darauf aufmerksam gemacht, daß geschlagene Menschen einen neurotischen, sadistischen „Erziehungszwang" entwickeln, weil sie als Eltern oder professionelle ErzieherInnen ihre regressiven, aggressiven und sexuellen Wünsche auf Kinder projizieren und im Umgang mit ihnen aktualisieren und relativ gefahrlos ausagieren können.

Der Begriff Seelenmord, der erstmals von Anselm Ritter von Feuerbach im Zusammenhang mit der Geschichte des Findlings Kaspar

Hauser benutzt wurde, erscheint insbesondere aus dieser erweiterten Perspektive auf Gewalt gegen Kinder und angesichts der Erkenntnisse über ihre Verbreitung und generationsübergreifenden Auswirkungen dem Sachverhalt durchaus angemessenen.

Feuerbach bezog sich seinerzeit auf das Verhalten des Pflegevaters des Kaspar Hauser, der seinen Zögling siebzehn Jahre in Dunkelheit und nahezu ohne menschliche Kontakte hatte aufwachsen lassen (vgl. Feuerbach, 1832). Shengold, der den Begriff 1979 aufgriff, differenzierte ihn psychologisch aus und stellte ihn auf eine Stufe mit anderen Methoden der gewaltsamen Identitätszerstörung – der Folter, der KZ-Haft und der Vergewaltigung. All diesen Vorgehensweisen sei gemeinsam, daß sie das Selbstgefühl, die Würde und die „Realitätsprüfung" der Betroffenen tief beeinträchtigten und schwere psychische Störungen verursachten, in deren Folge sowohl die Gefühlswelt als auch das Ich der Betroffenen dissoziieren, sich auflösen, zerfallen könnten (vgl. L. Shengold, 1979, 533ff).

Shengold unterscheidet zwei Formen des Seelenmords: die chronische Anwendung von Gewalt und den sexuellen Mißbrauch im Kindesalter. Die seelischen Störungen, die innerfamiliäre Gewalt auslöst, besonders wenn sie sich in sexuellen Handlungen manifestiert oder mit sexuellen Empfindungen verknüpft ist, müssen deshalb als besonders schwerwiegend und nahezu irreversibel betrachtet werden, weil das Kind noch keine stabile Identität ausbilden konnte, sondern sich in einer Entwicklungsphase befindet. Da der Wunsch nach Bindung unser stärkster seelischer Antrieb ist, wird eine bereits bestehende emotionale Bindung auch durch systematische Mißhandlungen, sexuellen Mißbrauch und seelische Grausamkeiten seitens der geliebten Person kaum noch zerstört. Wenn eine Bezugsperson, zu der das Kind bereits eine positive emotionale Bindung aufgebaut hat, es mit Taten und Empfindungen konfrontiert, die sich damit nicht in Einklang bringen lassen, zerstört sie damit nicht die Beziehung, sondern das Ich und die Psyche des Kindes.

Zwar verliert nur ein vergleichsweise geringer Teil der Betroffenen völlig den Kontakt zur Welt oder reagiert psychotisch (obwohl in diesem Zusammenhang erwähnt werden sollte, daß etwa 80 Prozent der Frauen mit Psychiatrieerfahrungen als Kinder mißbraucht worden sind[14]) – aber nahezu alle werden durch das Erlebnis in tiefe seelische Verwirrung gestürzt, in der sie die Realität teilweise ausblenden oder total abstumpfen. „Wenn das mißbrauchte oder mißhandelte Kind überhaupt überleben will, bleibt ihm kaum etwas anderes übrig, als zu einem mechanisch reagierenden, gehorsamen Automaten zu werden. Je weniger es denkt oder fühlt, desto besser." (L.J. Kaplan, 1991, 471f)

Letztlich führt das dem Kind unverständliche und verwirrende Verhalten einer geliebten Bezugsperson zu einer dauerhaften Verwechslung von Opfer und Täter, von gut und schlecht, von Sexualität und Sünde. Nicht die Täter, die meist bemerkenswert einsichtslos bleiben, sondern die Opfer entwickeln schwerste Schuldgefühle. Das Kind schämt sich seiner Empfindungen und seiner Wut, die es nicht ausdrücken darf, und ist nicht in der Lage, in diesem Szenario den wahrhaft Schuldigen auszumachen. Der mächtige Erwachsene muß gut sein und bleiben, damit die kindliche Welt nicht vollständig aus den Fugen gerät und zusammenbricht. Also erlebt das Kind zwangsläufig sich selbst als das schlechte, sündhafte und schmutzige Element.

a) Hiebe statt Liebe

Die körperliche Züchtigung des Kindes als Maßnahme der Erziehung ist in der traditionellen Familie dem Vater als genuin väterliche Aufgabe vorbehalten und hat ihm in der klassischen Psychoanalyse den zweifelhaften Ruf des abendlichen Schreckgespenstes eingebracht (vgl. W. Mertens, 1992, 34). In dieser Funktion geht die abstrakte Idee von „männlicher Autorität" mit der konkreten Empfindung von Schmerz eine unmittelbar spürbare Verbindung ein. Für das Kind bestätigt die exklusive Züchtigungsfunktion des Vaters seine herausragende Stellung in der Familie.

Historisch betrachtet setzten sich im pädagogischen Spannungsfeld zwischen mütterlicher Liebe und den gesellschaftlich vorgegebenen Ansprüchen an „Männlichkeit" im Bürgertum endgültig gewaltförmige Erziehungsprinzipien im Umgang mit Jungen durch. Sie stehen bis zum heutigen Tag unter dem im Rechtsbegriff der „Elterlichen Gewalt" verankerten Schutz des Staates. Er ermöglicht Erwachsenen, ihre Rechte gegenüber Kindern auch unter Anwendung „angemessener Zuchtmittel" durchzusetzen. Die Institutionalisierung von Gewalt in der bürgerlichen Gesellschaft war nicht nur in bezug auf die Errichtung familiärer Machtstrukturen wesentlich, sondern von genereller staatspolitischer Bedeutung. Mit der offiziellen Einführung von Körperstrafen für Kinder, Schüler und Studenten wurde das staatliche Gewaltmonopol befestigt. Die langfristigen psychischen und sozialen Folgen einer Erziehung, in der kindliche Seelen durch planmäßige körperliche Züchtigung und Demütigung verletzt und zerstört werden, um sie willfährig und politisch instrumentalisierbar zu machen, hat Theweleit in seinen *Männerphantasien* (1980) anschaulich aufgezeigt.

Das traditionelle Familienrecht (vgl. BGB, § 1627 alte Fassung) spricht das Recht zur Ausübung elterlicher Gewalt ausdrücklich nicht der Mutter zu, der die Durchführung der Erziehung des Kindes im praktischen Alltag obliegt, sondern dem Vater als einer ihr gesellschaftlich übergeordneten Instanz. In seiner Doppelfunktion als Vertreter des dominanten Prinzips schlechthin und als sporadischer Vollstrecker eines abstrakten Gesetzes verdeutlicht er dem Sohn die Ziele, die auch seiner Entwicklung vorgegeben sind.

Das männliche Gewaltmonopol – sowohl im privaten Bereich wie im institutionalisierten Erziehungswesen – wurde in früheren Zeiten noch deutlich hervorgehoben:

Wie die Rute als Symbol der väterlichen Zucht im Haus gilt, so der Stock als das Hauptwahrzeichen der Schulzucht.[15]

Zugleich wurde eine „mütterliche" Einstellung zum Kind, die sich im zärtlichen, sanften und einfühlsamen körperlichen Umgang manifestiert und feste emotionale Bindungen ermöglicht, von autoritär eingestellten Moralisten angegriffen und als verhätschelnde Affenliebe diffamiert. Man(n) wollte die primäre Identifikation des Sohnes mit der Mutter und einem als „weiblich" abgewerteten emotionalen Kommunikationsrepertoire nachhaltig zerstören, um die Voraussetzungen für seine Integration in die „harte" Männerwelt der Väter zu schaffen.

Aus eifersüchtiger Angst zerstört der männliche Erzieher das von Mutter und Kind – in der Regel geht es um männliche Kinder – gebildete Paar... Die Privatsprache von Mutter und Kind muß zerstört und auf eine rationale Grundlage gestellt werden.[16]
(Hervorhebung von GMA.)

Die von Rutschky (1977) zusammengestellten Quellen der „schwarzen Pädagogik" zeigen eindringlich, daß die bürgerlichen Erzieher, allen voran namhafte Pädagogen, darauf abzielten, die Liebe und das empathische Verständnis für das Kind und seine Bedürfnisse als Prinzip des erzieherischen Umgangs mit Kindern zu unterdrücken, um das Prinzip der „eisernen" Disziplin auf der Grundlage abstrakter Normen durchzusetzen. Insbesondere bei der Erfindung, Anwendung und Rechtfertigung von „Erziehungsstrafen" taten sich Männer hervor. Speziell in der Erziehung von Söhnen wurde frühzeitige und systematische Anwendung von Gewalt gesellschaftlich legitimiert und sanktioniert.

Nägelsbach erklärt es geradezu für eine Torheit und ein Unrecht, körperliche Strafen für das Knabenalter (bis etwa zum 13. Jahre) verwerfen zu wollen; er nennt das eine schwächliche Humanität und beruft sich auf den Consensus gentium, der sich auf die Natur der väterlichen Gewalt, das Analogon für die des Lehrers, stütze.[17]

Das organisierte Vorgehen gegen den faktischen Primat von Frauen, gegen „Mütterlichkeit" und Liebe als oberstes Prinzip der Erziehung erwies sich langfristig als erfolgreich. Vor dem Gesetz gilt noch heute die körperliche Züchtigung „nicht schon als solche entwürdigend… und selbst eine wohlerwogene, nicht dem blinden Affekt der Eltern entspringende (‚verdiente') Tracht Prügel bleibt nach der Gesetz gewordenen Fassung der Bestimmung zulässige Erziehungsmaßnahme".[18] Entsprechend ist – obwohl die moderne Pädagogik sowohl die Prügelstrafe als auch Gewalt als Erziehungsprinzip einhellig ablehnt – die Vorstellung von der Notwendigkeit und Legitimität von Schlägen unter Eltern erschreckend präsent. Einer in Österreich Anfang der neunziger Jahre durchgeführten Studie zufolge schlagen 90 Prozent aller Eltern ihre Kinder, und 50 Prozent halten ein solches Mittel gar für „unumgänglich".[19] Auch in Deutschland hielten zu dieser Zeit etwa die Hälfte aller Eltern Schläge, insbesondere in leichter Form, für ganz normale Erziehungsmittel, 12 Prozent der Befragten hielten selbst „eine ordentliche Tracht Prügel" unter bestimmten Bedingungen für durchaus angemessen (ELTERN, 1992). Bemerkenswert hoch war auch der Anteil von Eltern (30 Prozent in der österreichischen Studie), die zugaben, ihre Kinder gelegentlich auch mit Fäusten, Gürteln oder anderen Gegenständen zu traktieren. Eine Folgeuntersuchung der Zeitschrift ELTERN im Jahr 2000 zeigt, daß die Gewaltbereitschaft im Umgang mit Kindern, insbesondere mit solchen unter zwei Jahren, mittlerweile deutlich zurückgegangen ist. Gerade die Jüngeren werden heute „erheblich weniger geklapst, geohrfeigt, geschlagen als noch zu Beginn der neunziger Jahre" (ELTERN, 1/2001, 56). Immerhin schaffen es heute 37 Prozent der Mütter, ihr Kind in den ersten zwei Lebensjahren nicht zu schlagen, 61 Prozent, ihre zwei- bis dreijährigen Kinder nicht zu ohrfeigen, und 70 Prozent versohlen ihnen nicht den Hintern. Diese erfreuliche Entwicklung verliert leider dadurch etwas an Aussagekraft, daß die erhobenen Zahlen sich in erster Linie auf das Verhalten von Müttern und nicht von Vätern beziehen.

Schlagen und Geschlagenwerden ist, wie immer wieder betont wird, Männersache. Täter wie Opfer sind in der Regel männlichen Geschlechts. 1988 stellte ELTERN noch explizit fest, daß Väter, obwohl sie objektiv sehr viel weniger präsent sind als Mütter, „fast genausoviel zuschlagen wie ihre Frauen". Schwere Mißhandlungen durch Mütter kommen zwar auch vor, stehen aber quantitativ in keinem Verhältnis zur Gewalttätigkeit von Vätern und anderen Männern in der Familie und unterscheiden sich darüber hinaus auch qualitativ von diesen.

Die seelischen Wunden, die speziell Mütter ihren Kindern zufügen können, sollen hier keineswegs ignoriert oder verharmlost werden. Auch steht zu bedenken, daß schwere Züchtigungen durch Väter häufig von den Müttern stillschweigend geduldet oder sogar gefordert und gutgeheißen werden. Auch die voranschreitende Auflösung traditioneller Familienstrukturen, die zunehmende Vaterlosigkeit schützt Kinder nicht wirksam vor dieser spezifisch männlichen Gewalt. Häufig übernehmen Lebensgefährten, Freunde oder Bekannte die mit „Männlichkeit" assoziierte Züchtigungsfunktion. Vor allem Mütter mit traditionellen Erziehungsvorstellungen (im Stil von „Knaben wollen Männer vor sich sehen und starke Erziehung"[20]) überantworten ihre heranwachsenden Söhne lieber fremden Männern, als auf eigene Erziehungskompetenzen zu vertrauen. Damit liefern sie ihr Kind unter Umständen einem Gewalttäter aus, der nicht einmal durch eine noch so schwache emotionale „Vater-Sohn-Bindung" gebremst wird, so daß es gerade in solchen Konstellationen oft zu besonders brutalen Formen der Mißhandlung – bis zur Tötung des Kindes – kommt.[21] Die Täter offenbaren mit ihren brutalen „Erziehungsmaßnahmen" eine erschreckende Gefühllosigkeit, einen eklatanten Mangel an Einfühlungsvermögen in die Bedürfnisse eines Kindes und eine monomanische Fixiertheit auf eigene Bedürfnisse. Die Übergriffe erfolgen häufig als Reaktion auf angebliche Störungen durch das Kind oder einfach auf seine als lästig empfundene Existenz, in blinder Wut oder nach exzessivem Alkoholkonsum. Die Mütter verhalten sich, oft aufgrund eigener Abhängigkeitsverhältnisse, passiv und machen damit eine nicht minder erschreckende Unfähigkeit deutlich, sich von grausamen und gewalttätigen „Liebhabern" zum eigenen und dem Schutz ihrer Kinder zu lösen.[22]

Die geschlechtsgebundene Gewaltenteilung in der traditionellen Familie ist gleichermaßen durch Recht wie Gewohnheit verankert. Der Mutter obliegt es, die Regelgerechtigkeit des kindlichen Verhaltens zu überwachen und schwerwiegendere Vergehen dem Vater zu berichten, der die Strafe festlegt und vollzieht. Die Mutter verrät das Kind. Als Frau unterliegt sie dem genderspezifischen Gewalttabu, das ihren Einfluß auf die psychologische Ebene beschränkt. Diese Form der Gewaltenteilung belastet die Mutter-Sohn-Bindung, beschleunigt unter Umständen den Prozeß der Löslösung und Abwendung von ihr und kann den Grundstein für ein Muster der Verachtung von Frauen und Weiblichkeit legen. Die Position der Mutter im Vater-Sohn-Konflikt ist ambivalent. Nimmt der geprügelte Sohn sie auch als macht- und hilfloses Opfer des Vaters wahr, dann können sie sich als

„Leidensgefährten" solidarisieren. Ihr Opferstatus ermöglicht ihm, sie von (Mit-)Schuld freizusprechen und sich mit der Zeit vielleicht sogar zu ihrem Beschützer gegen den Vater aufzuschwingen, womit zwischen Mutter und Sohn die Geschlechterordnung – schwache Frau und starker Mann – wiederhergestellt ist. Stellt sie sich hingegen auf die Seite des Vaters, erscheint sie ihm als Kollaborateurin, die nur ihre eigenen Interessen verfolgt, wofür er sie hassen und verachten muß.

Der durch die grausame väterliche Behandlung seelisch zutiefst verletzte Sohn regrediert in seiner Macht- und Hilflosigkeit auf eine frühere Entwicklungsstufe der Mutter-Kind-Bindung und identifiziert sich mit dem väterlichen Aggressor. Da diese Entwicklung auch von der Mutter gewünscht und unterstützt wird – der Junge soll ja erstens ein „richtiger" Mann werden und zweitens den Vater aller Gewalt zum Trotz achten und lieben –, verrät sie ihn praktisch ein zweites Mal.

Diese Identifikation mit dem Vater löst die enge Mutterbindung endgültig auf. Zärtlichkeit, Fürsorge, Empathie und bedingungslose Liebe werden zerschlagen und entwertet. Das Ziel einer patriarchalen „Männlichkeits"-Erziehung ist erreicht: Im Mechanismus der sekundären Identifikation mit dem Aggressor verdrängt das geprügelte Kind seinen Haß auf den Gewalttäter und verinnerlicht die Gewalttätigkeit. Auf der Grundlage von Verdrängung kann der Sohn nahezu unauflösbar an einen gewalttätigen „Vater" gebunden werden. Im Gegensatz zur primären Mutterbindung basiert eine „herbeigeprügelte" Liebe zum Vater nicht auf der bedingungslos liebenden Anerkennung eines mächtigeren Wesens, sondern auf dem verdrängten Haß des Sohnes.

Haß und Wut sind feindselige, destruktive Aggressionen, die in bezug auf ihre Wirkung der „Allmacht" der Mutterliebe durchaus nicht nachstehen (sie, wie manche behaupten, sogar noch übertreffen). Der „ganze Mann", den solche Methoden produzieren, besteht letztlich aus der Verleugnung aller ursprünglichen, vertrauensvollen, zärtlichen Bindungen, aus einer abwertenden Verachtung von „Weiblichkeit" und einer Idealisierung von Gewalt. Ein brutaler Vater zerschlägt mit Gewalt vor allem die „Weiblichkeit" seines Sohnes und bietet ihm dafür „Männlichkeit" zum Preis der totalen Unterwerfung und eines absoluten Gehorsams.

Die gegenwärtig extremste Form einer solchen Männlichkeitserziehung findet in „Foltererschulen" statt, die in verschiedenen Ländern von militärischen und paramilitärischen Organisationen betrieben werden. Sie erziehen junge Männer, oft noch Kinder, zu bedingungsloser Unterwerfung unter männliche Autoritäten und blindem Gehorsam, um sie zur emotionslosen Durchführung unvorstellbarer

Grausamkeiten zu befähigen. Das wesentliche Ziel der Ausbildung besteht darin, die Folterlehrlinge zur Übernahme und Verinnerlichung der Scheinrationalität und der Emotionslosigkeit ihrer Trainer zu bringen. Als ideale Schüler werden junge Männer zwischen sechzehn und zweiundzwanzig Jahren betrachtet, die in ihrer Kindheit selbst grausamen Erziehungsmaßnahmen ausgesetzt waren. Zu Beginn werden durch extreme Erniedrigungen, Demütigungen und hohe physische und psychische Belastungen, die ihnen gegenüber stets rational begründet werden, ihre Identität und ihr Selbstwertgefühl erschüttert. Im nächsten Schritt werden ihre Empathiefähigkeit und ihr Mitleidsvermögen systematisch zerstört, beispielsweise dadurch, daß der Ausbilder vor ihren Augen ein geliebtes Tier-Maskottchen bei lebendigem Leib zerreißt und sie anschließend zwingt, mit anderen Tieren ebenso zu verfahren. Als Folge dieser extremen Belastungen regredieren die Auszubildenden in einen Zustand totaler Abhängigkeit von ihren Ausbildern; ihre einzige seelische Überlebenschance besteht darin, die Anerkennung dieser Männer zu gewinnen, indem sie sich ihnen vollständig und bedingungslos unterwerfen und alle Anforderungen erfüllen, die diese an sie stellen.[23] Die seelischen Deformationen der Folterlehrlinge sind um so schrecklicher und unumkehrbarer, je jünger sie sind, und machen eine spätere Integration in einen normalen, friedlichen Alltag nahezu unmöglich. Die Versuche, nicaraguanische Kinder zu therapieren, die im Alter von sechs bis acht Jahren unter anderem dazu ausgebildet worden waren, politischen Gefangenen bei lebendigem Leib die Augen herauszureißen, blieben in der Mehrheit total erfolglos.

b) Die Sexualisierung von Gewalt
Ein gewaltförmiger Umgang mit Kindern hat verheerende Auswirkungen auf ihre psychische Entwicklung. „Das Schlagen der Kinder als eine Form der Disziplin oder aus anderen Gründen verwandelt die Haut im Empfinden des Kindes in ein Organ des Schmerzgefühls statt in eines des Behagens." (Montagu, 1974, 136). In seinem Buch *The Secret Trauma* setzt sich Russell vor allem mit den Auswirkungen auf männliche Kinder auseinander: „In der männlichen Sozialisation wird Macht, Intimität, Zuneigung, Haß und Verachtung *sexualisiert*." (Russell, 1986, 264). Die Verknüpfung von Gewalt und Sexualität wird insbesondere durch solche Körperkontakte hergestellt, die auf rein mechanische Weise sexuelle Körperempfindungen oder sexuelle Erregung herbeiführen – z.B. durch die bis ins 20. Jahrhundert weitverbreiteten

Schläge auf das nackte Gesäß. Wird dieser Akt der Züchtigung durch eine geliebte Person vollzogen, die vom Kind als moralische Instanz anerkannt wird, so kann sich daraus eine dauerhaft pathologische Einstellung, eine sexuelle Perversion entwickeln. Wer als Kind seine Körperoberfläche vor allem mit Schmerzen in Verbindung gebracht hat, wird sich als Erwachsener kaum unbeschwert nach hautnahen Kontakten mit anderen sehnen können. Er wird vielmehr danach trachten, sie entweder gänzlich zu vermeiden oder sie vollständig unter Kontrolle zu haben, stets „Herr der Lage" zu sein, der Berührungen nur nach eigenem Wunsch oder Befehl gestattet. (Anschauliche Beispiele liefern jene Männer, die entsprechende Bedürfnisse nur im Kontakt mit Prostituierten oder „Dominas" befriedigen können, der vollkommen formalisiert und ritualisiert abläuft und in dem sie als die zahlenden Kunden die aggressiven und schmerzhaften Manipulationen ihrer Körper durch die Frauen selbst kontrollieren.)

Wenn in der entscheidenden Entwicklungsphase, in der das Prinzip „Männlichkeit" psychisch verankert werden soll, Gewalt angewendet wird, die einen spezifisch sexuellen Charakter hat, verschmelzen Autorität, Gewalt, Schmerz und Sexualität in der männlichen Psyche zu einem einzigen Komplex. Damit wird das erklärte Ziel brutaler Disziplinierungsmaßnahmen, das primär in der Errichtung einer autoritären Persönlichkeitsstruktur besteht, bei weitem überschritten. Da jeder Körperkontakt, in welcher Form und in welchem Kontext auch immer er hergestellt wird, bindenden Charakter hat, führt ein gewalttätiger, aggressiver Umgang mit Kindern zwangsläufig zur Perversion von Bindungswünschen, die sich nur in entsprechend perversen Beziehungsstrukturen befriedigen lassen (vgl. Brückner, 1988). Die Tatsache, daß männliche Kinder traditionell mehr und brutaler geschlagen werden als Mädchen, würde somit auch erklären, wieso sich männliche Perversionen vorwiegend sexuell manifestieren, z.B. in Form des sexuellen Masochismus, des sexuellen Sadismus in voller Form (Vergewaltigung in Verbindung mit Tötung und Zerstückelung des Opfers) und abgeschwächt (einfache Vergewaltigung), in Form der sogenannten Pädophilie, des Transvestismus, des Exhibitionismus, des Voyeurismus, der Zoophilie und der Nekrophilie (vgl. L.J. Kaplan, 1991).

Nach Kaplan zielen Perversionen auf die „Besänftigung ihrer Dämonen" ab. Es handelt sich dabei um unbewußte psychische Strategien, die der Abtötung sehr lebendiger und daher als bedrohlich erlebter Wünschen dienen und einer Darstellung nach außen bedürfen. Praktizierende Sadomasochisten sehen den Kern ihrer Perversion nicht in dem Bedürfnis, einer anderen Person Schmerzen zuzufügen oder selbst Schmerzen zu erleiden, sondern im Bedürfnis nach der Inszenierung des Dramas von Herrschaft und Unterwerfung. Dem entspricht auch die Ausgestaltung sg. „BD-(bondage-discipline)Szenarios", die offensichtlich Züge elterlicher Erziehungs- und Strafmaßnahmen tragen und häufig in stereotypisierten, wie Kinderzimmer eingerichteten Sado-Maso-Salons durchgeführt werden. „Bondage" steht dabei für sklavenhafte Ergebenheit gegenüber einer dominanten Person, „discipline" für den bedingungslosen Gehorsam gegenüber Befehlen, der auch mittels Bestrafung aufrechterhalten wird.

Die sexuelle Manifestation einer Perversion, ihr Ausdruck in Form „verbotener" sexueller Handlungen ist Kaplan zufolge ein zentrales Merkmal männlicher Perversionen. Spezifisch weibliche Perversionen (z.B. Kleptomanie, diverse Formen der Selbstverstümmelung, zwanghafte Unterwerfung unter den Mann) manifestieren sich in der Regel nicht in sexuellen Handlungen, sondern in Verhaltensweisen, die mit Idealvorstellungen von Weiblichkeit wie z.b. Sauberkeit, Innerlichkeit, sexueller Unschuld und freiwilliger Unterwerfung korrespondieren. Die typisch männliche Perversion besteht also in einer Nachahmung oder vielmehr einer Karikatur der erwachsenen Sexualität, ist also eine pathologische Form der Sexualität. Die typisch weibliche Perversion hingegen ist eine Karikatur der gesellschaftlich definierten „Weiblichkeit" und daher als pathologische Form der Geschlechtsidentität zu betrachten. Entscheidend ist jedoch, daß in beiden Fällen die Perversen in der Realisierung ihrer Bedürfnisse „keinen Liebesakt aus-(führen), sondern einen Akt des Hasses" (L.J. Kaplan, a.a.O., 53). Im Unterschied zur weiblichen Perversion, in der sich der Haß gegen das eigene Selbst richtet, zielt der Haß der männlichen Perversion auf ein fremdes Objekt – die Frau, das Kind, das Tier, den Leichnam etc. Die Sexualisierung von Haß und Gewalt in der Männlichkeitssozialisation erklärt auch, warum Männer Sexualität als Mittel der Erniedrigung und der Folter einsetzen können. Schon in der ganz normalen militärischen Ausbildung zum „soldatischen Mann" werden systematisch Verbindungen zwischen Gewalt und Sexualität hergestellt, wird Sexualität machtspezifisch funktionalisiert. Im Zusammenhang mit militärischen Eroberungen oder Vergeltungsaktionen hat die Vergewaltigung eine lange Tradition, denn sie ist die „höchste", weil die andere Person am tiefsten erniedrigende Form der Folter und bietet dem pervertierten Subjekt Befriedigungsmöglichkeiten, die allein durch Demütigung und Selbstzerstörung der Opfer nicht erreicht werden könnten.

c) Sexueller Mißbrauch: Väter als Täter

Über die Legitimität des Einsatzes harter Körperstrafen insbesondere als Mittel der emotionalen Abhärtung und Disziplinierung von Söhnen bestand lange Zeit gesellschaftlicher Konsens. Ganz im Gegensatz dazu war der spezifische Seelenmord an Mädchen durch sexuellen Mißbrauch und die Vergewaltigung von Töchtern durch eines der stärksten kulturellen Tabus lange Zeit aus dem öffentlichen Bewußtsein und Diskurs verdrängt. Sigmund Freud (1896) kam zwar schon früh zur Erkenntnis, daß der „Vater-Tochter-Inzest" weiter verbreitet sei, „als man denkt". Mit seiner Theorie vom „inzestuösen", „tödlich eifersüchtigen" Kind entwickelte er allerdings eine aus heutiger Sicht vollkommen unzutreffende Vorstellung über die Opfer-Täter-Struktur in diesem Geschehen.

Mehr als hundert Jahre später beschreibt die Weltgesundheitsorganisation in ihrer offiziellen Definition den Tatbestand folgendermaßen: „Sexueller Mißbrauch eines Kindes liegt dann vor, wenn ein Kind in sexuelle Aktivitäten einbezogen wird, die es nicht in vollem Umfang begreift und mit denen es nicht einverstanden ist. Er besteht dann, wenn in einer Beziehung zwischen dem Kind und einem Erwachsenen, die durch Verantwortung, Vertrauen oder Macht gekennzeichnet ist, Aktivitäten vollzogen werden, die die Bedürfnisse der anderen Person befriedigen. Das kann die Verführung oder den Zwang zu sexuellen Aktivitäten beinhalten, ist aber nicht darauf beschränkt; es beinhaltet auch die Ausbeutung des Kindes in der Prostitution und in der Herstellung pornographischer Produkte." (WHO, 1999, Übersetzung GMA)

Sexueller Mißbrauch eines Kindes liegt nicht erst dann vor, wenn z.B. ein Säugling mit lebensbedrohlichen Verletzungen der inneren Organe in eine Intensivstation eingeliefert wird, obwohl auch solche Fälle vorkommen.[24] Er ist auch nicht auf konkrete sexuelle Handlungen begrenzbar. Er besteht bereits dann, wenn ein erwachsener Mann durch verbale Aussagen oder körperliche Handlungen einem kleinen Mädchen klarmacht, daß nicht sie selbst, sondern er über ihren Körper nach Belieben verfügen kann. Indem er sie dazu zwingt, pornographische Produkte oder sein erigiertes Genital zu betrachten, kann er sie zusätzlich einschüchtern und verängstigen. Der Täter ist meist ein männlicher Erwachsener, das Opfer ein sexuell unreifes (vorpubertäres) Mädchen. Er ist in der Lage, ihr seine Überlegenheit durch lüsterne Blicke, begutachtende Bemerkungen über ihren Körper, Klapse auf den Po, „zufällige" Berührungen und erzwungene Küsse zu demonstrieren und Widerstand oder gar Gegenwehr als sinnlos erscheinen zu lassen. Er nutzt ihre Unwissenheit und Naivität, ihr Vertrauen oder ihre konkrete Abhängigkeit aus, um seine sexuellen Bedürfnisse zu befriedigen – sei es durch körperliches Abtasten des Kindes oder dadurch, daß er es zwingt, ihn entsprechend zu berühren, zu betasten, zu stimulieren und an seinen sexuellen Handlungen im weitesten Sinn teilzunehmen, bis hin zu analem, genitalem oder oralem Geschlechtsverkehr.

Mittlerweile erhellt eine große Zahl von Untersuchungen mit schockierenden Ergebnissen diesen dunkelsten Sektor der Eltern-Kind-Beziehung und macht das katastrophale Ausmaß sichtbar, in dem im Schutz der Familie das älteste sexuelle Tabu systematisch verletzt und gebrochen wird (vgl. Kavemann & Lohstöter, 1984). Als der Psychohistoriker Lloyd de Mause 1986 Schätzungen veröffentlichte, denen zufolge die Hälfte aller amerikanischen Frauen als Kinder Mißbrauchserfahrungen gemacht hatten, wurden diese noch abwehrend angezweifelt. Heute liegen statistisch abgesicherte harte Daten und seriöse Dunkelfeldschätzungen vor, die ebenso wie die Veröffentlichungen zumeist autobiographischer Schilderungen aus der Opferperspektive eine weitere gesellschaftliche Verdrängung dieses schier unfaßlichen Geschehens unmöglich machen. Die Ergebnisse der Untersuchungen, die in verschiedenen europäischen Ländern durchgeführt wurden, übertreffen teilweise sogar die vorausgegangenen Vermutungen und Befürchtungen. Bezüglich der Häufigkeit sexuell motivierter Gewalttaten gegen Kinder gehen seriöse Institute von einer riesigen Dunkelziffer aus. Als wissenschaftlich durch zahlreiche Untersuchungen in Amerika und Europa gesichert gilt, daß jedes 3./4. Mädchen und jeder 7./8. Junge im Alter von unter vierzehn Jahren bzw. als Schutzbefohlene bis achtzehn Jahren sexuell mißbraucht wird. In Deutschland wird von einer Zahl von etwa 300 000 Fällen jährlich ausgegangen. Im Klartext heißt das, daß jedes dritte Mädchen und jeder neunte Junge unter vierzehn Jahren bereits einmal von einem Erwachsenen sexuell mißbraucht worden ist.[25]

Die Angaben über die Höhe des Mädchenanteils unter den Opfern sexuell motivierter Gewalt schwanken zwischen über 90 Prozent (in USA und England)[26] und 80 bis 90 Prozent in Deutschland. Ein Drittel der Opfer werden bereits als Säuglinge oder Kleinkinder mißbraucht. Der Mißbrauch ist zudem kein singuläres Ereignis, sondern zieht sich oft über Jahre hin. Tatort ist in den meisten Fällen der private Raum, das Haus oder die Wohnung der Familie, in der das Mädchen aufwächst. Der Täter ist häufig ein Mitglied des engeren oder weiteren Familienkreises. In diesem Punkt zeigen sich klare Unterschiede zwischen dem Mißbrauch weiblicher und männlicher Kinder. Jungen, die insgesamt gesehen seltener sexuelle Mißbrauchserfahrungen machen, erleben diese auch seltener im eigenen Heim; an ihnen vergehen sich in der Regel nicht enge und engste Familienmitglieder, sondern sekundäre Autoritätsfiguren – z.B. Erwachsene, die sie außerhalb der Familie im Zusammenhang mit Sport- und Freizeitaktivitäten kennenlernen (Jugendgruppenleiter, Lehrer, Pfarrer, Sporttrainer).[27] An Mädchen vergreifen sich hauptsächlich Familienmitglieder (Väter, Stiefväter, Onkel, Brüder, Freunde der Mutter). Mädchen wie Jungen kennen ihre Peiniger fast immer sehr gut oder zumindest gut (93 Prozent der Fälle), das heißt, daß die Taten aus einem bestehenden Vertrauensverhältnis heraus begangen werden.

In soziologischer Hinsicht läßt sich der Kreis der Täter nicht spezifizieren. Sie sind überwiegend, d.h. zu 99 Prozent, männlichen Geschlechts[28] und stammen aus allen sozialen Schichten, Konfessionen, Berufen und aus unterschiedlichsten Familienverhältnissen. Die Theorie von der „primitiven" oder „zerrütteten" Familie als Brutstätte für Mißbrauch und Gewalt kann demzufolge nicht aufrechterhalten werden. Tatsächlich können weder ein normal funktionierender Familienverband noch ein hoher Sozialstatus der Familie ein Mädchen vor Mißbrauch durch Familienmitglieder schützen: Mißbrauch wird „durch den Familienverband überhaupt erst ermöglicht" (Rijnaarts, 1988, 162). Ein hoher Status schützt weniger das potentielle Opfer als vielmehr den potentiellen Täter, denn seine soziale Stellung macht ihn unangreifbarer und schützt ihn vor Entdeckung und Verfolgung.

Das soziale Risiko, entdeckt oder gar bestraft zu werden, ist insbesondere dann, wenn sich einer an noch sprachlosen und „sozial blinden" Säuglingen vergeht, vergleichsweise gering – es sei denn, es entstünden dabei unübersehbare körperliche Schäden. Mit zunehmendem Alter und wachsender Sprachfähigkeit der Opfer schützt ihr „blindes" Vertrauen den Täter. Es ermöglicht ihm, seine Tarnung auf das Vertrauensverhältnis und ihrer Liebe zu ihm aufzubauen, er benutzt beides dazu, das Kind zum Stillschweigen zu verpflichten. Er macht es gleichsam zu seiner „Komplizin". Er kann aber auch, sollte sich dies als nötig erweisen, seine reale Machtposition voll ausspielen und sie durch das Ausmalen weit „schlimmerer" Übel (z.B. „Kränkung" der Mutter, Zerfall und wirtschaftliche Not der Familie etc.), aber auch durch Androhung von Gewalt oder gar des Todes zum Schweigen zwingen. Die Verdammung zur Sprachlosigkeit verstärkt im bereits sprachfähigen Kind das Gefühl absoluter Hilf- und Machtlosigkeit und ermöglicht dem Täter, den Mißbrauch über Jahre geheimzuhalten.

Im Gegensatz zum geringen Täterrisiko, das sich auch mit fortschreitender Entwicklung des Kindes nur unwesentlich erhöht, steigen Umfang und Ausmaß der seelischen Zerstörung des kindlichen Opfers bis zu einem bestimmten Alter stetig an. Das Kleinkind erlebt den väterlichen Übergriff, die eklatante Mißachtung der Grenzen seines Selbst in einem Zustand psychischer Labilität, der beginnenden Ich-Werdung und Lösung aus der engen Mutterbindung. Diese Phase ist einer weitverbreiteten psychoanalytischen Meinung zufolge gerade durch die verstärkte und hilfesuchende Hinwendung zum Vater gekennzeichnet. Diese spezifische kindliche Bedürfnislage läßt den Vertrauensbruch des Vaters noch infamer erscheinen. Er behindert seine Tochter nicht nur langfristig bei der Entwicklung einer erwachsenen Sexualität, sondern in der gesamten psychostrukturellen Entwicklung und hinsichtlich ihrer späteren Beziehungsfähigkeit.

Die immense seelenzerstörerische Wirkung sexuellen Mißbrauchs ergibt sich daraus, daß er oft fast unbemerkt, sozusagen schleichend einsetzt und für das Kind weder faßbar noch erklärbar ist. Insbesondere der Mißbrauch durch einen Vater, den das Kind bis dahin als sanft, liebevoll, zärtlich und vertrauenerweckend wahrgenommen hat, zerstört die innere seelische Struktur des Kindes nicht wie ein zwar brutaler, aber immerhin als solcher erkennbarer Schlag; sondern in kaum wahrnehmbaren oder entsprechend als Gewalt definierbaren Schritten von einer normalen und wünschenswerten körpernahen Interaktion hin zur körperlichen Invasion. Das vorpubertäre Mädchen kann weder das Verhalten des Vaters noch seine eigenen Empfindungen realistisch einordnen. Schläge oder Prügel können meist einem Strafkontext zugeordnet werden und stehen zudem in einem erkennbaren und nachvollziehbaren logischen Zusammenhang sowohl mit der offiziellen Erziehungsfunktion des Vaters als auch mit dem eigenen Verhalten, das die Strafaktion in der Regel auslöst. Die negativen und weitgehend unerklärlichen Empfindungen in Verbindung mit einem heimlichen Mißbrauch stehen jedoch in totalem Widerspruch zur Lebens- und Gefühlswelt des Mädchens: Sie lassen sich weder mit den vorgeblichen Intentionen des Vaters und dem idealisierten Vaterbild noch mit dem eigenen Verhalten zur Deckung bringen.

Ein sich liebevoll gerierender Mißbraucher verwirrt wie der sprichwörtliche Wolf im Schafspelz sein Opfer vor allem durch die Widersprüchlichkeit seines Verhaltens. In der sich erst entwickelnden Psychostruktur des Mädchens werden dadurch die Grenzen zwischen Gut und Böse, zwischen Liebe und Ausbeutung nachhaltig verwischt. Die Verschwörung des Schweigens, die das Mädchen in eine schreckliche Isolation treibt und ihr noch Jahre und Jahrzehnte nach dem Mißbrauch unmöglich macht, über das Geschehen zu sprechen, macht das emotionale Chaos und seine Ambivalenzen vollends unbewältigbar. Vielen Überlebenden gelingt es erst im späten Erwachsenenalter, ihre inzestgeprägte Lebensgeschichte aufzuarbeiten. In einer erschütternden Retrospektive beschreibt die Kanadierin E. Danica (1989) die jahrelange brutale Ausbeutung durch den eigenen Vater, der selbst vor dem Verkauf ihres Körpers an fremde Kunden nicht zurückschreckte. Sie schildert den „klassischen" Beginn des Martyriums durch das vom Vater systematisch erzeugte emotionale Chaos. Er verwirrt sie mit einer differenzierten und zunehmend bedrohlicheren Argumentation, wechselt von verlockenden Versprechungen zu autoritären Korrekturen ihrer eigenen Empfindungen, von „Komplimenten" zu Beschimpfungen und falschen Behauptungen und überwältigt sie schließlich durch die Androhung von Liebesentzug und Gewalt und mit seiner ungeheuren, gnadenlosen Beharrlichkeit.

Mir ist kalt, Vati. Komm, laß Vati dich reiben, damit dir warm wird. Aber Vati, mein Rücken ist kalt, nicht mein Bauch. Faß meinen Bauch nicht an, ich mag das nicht. Natürlich magst du das. Wenn Vati deine kleinen Knöpfchen küßt, werden sie groß, und dann bist du ein großes Mädchen, nur für Vati. Ja, Vati. Aber ich mag das nicht, Vati. Weil du ein dummes Mädchen bist. Zieh deinen Schlüpfer aus. Ich will dich noch mehr wärmen. Aber Vati, es ist doch mein Rücken, der so kalt ist. Wenn ich zwischen deinen Beinen reibe, wird dein Rücken gleich warm. Ich will nicht, Vati. Willst du, daß dein Vati böse wird? Nein, Vati. Dann tu, was ich dir sage. Zieh deinen Schlüpfer aus, damit ich dich wärmen kann. Aber... Willst du eine Ohrfeige? Nein, Vati. Dann zieh ihn aus.[29]

Da es dem Kind vollkommen unmöglich ist, auf das Mißbrauchsgeschehen adäquat, das heißt mit Empfindungen des Ekels, Signalen der Zurückweisung, emotionaler Abwendung vom Vater oder mit Haßgefühlen zu reagieren, richten sich die aggressiven Impulse, die der Mißbrauch auslöst, gegen das eigene Ich. Die „Benutzung" des weiblich-kindlichen Körpers zum Zweck der Befriedigung sexueller Begierden zerstört die Basis, auf der das Kind seine Selbstachtung und seinen Stolz auf den eigenen Körper, auf dessen Formen und Funktionen aufbauen könnte. (Im Gegensatz dazu wird eine solche Basis durch den sexualisierenden Umgang der Mutter mit dem Körper des kleinen Sohnes, der im Zusammenhang mit Pflege- und Versorgungshandlungen viel Anerkennung und Bewunderung von ihr erhält, aufgebaut und verstärkt.)

Der Mißbrauch zerstört das Selbstwertgefühl des Mädchens. Er wirkt sich in allen Bereichen und Aspekten ihrer Existenz aus. Neben rein körperlichen reaktiven Symptomen (z.b. „Watschelgang"), die als unmittelbare Folgen mechanischer Verletzungen oder nachfolgender Entzündungen im Genitalbereich auftreten, kommt es zu vielfältigen verhaltensmäßigen und emotionalen Veränderungen: untypische Appetitlosigkeit, Eßstörungen, starker Gewichtsverlust; Schlafstörungen, Alpträume oder die Annahme „merkwürdiger" Schlafgewohnheiten (z.b. Schlafen in voller Bekleidung oder sehr frühes Aufstehen); Leistungsabfall in der Schule, nachlassendes Interesse und Engagement, Konzentrations- und Lernstörungen; Fluchtversuche aus der Familie, Alkohol- und Drogenkonsum, Ängste und Panikanfälle, Aggressionen gegen sich selbst; Störungen im Beziehungsverhalten (Schwanken zwischen totaler Unterwerfung und totaler Verweigerung); ihr Verhalten kann zwanghaft erscheinen („Waschzwang"); nicht zuletzt fallen immer wieder auch altersuntypische Beschäftigung mit sexuellen Dingen und „sexualisiertes" Verhalten auf (z.b. Reiben an Erwachsenen, intime Berührungen, „Anbietverhalten").

Die Fixierung auf Sexualität als einzige Ebene zur Herstellung von Bindungen bleibt häufig bis ins Erwachsenenalter erhalten. Auf emotionaler Ebene stellen sich Depressionen, übermächtige Gefühle von Hilflosigkeit, von Verlassenheit ein; das Selbstgefühl ist schwer gestört; das Kind empfindet Angst und Ekel vor sich selbst, fühlt sich schmutzig und ausgenutzt. Es schämt sich stellvertretend für den meist schamlosen Täter. Als erwachsene Frau richtet die mißbrauchte Tochter Haß und Verachtung vor allem gegen sich selbst und drückt diese Gefühle durch selbstzerstörerische Handlungen (Autoaggressionen, Selbstverstümmelungen, Selbstmordversuche) aus. Sie ekelt sich weniger vor dem männlichen als vor dem eigenen Körper und oft vor ihrer Sexualität generell.

Körper und Psyche des Kindes reagieren als Einheit auf das traumatische Erlebnis des mißbrauchenden, verführerischen Vaters. Die Psychoanalytikerin Anna Freud (1981) machte die besondere Dimension des Mißbrauchs im Vergleich mit anderen Formen von Gewaltausübung an der Diskrepanz des psychologischen Entwicklungsstands von Täter und Opfer fest: Die seelischen Schäden seien vor allem darauf zurückzuführen, daß das Kind auf die vom Vater intendierte „libidinöse Beziehung" weder vorbereitet noch eingestellt sei. Ferenczi vertrat schon 1933 die Ansicht, daß das Kind durch den Mißbrauch seiner Liebe zum Vater im weitesten Sinn „verrückt" (d.h. total verwirrt) gemacht wird. Nach Cremerius (1983) wird das seelische Trauma primär durch die „Sprachverwirrung" zwischen Kind und Vater ausgelöst, die eine realitätsgerechte Wahrnehmung und Bewertung der wahren Qualität der „Vaterliebe" und des inneren Bildes vom Vater, der als geliebtes, dringend benötigtes „anderes" Elternteil versagt hat und dafür eigentlich – wenn es denn „erlaubt" wäre – zutiefst gehaßt werden müßte, unmöglich macht.

Aus psychoanalytischer Sicht bestehen die zentralen seelischen Abwehrmechanismen des Kindes vor allem in der Ich-Spaltung, der Identifikation mit dem Aggressor und der Verinnerlichung und Übernahme *seiner* Schuldfühle. Mit Hilfe dieser Abwehrmechanismen gelingt es manchen Überlebenden, die Erinnerungen an ihr Martyrium jahrzehntelang erfolgreich zu verdrängen und lange Zeit scheinbar symptomfrei zu leben. Doch oft kommt es auch noch dreißig oder vierzig Jahre danach zu einem späten Zusammenbruch. Die unter dem massiven Druck des Vergessens überangepaßten Fassaden brechen unter dem Ansturm von Alpträumen, Depressionen und Selbstzweifeln irgendwann doch zusammen und machen lange nach der Tat den Weg für selbstbefreiende Reflektionen und Gespräche frei. Die Verdrängung der Tat ist keine Lösung. Sie stellt keine zuverlässige Basis für ein beschwerdefreies oder gar unbeschwertes Leben nach dem Mißbrauch her. Zudem weisen verschiedene Studien nach, daß „VerdrängerInnen" allgemein streßanfälliger und reizbarer sind als andere Menschen, ein höheres Krankheitsrisiko tragen und schneller altern.[30] Selbst nach der Aufdeckung eines konkreten Mißbrauchs und seiner emotionalen und intellektuellen Verarbeitung sind Frauen selten willens oder in der Lage, aggressiv gegen den Täter vorzugehen. Diese Aufgabe der Rache und Bestrafung der Täter übernehmen häufiger wieder männliche Familienmitglieder, Freunde oder Lebensgefährten stellvertretend für die Frauen.

Von verschiedenen Seiten werden die weiblichen Täterinnen stärker ins Blickfeld gerückt, wobei ihre Zahl auf bis zu 20–30 Prozent geschätzt wird. In diese Zahlen, die deutlich von den von offiziellen Stellen veröffentlichten abweichen, gehen andere Aspekte der Tatbestände ein: Viele Täterinnen vollziehen entsprechende Handlungen nicht primär zur Befriedigung eigener sexueller Bedürfnisse, sondern werden von Ehemännern oder Freunden unter Druck gesetzt und zur aktiven Beteiligung am Mißbrauch oft auch durch Gewaltandrohung gezwungen. Frauen sollen damit keineswegs von ihrer Verantwortung gegenüber ihren Kindern entbunden und auch nicht von Schuld freigesprochen werden. Die gelegentliche Beteiligung von Müttern am sexuellen Mißbrauch ihrer Kinder soll weder geleugnet noch verharmlost, sondern nur in Hinblick auf ihre Wirkungen auf das Kind differenziert betrachtet werden. Das Verbrechen einer solchen Mutter besteht im wesentlichen nicht in der Ausbeutung des Kindes als Sexualobjekt, sondern im emotionalen Verrat, im „Übersehen" des Mißbrauchsgeschehens, im Hintanstellen des töchterlichen Leids in der Prioritätenskala der Gesamtfamilie oder hinter die Forderungen und Bedürfnisse des erwachsenen Mannes, in der Verweigerung von Solidarität, in ihrer Feigheit und Angst vor gesellschaftlicher Ächtung.

Auch die Diskussion über die langfristigen psychologischen Folgen des sexuellen Mißbrauchs treibt manchmal seltsame Blüten. Zum einen wird versucht, die Verantwortung für den Mißbrauch wieder einmal – wie schon früher – den Kindern zuzuschreiben. Zum anderen gibt es Bestrebungen, die Bedeutung des Seelenmords durch sexuellen Mißbrauch zu relativieren bzw. herunterzuspielen, indem er als eine spezifische Form der Folter unter ein allgemeines Konzept subsumiert und seine Folgen mit den Folgen nicht-sexuell motivierter Gewalt gegen Kinder gleichgestellt werden. Auch Versuche, den mütterlich-zärtlichen Umgang von Frauen mit dem Körper eines männlichen Säuglings zu diffamieren, indem man ihn durch den Begriff „latenter Inzest" zumindest semantisch in die Nähe des sexuellen Mißbrauchs rückt, wären hier einzuordnen. Ich habe bereits ausgeführt, wie wenig berechtigt die Anwendung dieses Begriffs tatsächlich ist. Nur in extremen Ausnahmefällen benutzt die Mutter, die den Körper ihres kleinen Sohnes durch zärtliche Berührungen „sexualisiert", diesen als Objekt der Befriedigung eigener sexueller Begierden. Ihr Verhalten entspricht vielmehr dem Muster von „adoring love", jener spezifischen Form von Liebe, die sich vor allem in der Anerkennung und Bewunderung des „anderen" Körpers manifestiert. Ihren sexuellen Charakter erhält diese Form der Liebe nur dadurch, daß sie sich auf den Kern der „Andersartigkeit" des Sohnes, d.h. auf seine Genitalien bezieht. Wenn in diesem Kontext Macht überhaupt thematisiert wird, dann viel eher im Hinblick auf die durch die männlichen Genitalien symbolisierte Macht, die von der Mutter anerkannt, respektiert oder sogar schon gefürchtet wird.[31]

d) Sozialpsychologische Voraussetzungen:
   der Antiochus-Komplex und das Westermarck-Prinzip
Der systematische sexuelle Mißbrauch der Tochter durch den eigenen Vater ist in der patriarchalen Definition der Familie, die sie als Besitztum des Vaters ausweist, als prinzipielle Möglichkeit angelegt. In dieser Vorstellung von Familie haben Frauen keinen eigenen Subjekt-

status, sondern sind „lebendes Besitzgut" des männlichen Subjekts, des „pater familias". Auch der davon abgeleitete Begriff des „Familienvaters" beschreibt weniger eine Versorgungsfunktion als eine Machtkonstellation, die noch heute existiert. Aus dieser Machtposition heraus konnten und können Männer ein Recht auf Nutzung – inklusive sexueller Ausbeutung – des weiblichen Körpers ableiten. Innerhalb eines gesellschaftlichen Systems, das Frauen keine eigenständige Rechtsposition zuweist, sind Inzest und Vergewaltigung keine Verbrechen, sondern schlichtes männliches Gewohnheitsrecht. Unter solchen Bedingungen verhindert ein Inzest-Tabu weniger die Durchführung als vielmehr die Aufdeckung und Verfolgung dieses Verbrechens.

Entsprechende Analysen zeigen, daß es nicht die sexuellen, sondern gerade die kindlichen Eigenschaften des kleinen Mädchens sind, die den potentiellen Mißbraucher „anmachen" (vgl. Heiliger, 2000; DJI, 2002). Der damit zum Ausdruck gebrachte erschreckende Mangel an Einfühlung in die Lage des eigenen Kindes kann nicht mehr, wie hinsichtlich des brutalen Umgangs mit dem heranwachsenden Sohn, aus der gesellschaftlich legitimierten Funktionalisierung von Gewalt als Erziehungsmittel erklärt werden. Er reflektiert das Dilemma eines männlichen Begehrens, das sich auf eine Macht richtet, die in der Konstitution der eigenen Identität abgespalten, verdrängt und abgewertet werden mußte (vgl. Herrmann, 2003). In der Psychologie der Täter frappiert immer wieder das Fehlen jeglichen Unrechts- oder Schuldbewußtseins.

Wie normal und vor allem berechtigt mancher Erwachsene es findet, den kindlichen Körper zum Zweck der Befriedigung eigener sexueller Bedürfnisse zu benutzen, zeigt die telefonische Anfrage eines Vaters beim schweizerischen Kinderschutzbund in Bern: „Kriegt mein noch nicht einjähriges Baby Aids, wenn ich ihm den Penis in den Mund schiebe?" Für Männer mit einer ausgeprägten Angst vor erwachsener Weiblichkeit ist die kleine, machtlose Tochter ein ideales Liebesobjekt. Sie ist stets verfügbar, hat keine eigenen sexuellen Wünsche oder Ansprüche, die er erfüllen müßte, und ist seinem Willen total unterworfen. Mit einem solchen Wesen kann auch einer, der vor Bindungen mit erwachsenen, selbstbewußten, sexuell anspruchsvollen Frauen panisch zurückschreckt, das Wagnis der „symbiotischen Verschmelzung in Liebe" eingehen.

J. Rijnaarts (1988) führt die Übertretung des kulturellen Inzest-Tabus durch Väter auf einen psychologischen Komplex zurück, der sich – unter anderem – vor dem Hintergrund der asymmetrischen Organisation der Elterschaft entwickelt.

Je größer die Macht des Mannes und je mehr seine Partnerin zu ihm aufsieht, desto geringer die Gefahr, daß sie sich als autonomes Subjekt verhält und ihm ihre Gunst „nach Belieben" schenkt oder verweigert. Aus dieser Sicht kann eine Tochter als die ideale „Partnerin" erscheinen: In keiner anderen Beziehung ist das Machtgefälle größer als zwischen Vater und Tochter; bei keinem anderen weiblichen Wesen lassen sich Autonomiebestrebungen leichter ignorieren oder unterdrücken. So kann der frühkindliche Traum vom Frauenkörper, den man uneingeschränkt besitzt und aus dem man durch Sexualität Glück schöpfen kann, bei Vätern zu einem Tochterkomplex führen.[32]

Dieser sogenannte Antiochus-Komplex äußert sich darin, daß die ambivalenten Gefühle gegenüber der eigenen Mutter, die sich aus der infantilen Vorstellung von mütterlicher Allmacht und Willkür entwickeln, auf das ganze weibliche Geschlecht übertragen werden. Daraus entsteht dann ein starkes Bedürfnis, die „Frau an sich" zu beherrschen – sei es aus Rache an der Mutter oder einfach aus der Erkenntnis der eigenen Abhängigkeit heraus. Die Träger dieses Komplexes wissen genau, daß der Urquell ihrer Lust und ihres Behagens im weiblichen Körper verborgen liegt und sie ihn daher niemals wirklich „besitzen", sondern immer nur als außerhalb ihrer selbst erleben können. Ein verläßlicher Zugang zu dieser Quelle kann nur dadurch erreicht werden, daß man die ganze Frau in „Besitz nimmt", sie total unterwirft. Dieser Komplex könnte somit auch die weitverbreitete männliche Vorliebe für Liebespartnerinnen erklären, die deutlich jünger und schwächer als sie selbst und ihnen auch in intellektueller und sozial-ökonomischer Hinsicht eindeutig unterlegen sind.

Der sexuellen Ausbeutung von Töchtern leistet ein weiteres psychologisches Phänomen Vorschub, das sich ebenfalls auf dem Hintergrund der asymmetrischen Organisation der Elternschaft entfalten kann. Es wurde bereits 1921 unter dem Begriff „Westermarck-Prinzip" als psychologisches Gegenstück zum kulturellen Inzest-Tabu beschrieben und von Havelock Ellis (1936) und Douglas & Atwell (1988) bestätigt und spezifiziert. Das Westermarck-Prinzip geht davon aus, daß bei Erwachsenen die Entwicklung sexueller Gefühle oder Gelüste gegenüber kleinen Kindern durch zwei Faktoren direkt proportional blockiert wird: zum einen durch das charakteristische äußere Erscheinungsbild des Kindes, seine infantile „Herzigkeit" (aus der Zoologie als „Kindchen-Schema" bekannt); zum anderen durch die Entwicklung einer speziellen Form der „fürsorglichen" Liebe seitens der Erwachsenen. Diese entsteht allerdings nicht naturhaft, sondern setzt voraus, daß die Person pflegerische, fürsorgliche Aufgaben übernimmt. Je früher diese auf der Befriedigung der kindlichen Bedürfnisse basierende Verbindung zwischen einer erwachsenen Person und einem Kind geknüpft und je intensiver und länger sie aufrechterhalten wird, desto wirksamer blockiert sie das Aufkommen lüsternen Begehrens und sexueller Gefühle im Umgang miteinander. Emphatie und Mitgefühl, die entscheidenden Elemente dieser Form von Liebe, entstehen als Folge einer positiven Identifikation mit dem Kind (vgl. Douglas & Atwell, 1988, 68ff). Da nach wie vor nahezu ausschließlich Mütter bzw. Frauen die Aufgaben der frühen Versorgung übernehmen und sich dabei mit den Säuglingen identifizieren, entwickeln in der Regel nur Frauen diese spezifische Form fürsorglicher, asexueller Liebe; dementsprechend selten verletzen Mütter bzw. Frauen das kulturelle Inzest-Tabu, obwohl sie – objektiv betrachtet – gerade wegen ihrer großen räumlichen und zeitlichen Nähe zu Kindern weit mehr Gelegenheiten zum sexuellen Mißbrauch hätten als Väter.

Das Westermarck-Prinzip erklärt sowohl die große Zahl von latenten und manifesten Inzest-Verletzungen durch Väter als auch das Faktum, daß die Bereitschaft zum Mißbrauch mit abnehmender emotionaler Nähe zum Kind ansteigt. Väter, die mit einem Kind von dessen Geburt an eng zusammenleben und es womöglich selbst versorgen, werden im Gegensatz zu Stiefvätern und später dazustoßenden Lebensgefährten der Mutter, Brüdern und entfernteren Verwandten der Kinder kaum zu Tätern. Die weitgehende Befreiung von Fürsorgeverpflichtungen und die familiäre Absenz von Männern insbesondere während der Kleinkindphase verhindern jedoch offensichtlich die Herausbildung einer angemessenen Form von Kindesliebe und erleichtern die Projektion eigener sexueller Bedürfnisse auf das Kind. Auch wenn es dem Mißbraucher dabei vordergründig um die Befriedigung seiner sexuellen Bedürfnisse gehen mag, sollte nicht übersehen werden, daß das Gefühl, Macht über einen weiblichen Körper zu besitzen, u.U. von weitaus größerer Relevanz für den Täter sein kann als eine primitive Reduktion sexueller Spannung.

1   Vgl. D. Anzieu, 1991; letztlich beweist auch die Tatsache, daß die klassische Psychoanalyse bis heute keine souveräne Haltung gegenüber dem Phänomen „Berührung" entwickeln konnte, deren extreme emotionale Bedeutung. Die Psychoanalyse errichtete ein „Berührungstabu", um die „Verzärtelung" der PatientInnen durch ihre Therapeuten (so Freuds Kritik an Sandor

Ferenczi) zu unterbinden. Heute schlägt sich die Erkenntnis der fundamentalen Bedeutung von Körperkontakt als Medium der Gefühle von Nähe, Geborgenheit und Wärme, die wesentlich tiefer als erotische Berührungswünsche in der Psyche verankert sind, in einer wachsenden Zahl von Körper- oder expliziten „Festhalte-Therapien" nieder. Frühkindliche Störungen (Autismus, Hospitalismus), aber auch autoaggressives Verhalten sowie nahezu beliebige Identitäts- und Beziehungsstörungen werden durch gezielte Körperkontakte und Berührungen behandelt. Jedoch verstärken Publikationen über gelegentlichen Machtmißbrauch von Therapeuten, die sich ihren KlientInnen in eindeutig sexueller Absicht nähern, die Skepsis gegenüber Körpertherapien und anderen „encounter"-Methoden, in denen zwischenmenschliche Bindungs- und Einfühlungsfähigkeiten durch Körperkontakte vermittelt und eingeübt werden sollen.

2 J. Benjamin, 1990, S. 87: Mit diesem Text (auf rosa bzw. blauen Kärtchen) wurden in einer amerikanischen Klinik die Betten von Mädchen und Jungen gekennzeichnet. (Hervorhebungen GMA)

3 N. Elias, neue Auflage 1976, Bd. 2, S. 332.

4 Diese geschlechtstypische Differenzierung hat primär soziale Ursachen, nämlich die traditionelle, durch Arbeitsteilung bedingte Asymmetrie in der Familie, und reflektiert weder spezifische Ansprüche der Säuglinge (da diese auf Väter ebenso zu reagieren vermögen wie auf Mütter) noch einen prinzipiellen väterlichen Mangel an Fähigkeiten, da Väter, wie ein Hamburger Forschungsteam feststellte, „in gleicher Weise wie die Mutter befähigt (sind), Liebes- und Bindungsverhalten von Kleinkindern aufzubauen".

5 Vgl. Douglas & Atwell, a.a.O., 1988.

6 M. Janssen-Jurreit, *Niemand will es wahrhaben*, SZ, 3.2.1989.

7 Vgl. Douglas & Atwell, a.a.O., S. 289 f.

8 Kompter, 1985.

9 Vgl. Süddeutsche Zeitung, 28.10.1992.

10 Vgl. Lamb, 1977; Burlingham, 1973, S. 268; Herzog, 1985. Lamb konnte aufgrund von Videobeobachtungen feststellen, daß Säuglinge im Alter zwischen sieben und dreizehn Monaten auf Väter, die mit ihnen spielen und Spaß machen, positiver reagieren als auf die Mütter, deren Kontakt eher funktionalen Charakter (Versorgung, Pflege) hat.

11 Vgl. Herzog, 1985, und Schmauch, 1987.

12 A. Piontelli, 1987, zitiert in W. Mertens, 1992, S. 43.

13 Vgl. ELTERN, 9/2000, *Süddeutsche Zeitung* vom 9.1.1989, 2.7.1992, 21.9.1992, 4.12.1992 und *Die Presse* vom 12.12.1991.

14 Vgl. P. Hilsenbeck, in Bilden, H., 1992, S. 122.

15 Schmid, K.A., 1876-87, in K. Rutschky, 1977, S. 433.

16 K. Rutschky, 1977, S. 24.

17 Schmid, 1876-87, zitiert in Rutschky, 1977, S. 437, vergl. Anm. 37.

18 Vgl. Palandt, Bürgerliches Gesetzbuch, 50. Auflage, C.H. Beck, München, 1991, Ziffer 9 zu 1631.

19 Vgl. *Die Presse*, 12.12.1991.

20 A. Matthias, 1902 (4. Aufl.), zitiert in Rutschky, a.a.O., S. 427.

21 1992 mußten sich ein 24-jähriger Mann und eine 22-jährige Mutter von zwei Kleinkindern vor dem Schwurgericht in München verantworten – er wegen „grausamen und aus niedrigen Beweggründen begangenen Mordes" am acht Monate alten Säugling der Frau, sie wegen Totschlags durch Unterlassen. Der „rabiate Liebhaber" (SZ) der Frau, der sich aus Jugoslawien abgesetzt hatte, um dem Wehrdienst zu entgehen, war zu ihr in das einzige Zimmer, das sie mit ihren beiden Kindern bewohnte, mit eingezogen, fühlte sich aber bald durch diese gestört, „da er seine Beziehungen zur Mitangeklagten nicht seinen Vorstellungen entsprechend ausleben konnte". Infolgedessen mißhandelte er – obwohl er selbst sein Verhältnis zu den Kindern als „sehr gut" qualifizierte – vor allem den Kleineren mehrfach. Eines Nachts, als er mit Freunden bis 3 Uhr früh Videos geguckt und viel Bier und Whisky getrunken hatte, fühlte er sich durch das Weinen des Säuglings so sehr gestört, daß er ihn an den Beinen aus dem Bettchen zog und aus etwa 1 m Höhe kopfüber auf den Boden fallen ließ. Das Kind starb drei Tage später an einem Hirnödem (SZ, 9.12.1992).

22 Ein 23jähriger Mann, der den Sohn seiner Freundin über Monate mit „brutalen Foltermethoden" mißhandelt hatte, wurde vom Jugendschöffengericht in Nürnberg zu zweieinhalb Jahren Gefängnis verurteilt. Er rechtfertigte seine Taten mit der „totalen Unfolgsamkeit" des Zweijährigen. Die Mutter des Kindes, die er ebenfalls bedroht und mißhandelt hatte, nahm ihn vor Gericht in Schutz und bekundete, mit ihm nach Verbüßung seiner Haftstrafe wieder zusammenleben zu wollen (SZ, 16.9.1992).

23 Vgl. Interview mit P. Boppel in SZ-Magazin Nr. 43, 23.10.1992, S. 13–18.

24 Vgl. die Ergebnisse der ersten medizinischen Langzeitstudie, veröffentlicht in „The Lancet" vom 10.10.1987: Innerhalb von zwei Jahren wurden in einer englischen Klinik 94 Jungen und 243 Mädchen mit schwersten Verletzungen eingeliefert. 83 Prozent der Jungen hatten eindeutig anale Verletzungen, von den Mädchen hatten 28 Prozent anale und 56 Prozent genitale Verletzungen. Bei den Mädchen fanden sich in der Gruppe der Null- bis Fünfjährigen häufiger Anzeichen vollzogenen Anal- als Genitalverkehrs, bei Säuglingen fanden sich bereits Hinweise auf oralen Verkehr. Viele Kinder wiesen Narben auf, die auf chronische Verletzungen durch brutale Übergriffe im analen und genitalen Bereich hindeuteten; alle waren emotional völlig verstört, drei starben an ihren Verletzungen.

25 Angaben von der „Aktion Jugendschutz" (ASJ), SZ, 25.8.1992; im Internet unter www.praevention.org/opfer.htm

26 Diese Angaben stammen aus einer Studie der Universität Edinburgh, die 1990 unter dem Titel *Child Sexual Abuse: The Professional Challenge to Social Work and Police* veröffentlicht wurde.

27 Vgl. Kinzel, J., Schett, P., Wanko, K., Biebl, W., 1992.

28 taz, 26.6.1991.

29 E. Danica, 1989, S. 26.

30 Vgl. erster Kongreß über „Psychische Schäden alternder Überlebender des

Nazi-Terrors und ihrer Nachkommen", 1989, durchgeführt an der medizinischen Hochschule Hannover (SZ, 16.10.1989).

31 Vgl. J. Arcana, a.a.O., S. 71 ff. Arcana zitiert eine Mutter, die ihr Verhältnis zu ihrem Sohn folgendermaßen beschreibt: „When he was born and the doctor held him up in the palms of his hands, all I could see was *prick*. It looked enormous to me. When he was a tiny baby, on the changing table, I remember feeling he was a little *king*. Because of his penis, his maleness, he had power over me, he intimidated me."

32 J. Rijnaarts, a.a.O., S. 269.

KÖRPERIDEALE
Macht, Status, Sex-Appeal

1. Die Macht der Ideale

Als Inbegriff der Vollkommenheit sind Ideale im Gegensatz zur Wirklichkeit nur in der Vorstellung bzw. als Bewußtseinsinhalte existierende Bilder, die jedoch durchaus handlungsrelevanten Charakter haben. In der kindlichen Vorstellung beispielsweise stellt das Idealbild „Groß und stark sein" das Ende der Abhängigkeit von den Eltern und der eigenen Machtlosigkeit als natürliche Konsequenz entsprechender körperlicher Veränderungen in Aussicht. Dieses attraktive Ziel vor Augen lassen Kinder sich zu Verhaltensweisen motivieren, die nicht unbedingt ihren unmittelbaren Bedürfnissen entsprechen – z.b. sich regelmäßig, gesund und „ordentlich" zu ernähren oder sich sportlich zu betätigen. Bereits als Kinder lernen wir Körpergröße und -kraft als soziale Codes zu interpretieren, die den relativen Platz innerhalb einer sozialen Ordnung mitbestimmen bzw. auf ihn verweisen.

Forschungsergebnisse aus der sozialen Wahrnehmung haben gezeigt, daß sich die Körpergröße auch auf die Zuschreibung von Persönlichkeitsmerkmalen oder die Attributierung bestimmter psychischer Eigenschaften und Fähigkeiten auswirkt. Hochgewachsene Menschen gelten als intelligenter, „wohlbeleibte" Männer als psychisch gefestigte, vertrauenswürdige Charaktere. Obwohl diese Zuschreibungen reine Vorurteile sind, beeinflussen sie nicht nur das Selbstwertgefühl der Betreffenden, sondern wirken sich in Form korrespondierender sozialer Erwartungen und Reaktionen der Umgebung auch ganz konkret auf ihre sozialen Chancen aus – nicht zuletzt bei der Jobsuche (Argyle, 1975, S336): Größere Männer finden z.B. leichter einen Arbeitsplatz als kleinwüchsige (Jourard & Secord, 1955). Obwohl in modernen Gesellschaften eine nur physisch begründete Überlegenheit nicht als Kriterium für die konkrete Zuweisung von sozialem Status und Macht dient, bleibt aufgrund ihrer Verknüpfung mit psychologischen Aspekten ihre Bedeutung als sozialer Code erhalten.

Absolute Körpergröße und relative Größenunterschiede zwischen Menschen werden nahezu weltweit machtsymbolisch interpretiert und dementsprechend auch bewußt eingesetzt, um soziale Rangordnungen zum Ausdruck zu bringen. Alle hierarchisch gegliederten gesellschaftlichen Institutionen bedienen sich unter anderem auch der Größensymbolik, um ihre innere Struktur sichtbar zu machen. Beispiele finden sich insbesondere im militärischen Kontext. Der körperlich eher mickrige Preußenkönig Friedrich „der Große" ließ sich demonstrativ von ausgesucht hochgewachsenen „langen Kerls" beschützen. Auch heute noch müssen militärische Eliten einer bestimmten Mindestnorm entsprechen. Dabei kann der Eindruck von Größe und Stärke durch die Bekleidung noch verstärkt werden. Die britischen Gardesoldaten beispielsweise tragen überdimensionale Pelzmützen auf den Köpfen, die sie größer und möglicherweise furchterregender erscheinen lassen, als sie tatsächlich sind. Militärische Uniformen betonen und verbreitern in der Regel durch Schnitt, aufgesetzte Epauletten oder anderen Zierrat vor allem die Schulterpartie ihrer Träger, die Kraft symbolisiert. (Ein ähnlicher Effekt wird beim zivilen Anzug durch Wattierung und eingebaute Schulterpolster erzielt.)

In der Kirche, bei Hofe und bei Gericht werden soziale Strukturen und Machtpositionen vielfach ebenfalls durch eine formalisierte Bezugnahme auf Größenverhältnisse zum Ausdruck gebracht. Potentaten und Kirchenfürsten geben sich nicht nur durch voluminös wallende, prächtige Bekleidung zu erkennen, sondern auch durch eine erhöhte Positionierung im Raum oder entsprechend gebaute Sitzmöbel, die ihnen ein distanziertes „Thronen" über der Masse ermöglichen, einen kontrollierenden Überblick verschaffen und damit zugleich ihre Bedeutung zum Ausdruck bringen.

Die genannten Beispiele stammen keineswegs zufällig aus sozialen Institutionen, die von Männern dominiert sind. Die das Selbstwertgefühl steigernde, sozial hierarchisierende Wirkung von Größe, Kraft und Stärke entfaltet sich nämlich heute ausschließlich im Kontext von Männlichkeit. Modernen Frauen werden andere Ideale vorgegeben. Kräftige, hochgewachsene „big guys" repräsentieren auch im privaten Leben nur das Männlichkeitsideal der westlichen Welt. Frauen hingegen profitieren weder in psychologischer noch in sozialer Hinsicht von den körperlichen Ausdrucksformen des Erwachsenwerdens. Im Gegenteil: Je größer und kräftiger sie sind, desto weiter entfernen sie sich von unserem gegenwärtigen Weiblichkeitsideal, mit dem ihr Selbstwertgefühl und ihre sozialen Chancen verknüpft sind. Der in der Kindheit idealisierte Zustand der körperlichen Reife, der zunächst Mädchen wie Jungen als Inbegriff der Vollkommenheit handlungsleitend vor Augen steht, hat unter den gegebenen Bedingungen der Aufspaltung des Ideals in ein männliches und ein weibliches für Frauen nur noch eine negative Bedeutung.

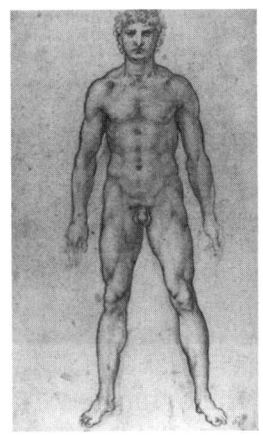

Abb. 2: Männlicher Akt, Anfang 16. Jahrhundert; rechts Arnold Schwarzenegger

2. Forever Superman:
Das männliche Körperideal

GET BIG, RIPPED & STRONG!
Build Incredible Muscle Size and Strength!
Get Vascular, Hard and Ultra Ripped!
(Internet-Werbung der pharmazeutischen Firma
SDI-labs, Florida, USA, im März 2003)

Groß und stark sein – diese Vorstellung bildet seit Jahrtausenden den Kern des männlichen Körperideals. Ihre beeindruckende historische Stabilität reflektiert die diesen Zeitraum bestimmenden patriarchalen Herrschaftsverhältnisse, die nicht zuletzt mit dem Argument der körperlichen Überlegenheit erwachsener Männer über Frauen und Kinder legitimiert wurden.

Archaische und gegenwärtige Heldenfiguren unterscheiden sich körperlich kaum voneinander (vgl. Abb. 2). Das patriarchalische Männlichkeitsideal definiert sich seit jeher über eine maximale Ausprägung jener körperlichen Parameter, die Überlegenheit begründen: Je höher der Wuchs, je kräftiger der Körperbau, je ausgeprägter die Bemuskelung, desto stärker – und damit männlicher – wirkt die Erscheinung.

Im Gegensatz vor allem zum gegenwärtigen weiblichen Körperideal wird der ideale Männerkörper weder sexualisiert noch ästhetisiert. Sein Sex-Appeal ist kein Wert an sich, sondern wird ihm erst auf dem Hintergrund einer angemessenen Verkörperung von Faktoren der Macht attestiert. Der Körper des heterosexuellen Mannes muß nicht als Objekt fremder Begierden stilisiert werden. Er soll unmittelbar machtrelevant sein. Weibliche Wunschvorstellungen sind ebenso wie Prinzipien der Ästhetik für seine Konstruktion nur von peripherer Bedeutung. Graduelle Unterschiede hinsichtlich dieses Punkts lassen sich im Vergleich verschiedener Gesellschaften zwar durchaus feststellen – z.B. zwischen Deutschen und Italienern. Letztere haben offensichtlich mehr Lust als Deutsche, ihre Körper unter ästhetischen Gesichtspunkten zu behandeln und zu formen, sich „schön zu machen". Inwieweit sie sich dabei tatsächlich an weiblichen Bedürfnissen orientieren, sei jedoch dahingestellt. Hierzulande lassen sich Männer jedenfalls – wie das bayerische Sprichwort „Alles, was ein Mann schöner ist als ein Aff', ist ein Luxus" unmißverständlich deutlich macht – durch ästhetische Ideale kaum unter Druck setzen. Zuviel „Schönheit" kann sich unter Umständen sogar negativ auswirken. Dem abfällig als „Schönling" apostrophierten männlichen Exemplar werden nicht selten andere, für seine Identität wesentlich bedeutungsvollere Aspekte, z.B. seine Heterosexualität, abgesprochen.

Ein Paradebeispiel für einen angemessen männlichen Schönheitsdiskurs stellt das am 7.3.2003 im Magazin der Süddeutschen Zeitung veröffentlichte Interview des Journalisten Moritz von Uslar mit George Clooney, dem „schönsten Mann der Welt", dar. Dieser ist deutlich bemüht klarzumachen, daß dieses Merkmal für ihn selbst eine absolut unbedeutende Größe darstellt. Es ist ein natürliches Merkmal, das weder einer besonderen Pflege bedarf noch als Mittel zum Zweck eingesetzt wird – als Shampoo dient ihm ein einfaches Stück Seife, seine berühmten Augenbrauen „machen, was sie wollen", sein als besonders männlich apostrophiertes Kinn benützt er primär dazu, sich beim Trinken auf der Theke abzustützen, und er erzählt gern Witze, um von seinem guten Aussehen abzulenken. Nach 25 Fragen, in denen der Interviewer immer wieder auf mögliche schwule Neigungen anspielt, reißt er sich endlich zusammen. Aber selbst – oder vielleicht gerade – im heterosexuellen Kontext läßt Clooney sich nicht auf seine sexuelle Attraktivität reduzieren, sondern pariert alle entsprechenden Fragen mit Humor und Selbstbewußtsein. Auf diese Weise gelingt es dem „Schönsten", sich selbst dennoch als „richtigen", das heißt von allgemeinen Erwartungshaltungen und gesellschaftlichen Normen weitgehend unabhängigen, selbstbewußten Mann zu inszenieren.

Ein mit heterosexueller Männlichkeit weitgehend konformer Begriff von Schönheit wird von Bodybuildern vorgegeben und mißt sich ausschließlich am Ausprägungsgrad (der „Definition") diverser Muskelpartien. Den 2002 amtierenden „Vice Mister World" Marcel Barkowski schützte allerdings sein durchtrainierter Körper (1,88 m, Brustumfang 115 cm) nicht davor, von seinen Kollegen gemobbt zu werden, weshalb er seinen Job als Polizeimeister schmiß.

Sportjournalisten leiten ihre Hofberichterstattung gern mit Sätzen wie diesen ein: „Seit er begann, trotz Schuhgröße 38 der Herr übers Mittelfeld zu sein, seit er der beste Maradona-Bewacher aller Zeiten wurde, Weltmeister, Weltfußballer und Weltrekordnationalspieler sowieso, hat er alle erfolgreich abgehängt..." (SZ, 8./9.2.2003). Was will uns der Autor über Lothar Matthäus mitteilen? Daß einer ein Star werden kann, auch wenn er auf lächerlich kleinem Fuß lebt, der keineswegs der männlichen Idealvorstellung entspricht.

Das männliche Körperideal hat keinen Zwangscharakter, sondern ist nur ein Angebot unter vielen anderen, Männlichkeit mit dem Ausdruck von Macht und Überlegenheit zu verbinden. Allen ist klar, daß nicht jeder Mann körperlich ein „Supermann" sein kann. Aber es sind auch nur wenige darauf angewiesen. Männer haben realistischere Chancen als Frauen, es in vielen gesellschaftlich mindestens ebenso anerkannten, wenn nicht höher bewerteten Gebieten weit und sogar bis ganz nach oben zu bringen – in der Politik, der Wissenschaft, der Wirtschaft, der Kultur, im Sport. Selbst rundum durchschnittlichen Männern, die körperliche Mängel nicht durch entsprechende Leistungen anderer Art kompensieren können, schlägt eine bemerkenswert große Toleranz – insbesondere seitens der Frauen – entgegen (die allerdings dort endet, wo sie die Allgemeinheit an den Kosten körperlicher Korrekturen beteiligen wollen; das mußte ein 32jähriger Deutscher erfahren, der seine Krankenkasse mit 40 000 DM an den Kosten des operativen Eingriffs beteiligen wollte, durch den sein Körper von 1,64 m auf 1,78 m verlängert worden war (vgl. SZ, 11.2.1993).

Ästhetische Mängel – sogenannte Schönheitsfehler – stürzen Männer im allgemeinen nicht in ernste Lebenskrisen und geben ihnen nur selten Anlaß, ihre Körper zu quälen und kosmetischen oder chirurgischen Eingriffen auszusetzen. Eine Ausnahme bilden die älteren Semester der höheren sozialen Schichten, die zunehmend bereit sind, Folgen des Alterungsprozesses – z.B. Schlupflider und Tränensäcke – operativ entfernen zu lassen. Vorliegende Statistiken machen aber deutlich, daß bei „Schönheitsoperationen" sich der Anteil der Männer nach wie vor im Bereich einstelliger Prozentzahlen bewegt (vgl. EMMA, 1/2 2003). Mann begibt sich nämlich mit der Bereitschaft zur Verschönerung auf ein äußerst gefährliches Terrain, wie der durchweg bösartige Umgang der Medien mit dem angeblich flächendeckend chirurgisch durchgestylten Popstar Michael Jackson deutlich macht. Das Münchner Lifestyle-Magazin MAX erlaubte sich vor einiger Zeit den Spaß, das „androgyne Fabelwesen", vor dem sich US-Kids angeblich regelrecht fürchteten, per Computersimulation in den „natürlichen" Zustand einer 43-jährigen „betörenden Mischung aus Uncle Ben und Andre Agassi" zurückzuversetzen (Max, 23/2001).

„Richtige" Männer zeichnen sich dadurch aus, daß sie sich von der Schönheitsindustrie nicht so leicht verunsichern lassen. Von dieser definierten Fehlern wie Hakennasen, schmalen Lippen, Fettbäuchen, Glatzen, Falten oder Tränensäcken stellen sie Selbstbewußtsein und individuelle Definitionsmacht entgegen. Die Zeitschrift *Psychology of Men and Masculinity* veröffentlichte 2001 Ergebnisse einer Studie an 813 Personen, die deutlich machen, daß das tradierte Ideal vom „kräftigen" Mann sich in einem Selbstwahrnehmungsmuster niederschlägt, das männliches Selbstbewußtsein vor Kritik schützt. Demzufolge erleben sich 50 Prozent der objektiv übergewichtigen Männer – im Unterschied zu 4 Prozent bei den Frauen! – als normalgewichtig, fast alle (95 Prozent) normalgewichtigen Männer nehmen sich – durchaus realistisch – auch als solche wahr. Im krassen Gegensatz dazu halten sich 31 Prozent der objektiv normalgewichtigen Frauen für übergewichtig.

Von Männern, die ihren Bierbauch zum „Paulanermuskel" hochstilisieren, der mit ihrer Trinkfestigkeit noch ein weiteres zentrales Männlichkeitsmerkmal zum Ausdruck bringt und deshalb ihre Männlichkeit sogar noch steigert, die Glatzen, Falten und Tränensäcke als Ausdruck von Lebenserfahrung zu schätzen wissen und schmale Lippen sowie scharfgeschnittene Nasen für vollkommen normale Züge von Erwachsenen halten, die eben nicht mehr dem „Kindchenschema" entsprechen, könnten Frauen durchaus lernen, wie man mit vorgegebenen Schönheitsidealen umgeht, ohne seine Selbstachtung zu verlieren. Wenn es so leicht wäre.

3. Von „Venus" zu „Barbie": Das weibliche Körperideal

Einmal Barbie, immer Barbie!
(Barbie. Journal für Fans, Herbst/Winter 2002)

Die starken historischen Schwankungen im Hinblick auf das weibliche Körperideal reflektieren entsprechende Veränderungen in den spezifischen gesellschaftlichen Anforderungen an Frauen, Veränderungen ihrer gesellschaftlichen Rolle, ihres sozialen Status und der Wertschätzung, die ihnen entgegengebracht wird.

Ein größerer Gegensatz als zwischen den in unserer Vorgeschichte verehrten weiblichen Körperformen und dem modernen Körperideal läßt sich kaum vorstellen. Aus der Steinzeit ist eine große Zahl von Figuren erhalten geblieben, deren mächtige, pralle Leiber ein Ideal zum Ausdruck bringen, in dessen Zentrum die sexuelle Potenz und die Reproduktionsmacht des weiblichen Körpers steht. Beispielhaft dafür ist eine unter dem Namen „Venus von Willendorf" bekannte, 25000 Jahre alte Figur mit kräftigem, ausladendem Körper, mächtigen Brüsten und deutlich markierten primären Geschlechtsteilen (Abb. 3). In absolutem Kontrast dazu stehen die Körperformen neuzeitlicher Idole (Abb. 4). Mit Begriffen wie Kraft oder sexuelle Potenz lassen sich ihre extrem schlanken Körper kaum in Verbindung bringen. Prototypisch für diesen neuen Typ ist Barbie, das *teenage role model* aus den USA (vgl. Abb. 11 und Abb. 35 oben), deren Attraktivität sich zudem aus weiteren abwertenden Mustern – ihrer eindeutigen Infantilität (dem „Kindchenschema" entsprechende Formen) und der Fetischisierung bestimmter Körperteile (insbesondere ihrer Beine und ihrem Haupthaar) – speist.

Daß die Vorstellungen von Attraktivität kulturell geprägt und keinesfalls, wie oft behauptet, bei Männern „instinktiv" verankert sind, zeigte zuletzt eine interessante anthropologische Studie über die Attraktivitätsvorstellungen der Männer des Stammes der Matsigenka in Südost-Peru. Dieser Stamm lebt kulturell isoliert in einem Nationalpark, in dem es weder Fernsehen noch Werbung gibt und zu dem nur Wissenschaftler und Regierungsvertreter Zugang haben. Alle Männer dieses Stammes bevorzugten Frauen mit Übergewicht und einer vollen Taille vor allen anderen Typen. Sie hielten sie nicht nur für attraktiver, sondern auch für gesünder. Entsprechend kommentierte einer der Befragten die „Wespentaille" einer Frau: „Sie hat Durchfall." Frauen, die am ehesten dem westlichen Schönheitsideal entsprachen, bezeichnete er als „fast tot", weil sie „Fieber und Gewicht verloren hatten" (Yu, D.W. & Sheperd, G.H., 1998).

Das moderne Weiblichkeitsideal der westlichen Welt erscheint als radikaler Gegenentwurf zum Bild vom gesunden und kräftigen Männerkörper. Gegen die über Jahrhunderte etablierte Standardvorstellung von der schwachen und zierlichen Frau konnten sich die gelegentlich propagierten machtvolleren Vorstellungen langfristig nicht durchsetzen. Auch das in den 90er Jahren vom Superstar

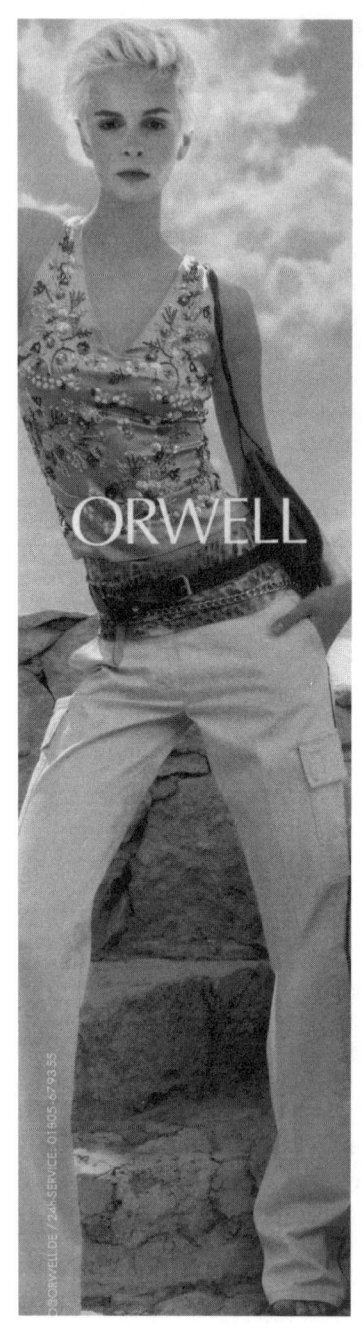

Abb. 3: Venus von Willendorf (oben)

Abb.4

Madonna verkörperte Gegenbild der kraftvollen, muskelgestählten, körperlich sichtbar durchtrainierten, leistungsorientierten „Powerfrau" hatte keine echte Chance, sich als Leitbild gegen die durch Heerscharen von Models vertretene dominante Vorstellung durchzusetzen. Ob die kuscheligere „Ruby" (Abb. 5), das letztlich doch wieder stark an Barbie gemahnende Geschöpf der *Body Shop*-Begründerin Anita Roddick, eine Chance hat, den Frauen mehr Realität als alternatives Ideal zu verkaufen, ist ebenso fraglich – immerhin drohte der Barbie-Produzent Mattell bereits mit einer Klage, und in Japan wurden die Plakate der Ruby-Kampagne gleich verboten. Vorbildcharakter könnten schon eher reale und beruflich erfolgreiche Frauen entwickeln, die ihre stattliche Leibesfülle selbstbewußt zum Einsatz bringen, wie die nicht nur stimmgewaltigen *Weather Girls,* die Soulsängerin Aretha Franklin oder die Operndiva Montserrat Caballet.

Weibliche Körperformen, die sich an den mit Männlichkeit verknüpften Vorstellungen von Kraft und Aggressivität orientieren, werden vor dem Hintergrund der herrschenden Geschlechterordnung zurückgewiesen. Insbesondere jene Männer, deren Selbstwertgefühl von der Vorstellung ihrer generellen Überlegenheit über Frauen aufrechterhalten wird, reagieren darauf äußerst empfindlich – das heißt besonders giftig und abfällig. Woody Hayes, der legendäre Footballtrainer der Universität von Ohio, konnte sich 1974, noch ohne damit seinen Job zu riskieren, mit folgenden Worten über die Beteiligung von Frauen am Sportprogramm einer benachbarten Universität (des Oberlin College) äußern: „Ich höre, sie lassen jetzt sogar *Frauen* in ihr Sportprogramm rein. Das ist eure Frauenbefreiung, Jungs – ein Haufen gottverdammter Lesben... Ihr könnt euren Arsch wetten, daß, wenn ihr Frauen dabei habt – und darüber habe ich mit Psychologen gesprochen –, ihr einen Scheiß-

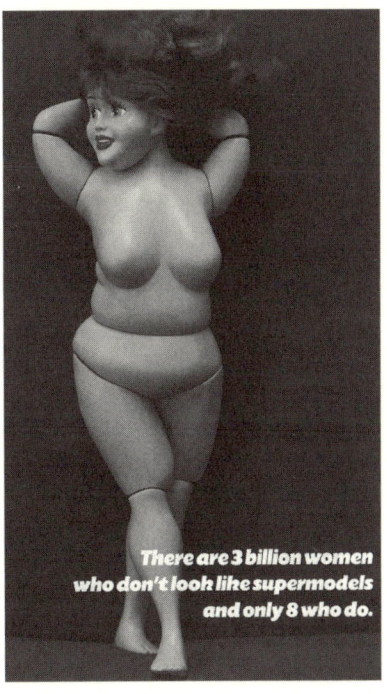

dreck wert seid. No Sir! Der Mann muß herrschen... Die beste Art, eine Frau zu behandeln, ist sie flachzulegen und zu vögeln."[2] Das als sexuell durchaus verklemmt einzuschätzende Football-Amerika duldet und huldigt Frauen nach wie vor nur am Rande des Geschehens. Als Cheerleader mit der Aufgabe, die Jungs zu Höchstleistungen anzufeuern, genießen sie Pinup-Status. Viele von ihnen qualifizieren sich durch Teilnahme an Schönheitswettbewerben für diesen Job, der ihnen keine darüber hinausgehenden Perspektiven eröffnet. Denn aus Gründen von Zucht und Moral dürfen sie ihre Mannschaften nicht einmal auf Auswärtsspiele begleiten.

Leistungssportlerinnen, allen voran Kraftsportlerinnen, müssen

Abb. 5: Ruby

auch bei uns mit Angriffen rechnen („gemästete Mannweiber mit dem Gemüt eines Schlachterhundes"[3]), die den Rahmen einer rein ästhetischen Argumentation gegen „unweibliche" Muskelausprägung bei weitem sprengen. Selbst Regina Halmich, die seit 1995 bis heute ungeschlagen amtierende deutsche Boxweltmeisterin, muß sich durch harsche Worte verunsichern lassen, wie z.B. die Bemerkung des Maske-Trainers Manfred Wolke, der Frauenboxen als „Vergewaltigung seines Sports" bezeichnete.[4] Ein Vertreter des Deutschen Boxverbands, der das geringe Aufkommen von Boxerinnen nicht auf das von ihnen selbst angeführte Fehlen einer Infrastruktur, sondern auf mangelndes Interesse der Frauen zurückführt, äußert sich vergleichbar verräterisch: „So verrückt sind die Mädchen doch gar nicht, zu boxen."[5] Aber sogar ihrer eigenen Aussage zufolge läßt sich selbst eine so extrem erfolgreiche Sportlerin wie Halmich nur dann „vermarkten", wenn sie hübsch ist und auch bereit, sich als erotisches Objekt zu präsentieren.

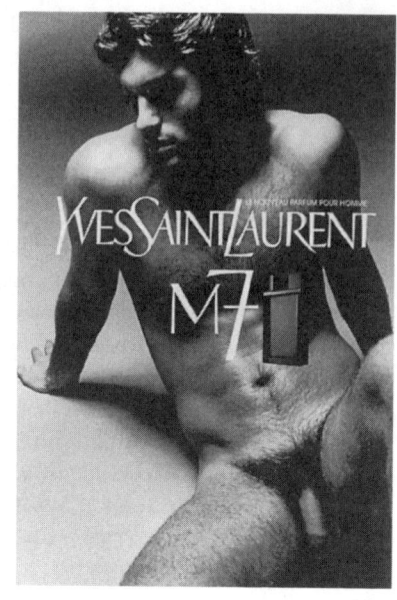

Abb. 6: Kampfsportchampion de Cubber

Der Sportwissenschaftler Gunter Gebauer von der Freien Universität Berlin erklärt die wachsende Bereitschaft erfolgreicher Sportlerinnen, sich in Lifestyle-Magazinen leichtbekleidet oder auch ganz nackt ablichten zu lassen, mit der mangelnden Kompatibilität der damit verbundenen Rollen. Erfolgreiche Männer können ganz problemlos in die Heldenrolle schlüpfen, denn sie ist ihnen förmlich auf den Leib geschrieben. Weil die Rolle der Heldin der typischen Frauenrolle jedoch eher widerspricht, suchen erfolgreiche Sportlerinnen – unbewußt, aber beinahe schon zwanghaft – eine andere Rolle, die den gesellschaftlichen Erwartungen an Frauen entspricht: die des erotisch attraktiven Objekts. „Man muß doch zeigen, daß die Damen, die man sonst nur im Rennanzug sieht, auch attraktiv sein können", sagte die Skifahrerin Hilde Gerg dazu der *Bunten*.[6] Viele Frauen fühlen sich durch die Veröffentlichung ihrer erotischen Fotos geschmeichelt, und vordergründig zahlt sich die Bereitschaft zur Selbstobjektivierung aus: für die Frauen selbst, die vom *Playboy* bis zu 120 000 Euro für ein Shooting kassieren können, in jedem Fall aber für die Magazine, die mit entsprechenden Angeboten ihre Auflagen deutlich steigern. Mit nackten Sportlern Geld zu verdienen, erweist sich als wesentlich schwieriger, da die Sexualisierung von Männern als Abwertung empfunden wird. Mit ihrer Kampagne für das neue Yves-Saint-Laurent-Parfum „M7", in der mit der Abbildung des französischen Kampfsportchampions Samuel de Cubber auf ästhetisch durchaus ansprechende Weise geworben wurde (Abb. 6), handelte sich die französische *Vogue* Ärger mit erzürnten Franzosen und ein Druckverbot in ihrer englischen Ausgabe ein.

4. Schlachtfeld Körper:
Hungern für die Schönheit

Das weibliche Körperideal der westlichen Welt orientiert sich nicht an den Parametern Vitalität, Kraft und sexuelle Potenz, denn diese sind mittlerweile männlich besetzt. Es entwickelt sich vielmehr seit den 70er Jahren kontinuierlich und rasant in die entgegengesetzte Richtung. Es wird einerseits durch untergewichtige, schmalhüftige, beinahe knabenhafte Models repräsentiert und andererseits durch die ebenfalls extrem schlanken „Busenwunder". Beides läßt sich eigentlich nicht auf natürlichem Weg herstellen, sondern nur durch konsequenten Nahrungsentzug oder durch chirurgische Eingriffe.

Nie zuvor in unserer Geschichte war die Verknüpfung von Schönheit mit Schlankheit so stark wie heute, das bestätigt Cornelia Götz-Kühne, die Vorsitzende des „Bundesfachverbands Eßstörungen". Auch die Vorstellung von Schlankheit selbst hat sich verändert. In den 20er Jahren hatten amerikanische Schönheitsköniginnen einen durchaus gesunden BMI-Wert von 20 bis 25 (BMI, der Body-Mass-Index, bezeichnet den Körperfettanteil). Heute liegt dieser Wert nach Angaben der British Medical Association bei den meisten Models und Schauspielerinnen bei 10 und damit weit unter dem Wert von 25, der als gesund erachtet wird. Ab einem Wert von 18,5 werden Menschen von der Weltgesundheitsorganisation als unterernährt eingestuft (Abb. 7).

Das Ideal entfernt sich zudem zunehmend von der Realität. Lag das Gewicht der Models 1975 noch etwa 8 Prozent unter dem der Durchschnittsfrau, waren es im Jahr 2000 bereits mehr als 20 Prozent. Selbst die Schaufensterpuppen liegen heute mit 10 cm weniger Hüft-

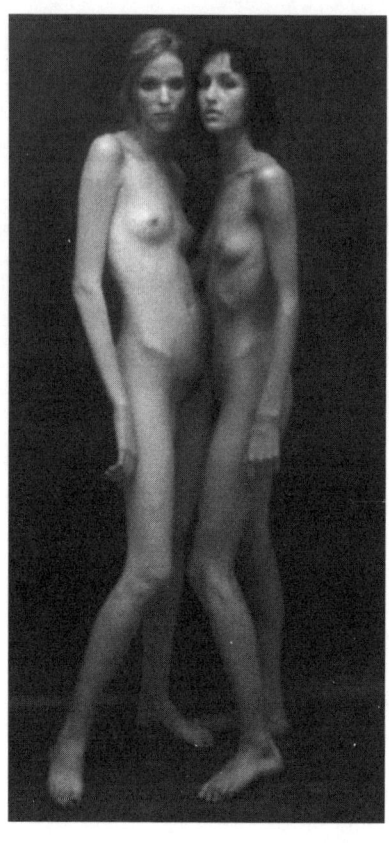
Abb. 7: Models (Full Voice, 2003)

umfang und fünf Zentimeter dünneren Oberschenkeln als ihre Vorgängerinnen aus den zwanziger Jahren und mit 13,5 cm weniger Hüftumfang und 10 cm dünneren Oberschenkeln als lebendige junge Frauen voll im Trend. Während die Vorbilder immer dünner werden, zeigen die Meßergebnisse des Internationalen Textilforschungsinstitut Hohenstein, daß die Frauen sich in die entgegengesetzte Richtung entwickeln: Die deutsche Durchschnittsfrau wuchs aufgrund besserer Ernährung und geringerer Belastung durch Schwangerschaften seit 1970 von durchschnittlich 162 cm Körpergröße auf 165 cm im Jahr 1994. 1981 brachte sie es auf einen durchschnittlichen Hüftumfang von rund 98 cm, 1995 waren 101 cm. Brust und Taille wuchsen im glcichen Zeitraum von 94 bzw 78 cm auf 96 bzw 81 cm.

Damit wächst zugleich auch der Druck, den die vorgegebenen Normen des Schönheitsideals entfalten. Er erschwert die Entwicklung eines gesunden Selbstwertgefühls und belastet insbesondere bei Mädchen und sehr jungen Frauen das Verhältnis zum eigenen Körper unvergleichlich stärker als bei Jungen und Männern. Jedes Reklamebild, jeder Fernseh-Spot, jeder Film konfrontiert Frauen mit superdünnen Idolen à la Ally MacBeal oder Supermodels wie Kate Moss und Naomi Campbell, zeigt schonungslos Diskrepanzen und scheinbare eigene Unzulänglichkeiten auf und macht es Frauen beinahe unmöglich, ihren Körper und somit sich selbst zu lieben.[7] Ingrid Mieck von Cinderella, einer Münchner Beratungsstelle für Eßstörungen, verweist auf eine weitere beunruhigende Entwicklung: Nicht dünn, sondern superdünn gilt unter den Betroffenen gegenwärtig als chic und wird als beliebtes Gesprächsthema unter den Mädchen zunehmend salonfähig. Die Betroffenen werden immer mehr und immer jünger. Während die Bulimie (Eß-Brech-Sucht) früher vor allem bei Siebzehn- bis Achtzehnjährigen auftrat, suchen heute schon Elf- und Zwölf- jährige Rat bei einschlägigen Stellen. Der Wunsch nach übertriebener Schlankheit entwickelt sich heute bereits vor der Pubertät und führt in Grundschulen zu regelrechten Wettbewerben, wer sich am schnell- sten magerhungert.

Persönliche Unsicherheit sowie das problematische Verhältnis zum eigenen Körper fördern die Bereitschaft von Frauen, ihre Körper im Sinn des gesellschaftlich vorgegebenen Ideals zu manipulieren. Heute sind bereits zwei Drittel aller elf- bis neunzehnjährigen Mädchen mit ihrem Aussehen unzufrieden und möchten „dünner" sein. Hungern wird dabei immer mehr zum Mittel der Wahl. Die „Deutsche Gesell- schaft für Ernährung" stellte schon vor knapp zwanzig Jahren besorgt fest, daß jede zweite Achtzehnjährige Diäterfahrungen hatte. Eine aktuelle Umfrage des Kasseler Beratungszentrums für Eßstörungen (Kabera) unter 4500 Jugendlichen zeigte, daß heute die Kalorien- tabelle, der Brennwert und Fettgehalt jeden Lebensmittels bereits bei jeder zweiten Elf- bis Dreizehnjährigen fest im Kopf sitzen und stän- dig präsent sind und daß jede vierte Sieben- bis Zehnjährige Diäten hinter sich hat. In einer aktuellen Studie an sieben- bis zwölfjährigen Kindern in England und Australien fanden sich sogar knapp die Hälfte der Mädchen zu dick.[8]

Wie wenig diese Einstellungen in der Realität fundiert sind, zeigt sich darin, daß sich jedes zweite normal- oder sogar untergewichtige Mädchen unter fünfzehn Jahren selbst für „zu dick" hält. Ab sechzehn steigt die Zahl der jungen Frauen mit Eß- und Körperstörungen ins Epidemische.[9] Das Münchner Therapie-Centrum für Eßstörungen (TCE) stellte fest, daß 90 Prozent der weiblichen Teenager abnehmen wollen und 73 Prozent der Frauen ein Gewicht unterhalb des Normal- gewichts am attraktivsten finden. Vergleichbare Zahlen werden aus den USA und Australien gemeldet. In den USA ist angeblich die Hälfte aller jungen Frauen eßgestört, ca 150 000 sterben jährlich daran.[10] Laut Bundeszentrale für gesundheitliche Aufklärung hat sich die Zahl der Magersüchtigen in den letzten zehn Jahren auf fünf Millionen ver- dreifacht. Von Eßstörungen „im weitesten Sinn betroffen" hält sie jede vierte Frau. Betroffen sind sechzehnmal mehr Frauen und Mädchen als Männer.

Die Mädchen überschreiten im Bemühen, ihren gesunden, aber ungeliebten Körper an das kranke Schönheitsideal anzupassen, auch die Grenzen zur Selbstzerstörung. Magersucht gilt bei ExpertInnen als prinzipiell unheilbare psychiatrische Erkrankung, und sie weist die höchste Sterblichkeitsrate auf. 10 Prozent der Betroffenen sterben – entweder durch Verhungern oder durch Selbstmord. Therapien können nicht heilen, sondern bestenfalls Symptomfreiheit herbeiführen. Die meisten Betroffenen scheuen jedoch vor einer Behandlung zurück. Im mit 17 000 (!) täglichen Zugriffen größten deutschsprachigen Internetforum „hungrig-online.de" gaben mehr als ein Drittel der zu 92 Prozent weiblichen User an, noch nie in einer Behandlung gewesen zu sein, obwohl sie seit drei Jahren eßgestört seien.[11] Nur 5 Prozent suchen nach Infos über Therapien. Die überwiegende Mehrheit von 80 Prozent besucht das Forum nur, um „Menschen mit ähnlichen Problemen kennenzulernen".

Die epidemische Verbreitung des Diätwahns stellt keineswegs den Höhepunkt im Krieg der Frauen gegen den eigenen Körper dar. Im Zustand tiefer Verunsicherung werden Frauen leichte Beute von häufig selbsternannten Schönheits„experten" und bringen damit ganze Berufssparten, von der Kosmetikindustrie über die Diätetik bis zur Schönheitschirurgie, zum Blühen. Letztere versprechen, den ganzen Körper oder einzelne Teile – Gesicht, Nasen, Ohren, Kinnpartien – durch entsprechende Korrekturen maßgenau dem erwünschten Ideal anzupassen. In den USA, wo dieser Trend seinen Ausgangspunkt hatte, hat die Zahl der Schönheitsoperationen in den letzten zehn Jahren um 153 Prozent auf rund sieben Millionen Eingriffe zugenommen, und die Klientel hat sich entscheidend verändert. Heute legen sich vor allem junge und sehr junge Frauen freiwillig unters Messer. Eine Umfrage des Forsa-Instituts ergab, daß Interesse und Bereitschaft zur Verschönerungsoperation bei jüngeren Frauen am stärksten sind und mit zunehmendem Alter sogar abnehmen. Höchstes Interesse bekunden mit 82 Prozent die heute Sechzehn- bis Dreißigjährigen, das geringste mit 60 Prozent die Fünfundvierzig- bis Neunundfünfzigjährigen. Es geht nicht mehr in erster Linie darum, Zeichen des Alterns verschwinden, sondern sich Vorbildern entsprechend maßschneidern zu lassen. Dafür lassen sich Mädchen und Frauen das Fett an Bauch und Oberschenkeln absaugen, Nasen verkleinern und Brüste vergrößern. Nach Angaben der Vereinigung der Deutschen Plastischen Chirurgen werden in Deutschland jährlich etwa 13 000 Silikon-Brustimplantate verkauft. Dem Wunsch nach chirurgischer Korrektur des eigenen Körpers liegen oftmals pathologische Wahrnehmungsstörungen zugrunde (eine Dysmorpho-Phobie), aufgrund derer die Betroffenen ihren Körper als falsch und makelbehaftet wahrnehmen.

5. Das Sado-Ritual-Syndrom

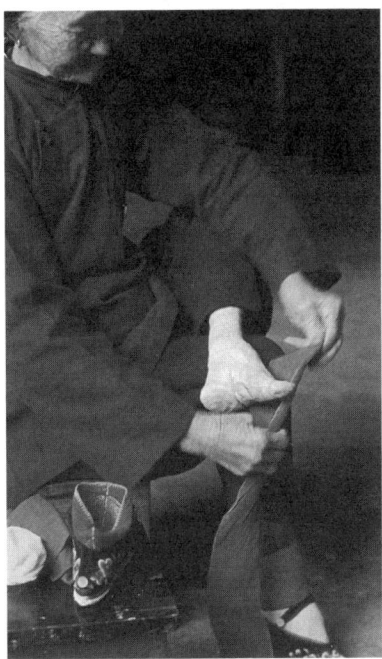

Abb. 8: Alte Frau mit Lotos-Füßen

Das Phänomen der Entmachtung und Zurichtung von Frauen im Sinn patriarchaler Erwartungen ist weltweit zu beobachten. Manche Vorgehensweisen haben eine lange historische Tradition und werden seit vielen Jahrhunderten weitgehend ungehindert praktiziert. Andere sind relativ neuen Ursprungs. Alle zeigen, daß mann in dem Bemühen, sich den weiblichen Körper und seine sexuellen Funktionen zu unterwerfen, auch vor lebensgefährlichen Eingriffen und gräßlichsten Verstümmelungen nicht zurückschreckt. Die amerikanische Theologin Mary Daly hat in ihrem Buch *Gyn/Ökologie* (1981) erstmals einige der perversesten Praktiken aus verschiedenen Kulturen einschließlich ihrer eigenen beschrieben und mit der Bezeichnung „Sado-Ritual-Syndrom" auf den Begriff gebracht.

In China wurde beispielsweise über einen Zeitraum von mehr als tausend Jahren bis in die Neuzeit hinein die Tradition des Füßeeinbindens gepflogen. Einige hundert Frauen, an denen sie in der Kindheit praktiziert wurde, leben noch heute. Dabei werden den ca. fünfjährigen Mädchen die Fußknochen zerbrochen und der Fuß mit Bandagen so fest eingewickelt, daß die Zehen unter die Sohle gepreßt werden. Nur der große Zeh bleibt stehen. Wenn das Fleisch der so malträtierten Füße nach einem Jahr verfault und abgefallen ist – wobei mit Porzellanscherben, Schlamm und Würmern nachgeholfen wird –, werden Vorderfuß und Ferse so weit wie möglich zusammengestaucht, um einen möglichst kleinen Fuß – einen sogenannten Lotos – zu erhalten (Abb. 8). In seiner höchsten Vollendung mißt dieses Relikt eines einstmals natürlichen Gehwerkzeugs gerade einmal 10 cm. Ein schmerzfreies Gehen ist den Betroffenen überhaupt erst dann wieder möglich, wenn der Fuß praktisch tot ist. Aber eigentlich ist gar nicht vorgesehen, daß sie ihr Haus jemals wieder verlassen.

Chinesische Dichter schwärmten in höchsten Tönen von der vollendeten Schönheit der Lotos-Füße und besangen insbesonders ihre enorme sexuelle Attraktivität. Das Leid der demobilisierten, verkrüppelten Kinder und Frauen wurde öffentlich nicht thematisiert, schon gar nicht von ihnen selbst. Sie mußten lernen, ihre verkrüppelten Füße als „Kapital" zu betrachten und zu schätzen, das ihnen soziale Anerkennung und das Interesse der Männer sicherte. Was blieb ihnen anderes übrig in einer Kultur, in der sie auch ökonomisch in absoluter Abhängigkeit von Männern leben mußten?

Andere Kulturen schrecken im Zuge der Zurichtung des weiblichen Körpers auf männliche Bedürfnisse selbst vor einer radikalen Zerstörung der weiblichen Sexualität nicht zurück. Noch heute wird in achtundzwanzig afrikanischen Staaten sowie einigen Ländern des Nahen Ostens und Asiens ein Brauch praktiziert, der mit der rituellen Beschneidung von Jungen nicht mehr als den Namen gemeinsam hat. Bei der weiblichen „Beschneidung" handelt es sich nämlich keineswegs um einen relativ unbedeutenden kosmetischen Eingriff, sondern um eine grauenhafte Verstümmelung weiblicher Genitalien. Nach UNICEF-Angaben beläuft sich die Zahl der Mädchen und Frauen, denen in diesem barbarischen Akt die Klitoris entfernt wurde, weltweit auf rund 130 Millionen, jedes Jahr kommen rund zwei Millionen hinzu. Obwohl von keiner Religion vorgeschrieben, wird dieser Brauch von Christen, Moslems und Angehörigen anderer Religionen gleichermaßen praktiziert.

Die grausamste und „schlimmste Form genitaler Verstümmelung" (nach Aussage der somalischen Politikerin und stellvertretenden Gesundheitsministerin Raqiya) ist die Infibulation, die in Somalia noch heute praktisch an jedem Mädchen durchgeführt wird. Dabei werden vier- bis zwölfjährigen Mädchen die Klitoris sowie die kleinen und Teile der großen Schamlippen vollständig amputiert und die Wunde dann an den Rändern bis auf eine streichholzdicke Öffnung zugenäht, damit Urin und später das Menstruationsblut austreten können. Das Werk vollziehen meist traditionelle „Beschneiderinnen", die ihre Arbeit in der Regel ohne Betäubung und oft unter unhygienischen Bedingungen vollziehen. Als Operationsinstrumente dienen Rasierklingen, Messer oder Scherben. Immer wieder sterben Mädchen in Folge des Eingriffs. Die Überlebenden leiden zeitlebens unter großen körperlichen Schmerzen, Dauerinfektionen im Genitalbereich und starken Blutungen sowie unter den seelischen Folgen. Schmerzen beim Urinieren und beim Geschlechtsverkehr sind normal, Komplikationen bei der Geburt eines Kindes wahrscheinlich.

Von den Eltern der Kinder wird die Infibulation zumeist nicht als Akt der Gewalt wahrgenommen, sondern als eine Investition in die Zukunft ihrer Töchter. Da sie wie ein natürlicher Keuschheitsgürtel wirkt, garantiert sie die „Unberührtheit" (!) ihrer Töchter und sichert so ihre Heiratsfähigkeit. Denn nur Frauen, die diesen Eingriff an sich haben vornehmen lassen, haben in einer Gesellschaft, die sie als männlichen Besitz betrachtet und ihnen nur als legitimen Ehefrauen überhaupt einen gewissen Wert beimißt, eine Überlebenschance. Unter diesen Bedingungen erlischt ihr Anspruch auf eigenes sexuelles Lustempfinden. Selbst die legitime Vereinigung mit dem Ehemann kann erneut zum Trauma werden, wenn er – zum Beweis seiner Männlichkeit – die Braut ohne Zuhilfenahme eines Werkzeugs, allein mit seinem erigierten Geschlechtsteil, zu „öffnen" versucht.[12] In den letzten Jahren haben betroffene Frauen einen öffentlichen Diskurs über diese Praktiken erzwungen (vgl. Waris Dirie, *Nomadentochter*, 2002). Eine reelle Chance, dieser Behandlung zu entkommen, haben seit kurzem die Frauen des 3,5 Millionen Menschen zählenden Wüstenvolks der Afar in Äthiopien. Dort wurden seit einem Jahr keine Beschneidungen mehr vorgenommen, nachdem die Clanführer den Ritus als unvereinbar mit dem islamischen Recht und der menschlichen Natur definierten.[13]

Auch in Europa können wir auf eine lange Tradition einfallsreicher mechanischer Korrekturen des weiblichen Körpers zurückblicken, die den gleichen Zielen dienten: die Sexualität der Frau zu kontrollieren bzw. ihre Attraktivität für den Mann zu erhöhen. Die Geschichte des Körpermieders zeigt, daß der heute zu beobachtenden „freiwilligen" Unterwerfung der Frauen unter das ästhetische Prinzip des Sex-Appeal wesentlich direktere und durchaus auch brutale Methoden vorangingen. So diente beispielsweise der eiserne Keuschheitsgürtel, der historische Vorgänger des Mieders, im Mittelalter ausschließlich der Kontrolle der weiblichen Sexualität. Über 500 Jahre lang, bis an die Schwelle des 20. Jahrhunderts – ein letztes Patent wurde in Deutschland im Jahr 1903 erteilt! – machten Männer damit von ihrem Recht Gebrauch, ihre Frauen für den Zeitraum ihrer eigenen Abwesenheit mit Gewalt zur sexuellen Enthaltsamkeit zu zwingen.

Ab dem 16. Jahrhundert verordnete man den Damen der feinen Gesellschaft als Bestandteil ihrer alltäglichen Tracht das Tragen von „Schnürmiedern", die ihre Körpermitte zur „Wespentaille" zusammenpreßten und nahezu sämtliche Lebensfunktionen schwer beeinträchtigten. Das Korsett nahm ihnen die Luft, verursachte Kreislauf- und Bewußtseinsstörungen, Ohnmachtsanfälle, Verkrüppelungen im

Bereich des Brustkorbs, der inneren Organe, und des Unterleibs.[14] Zwar wurde mit der Proklamation der allgemeinen Menschenrechte in der Französischen Revolution auch der Frauenkörper von der Herrschaft des Mieders befreit. Allerdings nur für kurze Zeit. Schon 1810 wurde es in verschärfter Form wieder eingeführt und erst im 20. Jahrhundert – nicht zuletzt aufgrund vehementen ärztlichen Einspruchs – endgültig verbannt.

Das Schnürmieder ist, vor allem wegen seiner extrem gesundheitsschädlichen Auswirkungen, relativ leicht als patriarchales Machtinstrument und Mittel zur Unterdrückung der Frau, ihrer autonomen Bedürfnisse und Rechte zu erkennen. Es diente zwar nicht mehr – wie der Keuschheitsgürtel – ausschließlich der Unterdrückung und Kontrolle weiblicher Sexualität, war aber auch noch kein nur unter ästhetischen Aspekten einzuordnendes Objekt zur Verschönerung und zur Herstellung von Sex-Appeal wie sein Nachfolger, der Büstenhalter. Auch der für Frauen wesentlich angenehmere, weichere Büstenhalter formt ihre Brüste zu „gefälligen" Kurven, allerdings ohne den weiblichen Körper zu zerstören oder seine natürlichen Funktionen zu unterbinden. Die Aktivistinnen der amerikanischen Frauenbewegung haben seinerzeit mit der aufsehenerregenden Aktion des „bra burning" auf den Charakter des „Büstenhalters" als Chiffre patriarchaler Herrschaftsverhältnisse aufmerksam gemacht. Aus männlicher Perspektive – das heißt unter Hintanstellung seiner unmittelbaren Auswirkungen auf Frauen – diente allerdings auch das Korsett nur dazu, dem weiblichen Körper „gefälligere" Konturen abzupressen. Der ins einladend offene Dekolleté hochgequetschte Busen, die „zerbrechliche" Wespentaille und das mit Fischbeinstäbchen verstärkte Gesäß wurden zunehmend zu Projektionsflächen für die erotischen Phantasien der Männer.

6. Atemraubend?
Sexualisierung und Fetischisierung des weiblichen Körpers

Heute wird Sex-Appeal vor allem mit diffizilen Mitteln, durch spezielle Bekleidung, unter Verwendung kostbarer Materialien, symbolgeladener Farben und raffinierter Schnitte sowie durch die Appplikation von Schmuck erzeugt. Schmuck von Körper und Kleidung wurde zu allen Zeiten und bei allen Völkern als erotisches Signal und als Mittel zur Betonung einer sozialen Rolle benutzt, gelegentlich auch zur Abwehr böser Geister. Das burmesische Volk der Karen pflegt noch heute den traditionellen Brauch, die Hälse ihrer Mädchen zur Steige-

Abb. 9: Sex-Appeal

rung ihrer Attraktivität mit Messingspiralen zu schmücken: eine aus weiblicher Perspektive nicht nur atemraubende, sondern insgesamt eher als Einschränkung zu bezeichnende Maßnahme (Abb. 9 links).

Eine aparte Umsetzung des biblischen Schweigegebots für Frauen fand ich sinnig kommentiert im Münchner Boulevardblatt *tz*: ein auf der Antwerpener Modeakademie im Jahr 2002 entworfenes Schmuckstück, durch welches sich Frauen nun angeblich sogar „gerne am Sprechen hindern" lassen (Abb. 9 Mitte).

Daß auch die Wirkung moderner Dessous letztlich auf einer Täuschung des Betrachters beruht, scheint sie nicht wesentlich zu mindern. Moderne Büstenhalter wirken nicht wie Folterinstrumente, eher wie Geschenkverpackungen. Genaugenommen sind es Mogelpackungen, denn statt echter Brüste enthalten sie oft künstliche Materialien oder gar nur „heiße Luft".[15] Die ursprüngliche hygienische Funktion von Unterwäsche ist zugunsten ihrer erotischen Signalfunktion auf Männer sowie ihrer Funktion als soziales Signal, mit welchem die Käufer auf ihre Finanzkraft verweisen können, immer mehr in den Hintergrund getreten. Die 2001er Kollektion der Unterwäschefirma Victoria's Secret (Sic!) umfaßte beispielsweise auch einen 13 Millionen-Dollar-Diamanten-Büstenhalter, der kongenial von Supermodel Heidi Klum präsentiert wurde (Abb. 9 rechts). Weniger gut betuchten alleinstehenden Herren vermittelte eine Münchner Agentur schon 1992 Putzfrauen, die ihre Arbeit zur Freude ihrer Kunden in Dessous und Strapsen verrichteten.

Vor dem Hintergrund der chinesischen Schreckensgeschichte der „gebundenen Füße" verdient auch ein bei uns wieder fröhliche Urständ feierndes Bekleidungsstück eine nähere Betrachtung. Selbst eindringliche fachärztliche Warnungen vor dem hochhackigen Stöckelschuh („kriminelles" Schuhwerk[16]) konnten ihm seine Bedeutung als alltäglicher Bestandteil der weiblichen Garderobe nicht nehmen. Als „pars-pro-toto" für attraktive Weiblichkeit tritt er sogar ganz allein und ohne Inhalt auf (zum Beispiel als Trailer für spannende Fernsehunterhaltung) und transportiert dabei vor allem sexuelle Bedeutungen. In extremen Ausformungen – mit superhohen, hauchdünnen Bleistiftabsätzen – wird er als signifikantes Symbol der „verruchten", sexuell potenten und somit gefährlichen Frau (der Femme fatale) als auch der sexuell jederzeit verfügbaren, käuflichen Hure gelesen.

Und ewig lockt die Sünd': „Willst du Frauen, Antonius?" haucht das Weib verführerisch, „oder lieber einen Haufen Geld?" Herausfordernd wiegt sie die Hüften in ihrem feuerroten, papiernen Kleid, neckisch bewirft sie den stummen Freund mit Tiefkühlfisch, und willig stöckelt sie ihm über Pflastersteine entgegen.[17]

Der Fetischcharakter von Stilettos mit 10,5 cm hohen Absätzen, in denen sich eigentlich nicht mehr laufen, sondern nur noch artistisch balancieren läßt, war schon bei ihrer Kreation durch den Designerstar Manolo Blahnik im Jahr 1974 offensichtlich und wird auch heute wieder genüßlich inszeniert (Abb. 10). In einer Folge der amerikanischen Lifestyle-Fernsehserie „Sex in the City" wird die Figur Carrie Bradshaw Opfer eines bewaffneten Schuhraub-Überfalls. Der besondere Stellenwert ihrer Designer-High Heels vor allen anderen high-class-Utensilien wird in der Verhandlung mit dem Räuber offensichtlich: „Nimm meine Fendi-Baguette, nimm meinen Ring, meine Uhr, aber, bitte, bitte, laß mir meine Manolos!"[18]

Zur Sexualisierung des weiblichen Körpers wird oft die Farbe Rot benutzt, die sich durch eine starke, komplexe und durchaus ambivalente Machtsymbolik auszeichnet. In einem positiv bewerteten Sinn steht sie für Leben, Energie, Liebe und Wärme, in einem negativ konnotierten Sinn für Zorn und Wut. Sie wird aber ebenso auch zur Kennzeichnung von Macht und Status in sozialen Zusammenhängen benutzt, z.B. in der Kleidung feudaler Herrscher oder den Ornaten des Obersten Gerichtshofs. Als Farbe des Blutes verweist Rot sowohl auf die Macht des Tötens als auch auf die genuin weibliche Zeugungskraft.[19] Vor dem Hintergrund patriarchaler Herrschaftsverhältnisse zwischen den Geschlechtern bringt sie als „elementarstes Symbol matriarchaler Energie" (Weiler) zugleich die größte denkbare Gefahr für dieses Arrangement zum Ausdruck. Wohl aus diesem Grund wurde sie auch im Zusammenhang mit der Verunglimpfung,

Verfolgung und Vernichtung mächtiger oder weiser Frauen als signifikantes Zeichen benutzt: Im Mittelalter wurde nicht wenigen Frauen ihre Rothaarigkeit zum Verhängnis, die sie als Hexen auswies. Während Männer durch rote Haare eher der Lächerlichkeit preisgegeben werden, gelten sie bei Frauen heute als „sexy" und werden entsprechend häufig eingefärbt.

Auch in den meist patriarchal geprägten Mythen und Märchen sowie medialen Unterhaltungsangeboten jüngerer Provenienz, die unsere Kinder konsumieren, wird rotes Haar bei weiblichen Figuren als Symbol von Macht und Gefährlichkeit, aber auch von Bosheit und Arglist eingesetzt. Ebenso wurden in der Ikonographie Hollywoods seit je die starken und daher durchaus auch als gefährlich wahrgenommenen, sexuell potenten Frauen im Gegensatz zu den blonden „Dummchen" zumeist mit dieser Haarfarbe gekennzeichnet. Und nicht zuletzt greifen auch Autorinnen und Zeichnerinnen feministischer Kinderbücher gern auf dieses Element zurück, um ihren Figuren Stärke und Selbstbewußtsein zu verleihen (vgl. die „rote Zora", Pippi Langstrumpf etc.).

In unserer modernen westlichen Kultur wird die hierarchische Geschlechterordnung weder durch brutales Ausmerzen noch

Abb. 10: Aktuelle Blahnik-Kreationen

93

durch eine einschränkende Kontrolle der weiblichen Sexualität aufrechterhalten, sondern im Gegenteil gerade dadurch, daß die Frauen
im Sinn der Konstruktion heterosexueller Attraktivität umfassend
sexualisiert und damit zu Objekten gemacht werden. Ebenso wie
andere kulturelle Vorgaben wurden auch die mit weiblicher Attraktivität verbundenen Vorstellungen im Zuge der Zivilisation von den
Betroffenen übernommen und weitgehend verinnerlicht. Nun dienen
sie als normative Vorlage einer Selbstgestaltung, die scheinbar zwang-
los und aus freiem Willen erfolgt.

Mit diesem Prozeß der Objektivierung der Frauen verändern sich
auch die Bedeutungen von Zeichen, die vorher eine unmittelbare
weibliche Macht zum Ausdruck brachten, z.b. die Farbe Rot, die in
direkter Verbindung zur weiblichen Menstruation steht. Zwar wird sie
auch im Kontext moderner heterosexueller Attraktivität vielfach eingesetzt. Aufgrund des starken Tabus, mit dem der Bereich der Menstruation heute behaftet ist, verliert sie jedoch ihren unmittelbaren
Machtcharakter und hat nur noch appellativen Charakter.

Rot geschminkte Lippen, rotlackierte Finger- und Fußnägel, rotge-
färbte Haare, rote Dessous und rote Oberbekleidung sind somit zwar
starke, aber die Geschlechterordnung eher bestätigende als infra-
gestellende Mittel der Sexualisierung des weiblichen Körpers, die
auch von seriösen Frauen eingesetzt werden, obwohl der Bezug zur
Käuflichkeit durchaus greifbar im Raum steht (Bereiche, in denen
Männer die sexuellen Dienste von Frauen käuflich erwerben können,
werden bezeichnenderweise „Rotlicht-Milieu" genannt). In den Medien wird der rote Stöckelschuh sogar als pars-pro-toto-Symbol für die
Frau eingesetzt. Die amerikanische Schauspielerin Whoopy Goldberg
schlüpfte in dem Film „Sister Act" in eine Nonnentracht, um Verfolger
über ihre Identität zu täuschen und damit abzuschütteln. Aber die
unter dem Kittel hervorlugenden roten Pumps verrieten sie, denn sie
machten klar: Ich bin eine „richtige" Frau.

Selbst beim styling der im Fernsehen heute vermehrt auftretenden
„starken" Frauen wird kaum auf entsprechend feminine Attribute verzichtet. Immer wieder werden wir daher auch zu ZeugInnen der
Konsequenzen, die sich daraus für die Frauen ergeben und die nicht
nur positiver Natur sind. Sie führen uns – neben der Attraktivität –
immer auch ihre Hilflosigkeit und ihre Abhängigkeit von Männern
unmittelbar vor Augen: „Sexy" geschminkte, leichtbekleidete Frauen
werden leicht und gern mit Nutten verwechselt und dementsprechend
behandelt. Und spätestens wenn der Stöckel vom Schuh der toughen
Kommissarin abbricht oder sich in den Ritzen des Straßenbelags, zwi-

schen Gittern und Schienen verfängt, wird klar, daß sie ihr Ziel doch nicht ganz ohne männliche Hilfe erreichen kann.

Die Problematik der Konstruktion weiblicher heterosexueller Attraktivität ergibt sich daraus, daß sie zwei unterschiedlichen, einander widersprechenden Standards unterworfen ist, wodurch Frauen in ein prinzipiell unlösbares Dilemma gestürzt werden. Jede Selbstdarstellung hat die Aufgabe, sowohl das jeweilige Geschlecht als auch den sozialen Status einer Person zum Ausdruck zu bringen. Männliche Attraktivität steht, wie bereits ausgeführt wurde, nicht nur in Einklang mit Symbolen der Macht und eines hohen sozialen Status, sie ist häufig sogar damit identisch. Frauen hingegen werden zur Darstellung ihres Geschlechts Zeichen vorgegeben, die innerhalb des sozialen Kontexts eine Abwertung zur Folge haben. Enthält sich eine Frau dieser Zeichen, indem sie wenig Haut zeigt, sich seriös bedeckt hält, nicht auf High Heels stöckelt, sich weder schminkt noch aufwendig frisiert, dann läuft sie Gefahr, als „Blaustrumpf", „Mannweib", „Trampel" oder „Lesbe" – zumindest aber als unattraktiv – abgestempelt zu werden. Übernimmt sie die angebotenen Weiblichkeitszeichen, dann läuft sie Gefahr, nicht als Subjekt, sondern als sexuelles Objekt wahrgenommen zu werden, wobei die Grenze zwischen „Damenhaftigkeit" und „Nuttigkeit" durchaus eine Sache der Interpretation sein kann.

7. Glatt wie ein Babypopo: Die Infantilisierung des weiblichen Körpers

Die Symbolgeschichte der Kopf- und Körperbehaarung mit ihren bemerkenswert unterschiedlichen Projektionen auf die Geschlechter ist lang. Im psychoanalytischen Interpretationsrahmen wird die sexuelle Bedeutung der Kopfhaare betont und ihre Entfernung dementsprechend mit Kastration gleichgesetzt. Langes Haar wird – entsprechend dem Muster der Sexualisierung – daher in der Regel mit Weiblichkeit in Verbindung gebracht. Es hat aber auch durchaus vielfältige männlich konnotierte Bedeutungen: Es bringt Manneskraft zum Ausdruck (Samson), einen vorzivilisatorischen Zustand gefährlicher Wildheit (Tarzan), Widerstand gegen gesellschaftliche Normen (Hippies und „Gammler"), individuellen Nonkonformismus (Karl Lagerfeld), gesellschaftliches Außenseitertum (Biker) oder schlichtes Elitebewußtsein. Da im Prozeß der Zivilisation die Bändigung des Haupthaars zum Symbol der gesellschaftlich angestrebten Triebunterdrückung und Triebkontrolle wurde (vgl. Struwwelpeter), wird Wildwuchs auf dem männlichen Kopf als Zeichen der Revolte gegen gesellschaftliche Macht, Autorität und die Denkungsart der Vätergeneration interpretiert.

Im Kontext von Männlichkeit werden auch kurze Haare mit machtspezifischen Bedeutungen aufgeladen und entsprechend interpretiert. Beim Militär und im Zuchthaus werden die Köpfe der potentiellen und legitimen wie der gerichtlich abgestraften Gewalttäter kurzgeschoren. Die zivilen „Glatzen" aus der rechten Szene demonstrieren ebenso Gewaltbereitschaft und wollen durch ihre Erscheinung potentielle Gegner in Angst und Schrecken versetzen. Eminem, der Star der amerikanischen Hip-Hop-Szene, schockiert Amerika gegenwärtig nicht nur mit seinen Texten, sondern auch mit seinem provokanten White-Trash-Styling, in dem der fast kahlgeschorene Kopf einen zentralen Stellenwert hat.

Weibliches Haupthaar hingegen wird unabhängig von seiner Länge ausschließlich als sexuelles Zeichen interpretiert. Langes volles Haar signalisiert – wie bei Männern – Gesundheit und sexuelle Bereitschaft.

Aber seriöse Frauen tragen ihr Haar in der Öffentlichkeit im allgemeinen nicht offen wie die „wilden" Männer, sondern „gebändigt" und wohlgepflegt, von Spangen, Bändern und Nadeln in sittsame Form gebracht, um nicht als „Nutten" fehlinterpretiert zu werden. Strafweise kurzgeschorene Köpfe verweisen bei Frauen nicht wie bei Männern auf Aggressivität und Gewaltbereitschaft, sondern sind Ausdruck einer Schande, die sie durch sexuelles Verhalten auf sich geladen haben (die Nazis stigmatisierten auf diese Weise Frauen, die sich mit „dem Feind" oder anderen als minderwertig eingestuften Männern eingelassen hatten). Auch mit einer freiwilligen Schur rebellieren Frauen weniger im politischen Sinn gegen gesellschaftliche Normen und Strukturen als gegen traditionelle Weiblichkeitsvorstellungen.

Kleinen Mädchen, für die es von selbstbestätigender Bedeutung ist, von anderen auch als solche wahrgenommen zu werden, ist heute schon im zarten Kindergartenalter klar, daß langes Haar ein zentrales und daher unverzichtbares weibliches Geschlechtsmerkmal ist (unsere erst dreijährige Tochter Helena wurde auf einem winterlichen Spielplatz von nur unwesentlich älteren Mädchen recht barsch aufgefordert, die Mütze abzunehmen, damit man erkennen könne, ob sie ein Mädchen oder ein Junge sei). Der sexuelle Fetischcharakter einer weiblichen Mähne wird bemerkenswerterweise besonders in der entsprechenden Ausgestaltung von Kinderspielzeug evident, wie z.B. in der Frisur des klassischen „teenage-role-models" Barbie, dessen weibliche Fans allerdings den Pampers vielfach nur knapp entwachsen

Abb. 11: Barbies Traumhaar

sind (Abb. 11). Ihre glitzernde, hüft- bis bodenlang(!) herabwallende
Mähne symbolisiert jene Art kontrollierter Sexualität, die erst durch
den männlichen Zugriff aktiviert und ausgelebt werden kann: „Rapun-
zel, laß dein Haar herunter!" Hier schließt sich der sozialisatorische
Kreis. Auch der ersehnte, idealisierte Märchenprinz bedient sich der
weiblichen Haarpracht, um sein Ziel zu erreichen. In der filmischen
Ikonographie gilt das demonstrative Öffnen geflochtener Zöpfe, das
Lösen hochgesteckter Haarkränze oder Spangen, die das Haar zuvor
sittsam zusammenhielten, als Hinweis auf die Einleitung des Sexualakts.
Eine etwas andere Bedeutung transportiert die Behaarung des Körpers und im Gesicht. Als ein Relikt aus unserer „tierischen", das heißt
wilden, aggressiven, kämpferischen Vergangenheit gilt sie in patriarchalen Kulturen als exklusiv männliches Attribut, das am weiblichen
Körper entsprechend verabscheut und zugunsten einer glatten Ästhetik möglichst vollständig ausgemerzt wird. Ein Unternehmen der Haar-
branche bewarb vor einigen Jahren in einer Illustrierten auf ein und
derselben Seite zwei Produkte – eine Enthaarungscreme für Frauen
und ein Haarwuchsmittel für Männer. Folgender Text warb für die
Enthaarungscreme:
Keine lästigen Haare mehr!
Jetzt können auch Sie sich vom lästigen Haarwuchs befreien.

Die KM-13 Creme ist keine gewöhnliche Enthaarungscreme. Vom Augenblick der Verwendung an dringt sie tief in die Haut und vernichtet alle überflüssigen Haare bis an die Wurzel! Sie haben plötzlich die sanfte und glatte Haut, von der Sie stets geträumt haben. Falls die Haare wieder wachsen sollten – und das ist innerhalb der ersten 8 Wochen sicherlich nicht möglich –, verschwinden diese schneller und schneller, nach jeder Behandlung, bis sie endlich ganz und für immer verschwunden sind.

Im unteren Drittel der Seite folgte der Text für den Mann:

Ein echter Mann hat eine behaarte Brust!

Wer von Natur aus keine männliche behaarte Brust hat, kann jetzt wirksam nachhelfen: „Samson" – die sensationelle Körperhaarwuchslotion sorgt für schnellen und problemlosen Haarwuchs.

Meinungsumfragen haben ergeben, daß Frauen Männer mit behaarter Brust anziehender, männlicher und vitaler finden. Von 100 Frauen wünschen sich 92 einen Partner mit dichtem Brusthaar. In Wirklichkeit aber entsprechen nur wenige Männer diesem Ideal von kraftvoller, maskuliner Schönheit.

Binnen kürzester Zeit werden Sie männlicher! Und echte Männlichkeit macht Sie erfolgreicher. Frauen werden Sie bewundern.

Im Februar 2003 unternahm das Magazin der Süddeutschen Zeitung mit einer ausführlich bebilderten „Männertypologie" auf der Grundlage der Brustbehaarung einen Versuch, die zwischenzeitlich merklich abgeflaute Begeisterung für diese Zierde des männlichen Geschlechts unter neuen Aspekten mit dem aufschlußreichen Titel „Die nackte Wahrheit. Das eigentliche Gesicht des Mannes versteckt sich unter dem Hemd" wieder anzufachen. Da ihre Körperbehaarung im alltäglichen Umgang zumeist den Blicken entzogen ist, weichen Männer bei der Zurschaustellung zentraler Männlichkeitsmerkmale wie Wildheit, Unabhängigkeit, Aggressivität, Unberechenbarkeit auf den „Dreitagebart" aus, der auch ansonsten äußerst zivilisiert wirkenden, tadellos gekleideten und messerscharf gescheitelten Exemplaren den nötigen Touch purer Männlichkeit verleiht (Abb. 12).

Während die Bedeutung der Brustbehaarung als signifikanter Männlichkeitsbeweis in den letzten Jahren eher abgenommen hat, ist die Verbindung von Schönheit mit Haarlosigkeit in bezug auf den Frauenkörper eher noch stärker geworden, wie zahlreichen in Tagespresse und Frauenzeitungen geschalteten Enthaarungsanzeigen entnommen werden kann (Abb. 13). Im anglo-amerikanischen Kulturkreis führen behaarte Frauenwaden als Zeichen sexueller Zügellosigkeit zur sozialen Abwertung (nur „Schlampen" rasieren sich nicht), weshalb dort

Abb. 12: Dreitagebart

der Zwang zur Rasur wesentlich stärker empfunden wird als in Europa, wo man der weiblichen Beinbehaarung durchaus auch positive Aspekte abgewinnen kann („Rasseweiber").

Der machtspezifische Hintergrund des weitverbreiteten Brauchs, Frauenkörper zur Steigerung ihrer Attraktivität zu enthaaren, wird dann deutlich, wenn wir die ursprünglichen Bedeutungen und Signalfunktionen von Körperbehaarung in Betracht ziehen. Ein dichtes Haarkleid verweist bei allen Säugetieren vor allem anderen darauf, daß sie dem Stadium hilfloser Nacktheit entwachsen und selbständig geworden sind. Es ermöglicht ihnen zugleich, in der Auseinandersetzung mit anderen auf eine eindrucksvolle Drohgebärde zurückzugreifen. Das demonstrative Aufrichten seiner Körperbehaarung, das Haaresträuben, läßt ein Tier größer und damit furchterregender erscheinen, als es tatsächlich ist. Bei aller gebotenen Vorsicht hinsichtlich direkter Übertragung solcher Erkenntnisse auf das menschliche Verhalten liegt die Vermutung nahe, daß diese Funktion auch bei uns rudimentär noch vorhanden ist, wenngleich wir dieses Zeichen nicht mehr bewußt setzen können – unsere Körperhaare sträuben sich eher unwillkürlich, wenn wir in Bedrängnis geraten.

Fest steht jedenfalls, daß Frauen durch die radikale Entfernung ihrer Körperbehaarung ein wesentliches und tief in unserer Stammesgeschichte verankertes Zeichen ihres Status als ausgewachsene Mitglieder ihrer Gesellschaft vorenthalten wird. Das Weiblichkeitsideal schreibt eine glatte, samtweiche, haarlose Körperoberfläche vor, die von Natur aus nur Babys und Kleinkinder vorweisen können. Diese unterscheiden sich, das wurde im letzten Kapitel ausführlich dargestellt, von Erwachsenen unter anderem dadurch, daß sie machtlos und ungefährlich sind. In diesen Kontext passen nahtlos auch andere genderisierende Eingriffe in das weibliche Kommunikationsrepertoire, auf

Abb. 13

die später eingegangen werden soll: die Tabuisierung von Abscheu- und Zurückweisungssignalen, das Wut-Tabu, die Tabuisierung des Drohstarrens und der soziale Lächelzwang.

8. Die nackte Wahrheit: Kleider machen Leute

Vor dem Hintergrund des Zivilisationsprozesses, der immer auch eine spezifische Geschichte der sexuellen Unterdrückung ist, diente die Kleidung zunächst einfach der Verhüllung der Geschlechtlichkeit. Im weiteren Verlauf dieses Prozesses wurde sie zunehmend zur sozialen Kennzeichnung ihrer Trägerinnen und Träger funktionalisiert. Formalisierte Trachten und Uniformen drücken die Zugehörigkeit zu sozialen Gruppierungen aus, besondere Kennzeichen daran die jeweilige Position des Einzelnen in der sozialen Hierarchie. Die Verwendung kostbarer Stoffe verweist auf die ökonomische Potenz, die Sorgfalt in der Bekleidung auf entsprechende Persönlichkeitsmerkmale. Die vielfältigen Möglichkeiten, der sozialen („zweiten") Haut soziale und psychologische Merkmale einzuschreiben, machten sie zu einem zunehmend bedeutungsvollen Element der Darstellung und damit zugleich der Aufrechterhaltung sozialer Ordnungen.

Bekleidungsvorschriften werden von den jeweiligen Machthabern, von oben nach unten, vorgegeben. Sie ermöglichen es, soziale Hierarchien auch ohne Bezug auf „natürliche" Charakteristika – z.b. Hautfarbe oder Körpergröße – sichtbar zu machen und damit zwischen anerkannten Mitgliedern einer Gesellschaft und ausgegrenzten oder abgewerteten Gruppen zu unterscheiden. In der deutschen Geschichte waren es vor allem jüdische Menschen, die über einen langen Zeitraum davon betroffen waren. Ab 1941 waren alle als jüdisch deklarierten Menschen in allen von Deutschland beherrschten Gebieten verpflichtet worden, den sogenannten Judenstern sichtbar an ihrer Kleidung zu tragen, durch den ihnen „rassische Minderwertigkeit" auf den Leib geschrieben wurde. Diese Maßnahme war durchaus keine einmalige Erfindung ihrer Zeit, sondern nur das bis dato letzte Glied in einer langen Kette von „Schandzeichen", durch die Juden immer wieder zur Selbstkennzeichnung als ausgegrenzte Gruppe verpflichtet wurden. Im Mittelalter hatten ein gelber Ring bzw. der spitze „Judenhut" vergleichbare Funktionen. Die Einhaltung der Verordnungen wurde per Strafandrohung überwacht. Ein solches über Jahrhunderte währendes Kennzeichnungsschicksal hat nicht nur soziale Konsequenzen, sondern auch psychologische Auswirkungen auf die Betroffenen. Sie manifestieren sich in Schwierigkeiten bei der Entwicklung von Selbstachtung, einer positiven Identität, eines gesunden Selbstwertgefühls. Der „jüdische Selbsthaß" bringt die selbstzerstörerischen Folgen einer systematischen und dauerhaften gesellschaftlichen Ausgrenzung und Abwertung auf den Begriff.

Das anthropologische Rassekonzept wurde zur Begründung einer umfassenden und folgenschweren Praxis von Ausgrenzung, Abwertung und auch Vernichtung – nicht nur von Juden, sondern auch von Schwarzen und anderen farbigen Gruppen – durch die Gruppe der hegemonialen „weißen Männer" benutzt. Die Amerikanische Anthropologische Gesellschaft hat dieser Praxis zumindest theoretisch dadurch den Boden entzogen, daß sie den Begriff „Rasse" als wissenschaftlich unhaltbare Behauptung aus ihrer Liste gestrichen hat.

In vergleichbarer Weise dient die Vorstellung von fundamentalen Unterschieden zwischen Frauen und Männern – das Genderkonzept – weltweit als Grundlage geschlechtsspezifischer Ausgrenzung, Abwertung und Unterdrückung von Frauen durch Männer, wie wir bereits gesehen haben. Und auch hier entwickelt sich in der Psyche der Betroffenen – wie der synonyme Begriff vom „weiblichen Selbsthaß" deutlich macht – ein Syndrom der Selbstabwertung und Selbstverachtung heraus, das dem „jüdischen Selbsthaß" vergleichbar ist, einer

Verarbeitung letztlich aber wesentlich weniger Spielraum läßt, weil die Identifikation mit den Fremddefinitionen wesentlich stärker und unmittelbarer ist.

Auch im Verhältnis der Geschlechter bilden Bekleidungsvorschriften einen wesentlichen Bestandteil des Systems, das die „Andersartigkeit" von Frauen auch nach außen sichtbar macht. Durch die generelle Unterscheidung zwischen Frauen- und Männerkleidung, auch wenn sie zunächst frei von sozialer Wertung ist, wird ein Genderismus im Sinne Goffmans herausgebildet, der die Vorstellung von der Unterschiedlichkeit institutionalisiert. Zunächst signalisierten Männer wie Frauen durch traditionelle Kleidung ihre Zugehörigkeit zum jeweiligen sozialen Stand. Adel und Bürgertum unterschieden sich hinsichtlich ihrer Kleidung mehr und deutlicher voneinander als Frauen und Männer. Durch zusätzliche Kennzeichnungen ihrer Kleidung gaben Frauen darüber hinaus Hinweise auf ihren Familienstand. Wer z.b. „unter der Haube" war, stand dem Heiratsmarkt nicht mehr zur Verfügung.

Heute hat sich hinsichtlich der Kleidung der Graben zwischen den historischen Ständen oder Klassen nahezu geschlossen, während die Kluft zwischen den Geschlechtern deutlich größer geworden ist. Die Männerkleidung hat ihre Funktion als soziales Differenzierungsinstrument weitgehend erhalten. Institutionell festgelegte *Dress Codes* – ein rigides System von Bekleidungsregeln in Unternehmen – schreiben Männern ihre Bekleidung im beruflichen Kontext zwar weitgehend vor, geben dadurch zugleich aber auch Sicherheit. Die Lockerung lange bestehender Bekleidungsvorschriften – das sogenannte *Dressing Down*, das in der *New Economy*-Euphorie der 90er Jahre lockere Kleidung als Ausdruck von Innovationskraft und Kreativität propagierte – wurde daher nicht so einhellig begrüßt wie erwartet. Viele Männer, die ihre Kleiderordnung tief verinnerlicht haben, trennen sich offenbar höchst ungern von ihrer „Rüstung". Die Verunsicherung vor dem Kleiderschrank – „was ziehe ich heute an, um richtig angezogen zu sein?" –, ein vielen Frauen hinlänglich bekanntes Alltagsphänomen, hatte für viele Männer besorgniserregende Folgen („Dressing Down Syndrome"). Letztlich wurde im neuen Jahrtausend die Wiederkehr der alten Kleiderordnung von vielen mit Erleichterung zur Kenntnis genommen. Vor diesem Hintergrund wird auch klar, daß die vielseits angeblich mit Neid beäugte große „Freiheit" weiblicher Betriebsangehöriger in Kleiderfragen nur bedingt als Wettbewerbsvorteil zu betrachten ist.

Zwischen den Krawattenträgern im Designeranzug und rustikalen „Blaumännern" gibt es eine Vielfalt symbolischer Selbstdarstellungsmöglichkeiten, die eine soziale Einordnung von Männern im Kontext heterosexueller Männlichkeit ermöglichen. Dieser Kontext ist von größtmöglicher Bedeutung für die Akzeptanz von Bekleidungsangeboten durch Männer: Ihre Kleidung muß ihren sozialen Rang ausdrücken und hinreichend „männlich" sein, das heißt funktional, seriös, bequem und keinesfalls kindisch oder feminin. Werden diese Grundsätze verletzt, ironisiert oder gar konterkariert, dann finden auch die hochwertigsten Kreationen der Haute Couture keinen Anklang und werden – obwohl sie bei näherer Betrachtung weitaus weniger irrwitzig erscheinen als manches Damenmodell – in der seriösen Presse weniger abgefeiert als vielmehr verunglimpft. Unter dem Titel „Männermode lächerlich" machte sich ein Journalist über die Vorschläge der weltberühmtesten Designer dementsprechend lustig: Den Herrenmodenschauen für den Herbst/Winter 2003–2004 erteilt er in ihrer Gesamtheit das vernichtende Prädikat „Mode für Vollidioten ohne Möglichkeit, einen prüfenden Blick in den Spiegel zu werfen". Beanstandet werden explizit eine „kindergartengerechte Mohairhose" und der vom „enfant terrible" Gaultier kreierte „Rock über behaarter Männerwade im Stützstrumpf", wobei „komisch" noch das netteste Attribut ist, das verwendet wird. Selbst die Entwürfe Hedi Slimanes, immerhin Inhaber des New Yorker „Mode-Oskars", der seine Models dem von Paris vorgegebenen Macho-Trend entsprechend mit Leder, Latex und Eisenketten ausgestattet hatte, erscheinen dem Kritiker nicht straßentauglich – „nicht einmal, um sie zu fegen", denn sie machen aus Männern „auf Christbaum getrimmte Clowns" (sueddeutsche.de/dpa, 29.1.2003).

Zentrale Männlichkeitsmerkmale sind unverzichtbare und stereotyp wiederkehrende Elemente der Kennzeichnung „tragbarer" Männermode. Namhafte Designer weisen in der *Bunten* darauf hin, was „sein muß": Der Mann sollte sich „von seiner lässigen, aber wertigen Seite zeigen"; perfekte und innovative Schnitte sorgen für den „notwendigen Komfort" und garantieren einen „modernen Look"; als besonders „cool" und „smart" wird ein Nadelstreifenanzug bezeichnet, der je nach Kombination mit anderen Teilen sowohl hochelegantes als auch lässiges Aussehen gestattet; zugleich wird die gewagte Behauptung aufgestellt, die „uniforme Mode (sei) vorbei". Als Methode der Wahl für das „individuelle" Styling wird der „Stilbruch" empfohlen, das „wirkt edel und nie übertrieben aufgerüscht" (Nr. 5/2003, 56-57). Zu diesen Empfehlungen werden von fünf Männern stereotype Herrenanzüge in ebenso stereotyp männlicher Haltung vorgeführt. Nur einer, in Sandalen, ohne Hemd und mit lose um den Hals geschlungenen

Abb. 14: Herrenmode 2003

Lederbändern – wagt den ange-
sagten Stilbruch (Abb. 14).

Selbst Freizeitkleidung wird,
wie folgende Werbung für eine
teure Lederjacke deutlich macht,
als Statussymbol betrachtet, das
sozial relevante Merkmale von
„Männlichkeit" zum Ausdruck
bringen muß.

*Sich für einen Klassiker zu
entscheiden, ist eine Frage der
Persönlichkeit und Philosophie.
Eine Absage an die Kurzlebigkeit,
ein Votum für Werte, die Bestand
haben. Der Gewinn souveräner
Sicherheit in der Distanz zum
Alltäglichen und die Erfahrung
echter Lebensqualität. Innere Werte – äußere Größe! Schön, daß
man sich diesen Gedanken an-
ziehen kann!*[20]

Eine weibliche Erscheinung könnte mit solchen Begrifflichkeiten
kaum hinreichend beschrieben werden. Weibliche Kleidung wird
nach anderen Kriterien gestaltet und bewertet. Ihre Hauptfunktion als
soziales Symbol besteht nicht darin, den Status ihrer Trägerin zum Ausdruck zu bringen. Weibliche Kleidung wird als Geschlechtssymbol benutzt, das die Femininität ihrer Trägerin zum Ausdruck bringen soll.
Der Fortschritt der Mode hat den Prozeß der Sexualisierung der Damen-
oberbekleidung enorm beschleunigt. Kaum jemand wundert – oder
ärgert – sich über eine Entwicklung, die höchstwahrscheinlich nur
dadurch zum Stoppen gebracht werden wird, daß keine Kleidung mehr
vorhanden ist, von der noch etwas weggenommen werden könnte.

Dementsprechend lakonisch und wesentlich unaufgeregter als die
Süddeutsche über die „Unzumutbaren" Herrenkollektionen berichtete
die *Münchner Abendzeitung* über die Mailänder Damenkollektionen
der Saison 2003/2004 unter dem Titel „Hauptsache wenig Stoff". Je
hochklassiger der Designer, desto nackter defilieren seine Models, die
Creationen erinnern nur noch entfernt an Oberbekleidung. Sogar
Wintermodelle, die selbst als Dessous als einigermaßen gewagt
bezeichnet werden müßten, können in der Damenmode mit einer
durchaus akzeptablen Presse rechnen (Abb. 15).

Richtig zur Sache geht es bei Dessous: Die zunehmende „Vernuttisierung" der Frauen, die Alice Schwarzer bereits in den 70er Jahren feststellte, hat mittlerweile einen Gipfel erreicht, der sich kaum toppen läßt. „Elegante Transparenz" verheißen die „feurigen" und verruchten Modelle, bei denen „Auspacken Spaß machen" soll. In diesem Kontext sexueller Eindeutigkeit sind sogar schwarze Nadelstreifen-Modelle denkbar (Abb. 16).

Männer geben sich auch hier wesentlich züchtiger. Nicht besonders neu, eher altväterlich wirken „Des Herrn neue Hosen", die *Prinz* im selben Heft vorstellt. Mit Rallyestreifen verzierte Hemdhosen, „Retro"-Shorts und nato-grüne Military-Shorts mit dem sinnigen Namen „Camouflage" müssen den nötigen Respekt und die Anziehungskraft auf das weibliche Geschlecht bewerkstelligen.

Der Trend zur Feminisierung und Sexualisierung weiblicher Kleidung läßt sich nicht nur an Dessous und Freizeitkleidung

Abb. 15: Damenmode
für den Winter 2003/04

nachweisen, sondern sogar bei der Gestaltung und Bewerbung von Berufsbekleidung. Im aktuellen Katalog des großen europäischen Versandhauses DK Berufsmoden werden Artikel für im medizinischen Bereich Tätige angeboten. Unter geschlechtsspezifischem Aspekt gibt es drei Kategorien: Damen, Unisex und Herren. Damenartikel werden mit den Begriffen körpernah, figurbetonend, hübsch, erfrischend jung, flott, süß, verspielt, modisch, elegant, topaktuell, raffiniert, apart, chic, superchic und natürlich attraktiv angepriesen, Herrenartikel mit den Attributen superweit, sportiv, vielseitig kombinierbar, klassisch, modisch funktionell, kochfest, bequem, robust und immer wieder mit

Abb. 16: aktuelle Dessous:
„Baby Doll" und „Koncubine"

dem Attribut lässig. Den „klassischen Arztmantel" gibt es interessanterweise ausschließlich in männlicher Version, Ärztinnen wird offensichtlich dergleichen nicht angeboten. Ihnen werden „süße" Einstickungen von Blumen-, Bärchen-, Springmaus-mit-Spritze- oder (immerhin) Dr. Nilpferd-Motiven nahegelegt, die sie zum „modischen Blickfang" bzw. zur „Augenweide" werden lassen. Den Vogel schießt ein „Unisex-Angebot" ab, das ein und dasselbe Produkt – einen einfachen azurblauen Schlupfkasack – Kundinnen unter dem Namen „Creszentia" und Kunden als „Fides" anbietet. „Creszentia" wird die Fähigkeit zugeschrieben, ihre Trägerin in einen „modischen Blickfang" zu verwandeln. „Fides" punktet mit seiner „Funktionalität" und seinen „bequem aufgesetzten Seitentaschen". Unnötig zu erwähnen, daß sich beide Modelle auch im Preis – wenn auch nur leicht – zugunsten von „Fides" unterscheiden.

Selbst weibliche Berufsbekleidung wird daran gemessen, inwieweit sie die zentral mit Weiblichkeit verknüpften Vorstellungen von Schönheit und Schlankheit unterstützt und damit die Attraktivität ihrer Trägerin steigert, und weniger an Kriterien von Bequemlichkeit und Funktionalität, die männlicher Kleidung vorbehalten scheinen. Sie ist im Gegenteil oft sogar unbequem und disfunktional, gesundheitlich beeinträchtigend und sogar in der Lage, dauerhafte körperliche Schäden zu verursachen. Feminisierte, verniedlichende Berufsbekleidung (siehe oben) macht es nicht leicht, den tatsächlichen Status ihrer Trägerin zu erschließen. Vor allem junge Ärztinnen berichten, daß sie häufig von Patienten falsch eingeordnet und als Schwestern wahrgenommen werden (auch wenn sie kein Bärchen-Motiv am Kittel tragen). Abgesehen von jenen hochqualifizierten Frauen, die sich zur Kennzeichnung ihres Status in eindeutige „Roben" oder „Talare" kleiden, sind hochqualifizierte von niedriger eingestuften Mitarbeiterinnen oft nur schwer zu unterscheiden. Die Ausstattung einer seriösen Sekretärin unterscheidet sich kaum vom klassisch-dezenten Stil der Firmenchefin: Kostüm oder Hosenanzug in anthrazit oder marineblau, kombiniert mit hochgeschlossenen, durchaus farbigen – aber nicht gemusterten – Blusen, sparsamem Make-up, halbhohen Schuhen.

Aus männlicher Perspektive werden typische oder exklusiv Männern vorbehaltene Kleidungsstücke mit Vorstellungen von Freiheit und Autonomie verknüpft, Frauen vorgeschriebene hingegen mit Unterdrückung und Abhängigkeit. Die Hose, einst als exklusiv männliches Kleidungsstück zentrales Symbol bürgerlicher Freiheit und Unabhängigkeit, ist heute auch aus der weiblichen Garderobe nicht mehr wegzudenken. Ein Mann in Frauenkleidern macht sich hingegen entweder zum Gespött der Leute oder er wird als Transvestit oder Transsexueller pathologisiert. Frauen haben im Lauf der Geschichte immer wieder die konkrete Erfahrung machen können, daß ihnen die Verkleidung als Mann neue gesellschaftliche Bereiche erschließt und einen sozialen Aufstieg ermöglicht, der ihnen als Frauen grundsätzlich versperrt geblieben wäre. Bis ins 20. Jahrhundert zog sich aufgrund erbitterten Widerstands der Kampf der Frauen um die Hose.[21] Denn kein einziges „weibliches" Kleidungsstück verkörpert auch nur annäherungsweise die mit der Hose verbundenen Bedeutungen und Werte. Weibliche Autonomiebestrebungen gehen daher oft mit der Ablehnung diskriminierender Bekleidungsvorschriften und einer kritischen Analyse und Auseinandersetzung mit entsprechenden Kleiderordnungen einher, männliche hingegen so gut wie nie.

1993 forderte ein evangelischer Pfarrer allen Ernstes deutsche Frauen auf, zum Zeichen ihrer „Solidarität" mit islamischen Frauen in der Öffentlichkeit eine Zeitlang ein Kopftuch zu tragen – ein Kleidungsstück, das wie der traditionelle Schleier, der in der islamischen Ideologie die von Allah der Frau vermachte „Krone" symbolisiert, die sie an das „Königreich" Haus und den „König" Ehemann bindet, eine Gesellschaftsordnung repräsentiert, die versucht, Frauen aus dem öffentlichen Leben auszuschließen, indem sie „unsichtbar" gemacht werden.

In den letzten Jahren wurde der Burka, der Ganzkörperverschleierung afghanischer Frauen als Symbol der Schreckensherrschaft der Taliban viel Beachtung zuteil. Die nach wie vor zumeist verschleiert in der Öffentlichkeit auftretenden Frauen verweisen darauf, daß die Befreiung eines Landes die der Frauen keineswegs automatisch mit einschließt.

1   B. Boy, 1988.
2   N. A. Shinabargar, S. 397.
3   Berichtet von Marina Kail, der Frauenbeauftragten im Bundesverband der deutschen Gewichtheber (Süddeutsche Zeitung, 14.1.1993).
4   Vgl. Münchner Abendzeitung, 17.1.2003.

5 Vgl. Süddeutsche Zeitung, 7.11.2002, 33.
6 Vgl. Süddeutsche Zeitung, 19.4.2002, 33.
7 Vgl. C. Schmerl, 1984 und 1992; G. Mühlen-Achs (Hg.), 1990.
8 Truby, H. & Paxton, S., *British Journal of Clinical Psychology*, Bd. 41, S. 185, 2002.
9 Vgl. dazu den ausführlichen Bericht über Hungersucht in EMMA, Januar/ Februar, 2001.
10 Vgl. N. Wolf, 1991.
11 Vgl. Der Standard, 22.10.2001.
12 Vgl. Süddeutsche Zeitung, 26.1.1990.
13 Vgl. Südwest Presse Online-Dienste GmbH, 25.2.2003.
14 Vgl. Heimat- und Miedermuseum der Stadt Heubach.
15 Nur „heiße Luft": Tatsächlich bot 1992 eine kalifornische Firma zum Preis von umgerechnet etwa DM 100.– einen Bikini mit aufblasbarem Oberteil an.
16 Dieses Adjektiv benutzte der Sportmediziner Rolf Förster, als er auf dem ersten deutschen „Schmerztag" in Frankfurt darauf hinwies, daß bereits eine Absatzhöhe von mehr als 3 cm den Bewegungsapparat, insbesondere die Wirbelsäule, stark belastet.
17 Theaterkritik (Süddeutsche Zeitung, 28.1.1993).
18 Vgl. Süddeutsche Zeitung, 7.3.2003, 13.
19 Vgl. G. Weiler, 1985, S. 85 ff.
20 Werbung für eine Herrenlederjacke in einem Prospekt der Firma *Hein Gericke*, Postwurf Januar 1993.
21 Vgl. L. Cardella, 1991, und die entsprechenden Reaktionen in Sizilien auf die Veröffentlichung dieses Romans.

KÖRPERSPRACHE
Die verborgene Dimension

1. Verhaltensregulierung im Spannungsfeld von Macht, Status, Rolle und Geschlecht

Ihre immense soziale Bedeutung, vielfältigen Funktionen und besonderen Eigenschaften als komplexes Zeichensystem machen die Körpersprache zum idealen Instrument der Darstellung wesentlicher gesellschaftlicher Faktoren und Werthaltungen. Die „Einschreibung" dieser Faktoren ist somit eine zentrale Aufgabe der individuellen Körpersozialisation. Sie ist abgeschlossen, wenn die entsprechenden gesellschaftlichen Regeln verinnerlicht werden. Das Individuum fühlt sich dann zu einem bestimmten Verhalten nicht mehr genötigt, sondern folgt quasi eigenen inneren Befehlen (vgl. Elias, 1969). Der psychische Prozeß der Verinnerlichung verwandelt gesellschaftlich vorgegebene Werte in Aspekte der Identität. In der Folge entfaltet regelgerechtes Verhalten auch eine selbstbestätigende Wirkung.

Norbert Elias hat diesen komplexen soziopsychologischen Vorgang als allgemeinen Prozeß der Zivilisation beschrieben, der sich in Europa historisch von „oben" (dem Adel) nach „unten" (in das Bürgertum) durchgesetzt und nicht nur das Verhalten, sondern auch die psychischen Strukturen der Bevölkerung entsprechend verändert hat. Im Verlauf dieses Prozesses machten sich zunehmend auch die Bürger die Standards der „Höflichkeit" zu eigen. Ihr Verhalten „verfeinerte" sich. Unmittelbar affektbestimmtes Verhalten wurde immer mehr tabuisiert. Im zwischenmenschlichen Umgang schlugen insbesondere die neue Qualität der Selbstbeherrschung und die Monopolisierung bzw. Tabuisierung von Gewalt zu Buche. Der Einsatz physischer Gewalt zur Durchsetzung der eigenen Ziele wich diplomatischeren, raffinierteren Methoden, speziell der Intrige als „höflicher" Waffe und Form der Auseinandersetzung, die bei den Kontrahenten andere Qualitäten voraussetzte als der körperliche Kampf „Mann-gegen-Mann": Berechnung, Weitsicht, Selbst- und Affektbeherrschung, Menschenkenntnis.

Die höfische Etikette, die das Verhalten des Adels regelte, fand im bürgerlichen Bereich ihren Niederschlag in entsprechenden Vorschriften des „guten" bzw. „gesitteten" Benehmens. Das Verhalten jedes Einzelnen wurde zunehmend despontaneisiert und ritualisiert und

dadurch immer mehr auch zum sozialen Signal. Eine Vielzahl sogenannter Höflichkeitsrituale – vom eilfertigen „Kratzfuß" über den
devoten „Bückling" bis zur huldvoll zum Kuß dargebotenen Hand –
diente auch dazu, die soziale Stellung und die jeweiligen Positionen
der Beteiligten innerhalb ihrer hierarchisch gegliederten Strukturen
deutlich zum Ausdruck zu bringen.

Höflichkeitsrituale sind von enormer sozialer Bedeutung. Sie
schaffen sozusagen von Anfang an klare Verhältnisse, da sie die Situation definieren, die jeweiligen Positionen und die Rangordnung der
Beteiligten deutlich machen sowie das Ausmaß der gegenseitigen
Wertschätzung zum Ausdruck bringen.

Höflichkeitsrituale können symmetrisch oder asymmetrisch ausgeführt werden. Im ersten Fall benutzen beide Beteiligten dasselbe
Verhalten – sie ziehen zum Beispiel voreinander den Hut, schütteln
sich die Hände oder umarmen einander freundschaftlich. Die Symmetrie dieser Rituale bringt ihre soziale Gleichwertigkeit und ihren
gegenseitigen Respekt zum Ausdruck. Asymmetrische Rituale, in denen die Beteiligten sich unterschiedlicher Verhaltensweisen bedienen,
verweisen hingegen auf ungleiche Verhältnisse. Wenn ein „Bückling"
mit einem huldvollen Kopfnicken beantwortet wird, dann bringt er
Unterwürfigkeit und die Anerkennung der bestehenden Ungleichheit
zum Ausdruck. Asymmetrische Höflichkeitsrituale können explizit
vorgeschrieben oder sogar erzwungen werden. Herrschaftsverhältnisse, in denen die Machtungleichheit der Beteiligten festgeschrieben
ist und aufrechterhalten werden soll, lassen sich grundsätzlich durch
asymmetrische Kommunikationsmuster charakterisieren.

Da Elias in seiner umfassenden Analyse des europäischen Zivilisationsprozesses das Geschlecht als entscheidende soziale Kategorie
nicht berücksichtigt hat, blieben ihm seine enormen geschlechtsspezifischen Unterschiede verborgen, die sich bis zum Beginn unserer
Zeitrechnung zurückverfolgen und bis heute feststellen lassen. Denn
die den Menschen auferlegten Normen und Vorschriften galten von
Anfang an keineswegs für beide Geschlechter in gleicher Weise. Das
Verhalten und Benehmen der Frauen wurde zur Gewährleistung ihrer
„Sittlichkeit" einem ausgeklügelteren und strengeren Kodex von
Zucht und Ordnung unterworfen. Die entsprechenden Mahnworte
des Apostels Paulus an seine verstreuten Gemeinden sprechen allein
durch das zahlenmäßige Mißverhältnis zwischen männlichen und
weiblichen Adressaten Bände: Von 327 Appellen richtete er 267 speziell an Frauen, während die Männer mit 60 Ordnungsrufen davon-
kamen.

Abb. 17: Verteidigungsministerin Michèle Alliot-Marie und Präsident Jacques Chirac begrüßen sich.

Auch in der mittelalterlichen Literatur finden sich zahlreiche ausdrücklich an Frauen gerichtete Vorschriften, die deutlich machen, daß ihr Alltagsverhalten mit besonderer Aufmerksamkeit registriert und reguliert wurde.[1] So sollten sie beispielsweise nicht mit übereinandergeschlagenen Beinen sitzen und beim Gehen keine allzu großen Schritte machen.[2] Viele der allgemeinen Regeln der Höflichkeit nehmen ausschließlich auf den Umgang der Geschlechter Bezug, wobei aus heutiger Perspektive deutlich wird, daß vor allem auf die Errichtung verhaltensmäßiger Asymmetrien Wert gelegt wurde. So war beispielsweise der symmetrische Handschlag als Ritual der höflichen Begrüßung zwischen Gleichwertigen bzw. als Symbol zur Besiegelung geschäftlicher Abmachungen lange Zeit ausschließlich Männern vorbehalten. Erst im Zuge der Französischen Revolution problematisierten Frauen dieses männliche Privileg und beseitigten es schließlich; gewisse Auswirkungen lassen sich jedoch noch heute feststellen: So hat sich beispielsweise der Handschlag als zwischengeschlechtliches Begrüßungsritual noch nicht gänzlich gegen asymmetrische Muster durchsetzen können (Abb. 17).

Viele Aktivitäten wurden Frauen schlichtweg untersagt – z.B. der direkte Blickkontakt mit einem Mann, die Zurschaustellung ihres Körpers sowie der Ausdruck bestimmter Gefühlsregungen.[3] Frauen sollten in Anwesenheit „eines bedeutenden Mannes" nicht offen lachen, sondern diesen Gefühlsausdruck hinter der vorgehaltenen Hand verbergen. Dieses einseitige, geschlechtsspezifische Muster des unvoll-

111

Pyjama
ab € 17.⁸⁰
ab DM 34,81
In 2 Farben

Abb. 18: Unvollständiges Verbergen von Gefühlen

ständigen Verbergens hat natürlich eine genau gegenteilige Wirkung und unterscheidet sich insofern diametral von der vollständigen Unterdrückung einer bestimmten Gefühlsdarstellung, die mit der Vorstellung vom erwachsenen, selbstbeherrschten Individuum einhergeht. Zum einen wird der inkriminierte Ausdruck durch eine solche Geste ja nicht wirklich verborgen, sondern im Gegenteil noch hervorgehoben. Mit dieser Geste wird zugleich auch das Scheitern des Versuchs, etwas hintanzuhalten, ausgedrückt (vgl. Goffman, 1981). Deshalb wirkt eine verschämt hinter vorgehaltener Hand lachende, kichernde Frau nicht wie ein selbstbewußtes, erwachsenes Subjekt, sondern wie ein Kind, das weder sich selbst noch die allgemeinen kulturellen Regeln vollkommen beherrscht. Dieses den mittelalterlichen Frauen explizit verordnete „typische" Verhaltensmuster läßt sich auch in unserer Zeit noch vielfach beobachten. In der Werbung wird ebenfalls häufig darauf zurückgegriffen (Abb. 18 und Abb. 25 rechts).

Die mittelalterlichen Verhaltensvorschriften zur spezifischen Zivilisierung von Frauen weisen vor allem in der Art der Bezugnahme auf Sexualität bemerkenswerte Übereinstimmungen mit der dezidiert körper- und sexualfeindlichen Zucht der Mönche auf. In dieser Zeit richteten sich die Imperative des „Maßhaltens" öfter und ausdrücklicher an Frauen als an Männer – bemerkenswerterweise auch dann, wenn männliche Handlungen unterbunden werden sollten. Während Männern im Umgang mit Frauen gleichen oder niedrigeren sozialen Rangs keine expliziten Tabus (z.B. hinsichtlich des Körperkontakts) auferlegt wurden, wurden Hofdamen explizit angewiesen, Männern die Berührung ihres Körpers bzw. bestimmter Körperteile wie z.B. des Busens nicht zu gestatten.

Solche Vorschriften zeigen deutlich, daß schon damals die Verantwortung für den „sittlichen" Umgang der Geschlechter den Frauen auferlegt wurde – ein Muster, das sich durchaus heute noch feststellen läßt. Frauen waren nicht nur für ihr eigenes Benehmen, sondern auch für das der Männer verantwortlich und wurden entsprechend in die Pflicht genommen, wenn diese sich „daneben" benahmen. Es finden sich allerdings keinerlei Hinweise darauf, mit welchen Mitteln und auf welche Art sie denn ihren moralisch legitimierten Verpflichtungen gegenüber Männern Nachdruck hätten verleihen können. Es erscheint mehr als absurd, ausgerechnet diejenigen, die wie gezeigt verhaltensmäßig wesentlich stärker eingeschränkt und gerade im Umgang mit Männern durch spezielle Verhaltensvorschriften im Prinzip entmachtet wurden, mit der Aufgabe zu betrauen, allgemeine Moralgesetze gegenüber Männern durchzusetzen. Eigentlich wurde ihnen damit eine unlösbare Aufgabe übertragen, an der sie unter den gegebenen Umständen zwangsläufig scheitern mußten. Die Vermutung ist daher nicht vollkommen abwegig, daß die Denkfigur des weiblichen „Sündenbocks" nicht nur der allgemeinen Moral als vielmehr der Aufrechterhaltung des Herrschaftsverhältnisses zwischen den Geschlechtern diente.

Die moderne Geschlechterforschung zeigt, daß die Zusammenhänge zwischen Geschlecht und Verhalten gegenwärtig vielfältiger und differenzierter sind. Einerseits wird zwar immer wieder festgestellt, daß die vorgegebenen Geschlechtsrollen nach wie vor einen starken Konformitätsdruck in Richtung eines entsprechend angemessenen Verhaltens produzieren (Hall et al., 2000). Andererseits werden im Verlauf der Veränderung der gesellschaftlichen Rolle der Frau, die eine entsprechende soziale Aufwertung mit sich gebracht hat, an Frauen auch Erwartungen hinsichtlich eines angemessenen Ausdrucks von Status, Kompetenz und sozialer Macht herangetragen. Frauen besetzen zunehmend soziale Positionen, in denen ein Verhalten erwartet wird, das den traditionellen geschlechtsspezfischen Erwartungen widerspricht.

Die Frage ist nun, welches dieser gegensätzlichen Erwartungsbündel sich letztlich durchsetzt und welche Konsequenzen daraus entstehen. LaFrance & Hecht (2000) stellten dazu fest, daß sich Frauen und Männer heute nur noch situationsbedingt unterschiedlich verhalten, d.h. nur in solchen Situationen, in denen das Geschlecht eine wesentliche Kategorie darstellt. Unterschiede treten dann deutlicher hervor, wenn eine Situation keine oder nur geringe eigene Anforderungen enthält. In Situationen mit deutlichen spezifischen Anforderungen verringert sich der Unterschied zwischen den Geschlechtern, da sich beide vorrangig entsprechend ihren Aufgaben und dem ihnen zugewiesenen Rang verhalten. In der zwischengeschlechtlichen Interaktion verringern sich die geschlechtsspezifischen Verhaltensunterschiede, wenn eine deutliche Machtungleichheit vorliegt. Sie treten wieder stärker hervor, wenn beide denselben sozialen Rang innehaben. Wenn situationsspezifische Verhaltensregeln Priorität vor geschlechtsspezifischen Regeln haben, profitieren Frauen von einem sozialen Aufstieg in doppelter Hinsicht. Unter anderen Bedingungen können allerdings beide Dimensionen so ineinandergreifen, daß sich die geschlechtsspezifische Differenz sogar noch vergrößert.

Immer wieder wird festgestellt, daß das Verhalten von Frauen sowohl generell komplexer, also vielfältiger ist als das von Männern als auch reaktiver. Das bedeutet, daß weibliches Verhalten in einem deutlicher erkennbaren Zusammenhang mit dem Verhalten ihrer jeweiligen KommunikationspartnerInnen steht (Suwelack & Bente, 1995; Suwelack, 1998). Zudem sind Frauen Männern sowohl in Hinblick auf die Präzision ihres Ausdrucksverhaltens als auch hinsichtlich der Fähigkeit, körpersprachliche Äußerungen anderer richtig zu interpretieren, deutlich überlegen (Hall et al., 2000).

Aktuelle psychologische Studien (Brody, 2000; Hart, DeWolf & Burts, 1993; Serbin et al., 1993; Crick, 1997) beleuchten speziell die komplexen Zusammenhänge zwischen unterschiedlichen gesellschaftlichen Erwartungen an Mädchen und Jungen und konkretem weiblichen und männlichen Verhalten. Besonders deutliche Unterschiede zeigen sich dabei in jenen Bereichen, die im Genderkonzept eine herausragende Bedeutung haben, z.B. in bezug auf Dominanz und Aggressivität einerseits und emotionale Expressivität andererseits. Eine Untersuchung stellte beispielsweise fest, daß Jungen, die sich aggressiv verhalten, als sympathischer und sozial kompetenter erachtet werden als nicht-aggressive Jungen. Hingegen werden Mädchen, die sich aggressiv verhalten, im Vergleich zu nicht-aggressiven Mädchen als weniger liebenswert erachtet – und es erwachsen ihnen aus diesem Verhalten eher Probleme in Beziehungen mit Gleichaltrigen (Crick, 1997). Der Ausdruck von Aggressivität und das Zurschaustellen von Wut wird bei Männern generell als angemessenes, bei Frauen hingegen als unangemessenes Verhalten bewertet (Brody, 2000). Frauen selbst entwickeln entsprechende negative Erwartungen in Hinblick auf aggressives Verhalten (Eagly & Steffen, 1986; Leirner, 1980; Shilds & Koster, 1989) und befürchten insbesondere negative Konsequenzen für ihre sozialen Beziehungen (Davis, LaRosa & Foshee, 1992; Frost & Averill, 1982). Alle Gefühle und Ausdrucksweisen, die soziale Beziehungen fördern und erleichtern, werden hingegen als angemessen weiblich betrachtet.

In der aktuellen Shell-Jugendstudie 2002 werden unterschiedliche Gewaltbereitschaft und Unterschiede bezüglich Gewalthandlungen in der Öffentlichkeit in den Kontext geschlechtsspezifischer Bewältigungsstrategien gestellt. Männliche und weibliche Jugendliche reagieren demzufolge enorm unterschiedlich auf Alltagsbelastungen, Ängste und allgemeine Verunsicherungen. Während Mädchen (nach wie vor) dazu tendieren, Reaktionen nach innen zu wenden und Probleme psychisch oder mit ihrem Körper zu verarbeiten, wird in bezug auf männliche Jugendliche ein besorgniserregender Anstieg von Gewaltbereitschaft und Gewalttätigkeit gegen andere konstatiert. Vor allem Jungen aus der Unterschicht und der unteren Mittelschicht reagierten auf jugendtypische Belastungen und Statusängste zudem mit rechtsextremen Orientierungen und seien anfällig für Aggressionen gegen Schwächere. Es wird explizit darauf verwiesen, daß „besonders der Habitus rechtsextremer Gruppen traditionell männliches Rollenverhalten wieder aufleben läßt und reproduziert" (2002, 42).

Angesichts der unverändert fortbestehenden ungleichen Machtverhältnisse zwischen den Geschlechtern und vor dem Hintergrund einer wieder zunehmend „geschlechterblinden" Forschung wird die mangelhafte Zivilisierung männlichen Verhaltens zu selten mit dem unveränderten Fortbestehen von traditionell an Macht, Stärke, Dominanz, Durchsetzungsfähigkeit und Aggressivität orientierten Männlichkeitskonzepten in Verbindung gebracht. Wir leisten uns scheinbar ungebrochen den zunehmend unvertretbaren Luxus, Empathie, Fürsorglichkeit, Respekt, Rücksichtnahme, Freundlichkeit und insbesondere den Verzicht auf Gewalt gegen andere als Mittel zur Bearbeitung eigener Konflikte nur der Hälfte der Menschheit systematisch anzutrainieren.

Eine dementsprechende Sozialisation setzt bereits sehr früh in der Entwicklung ein. Die gründlichste Ausarbeitung mit den unmißverständlichsten Formulierungen von Mitteln und Zielen einer sozialen Weiblichkeitserziehung zur prinzipiellen Unterordnung unter männliche Bedürfnisse verdanken wir einem Mann, der sich eigentlich als vehementer Kulturkritiker von Rang und als Sozialrevolutionär in die Geschichte der Pädagogik eingeschrieben hat. Der bereits einschlägig zitierte Jean-Jaques Rousseau schrieb dazu folgendes:

Duldet nicht, daß sie auch nur einen Augenblick in ihrem Leben über die Stränge schlagen. Gewöhnt sie daran, mitten im Spiel unterbrochen zu werden und anderen Pflichten ohne Murren zu folgen. Die bloße Gewohnheit genügt hierin, weil sie der Natur Beistand leistet. Aus diesem zur Gewohnheit gewordenen Zwang entsteht die Folgsamkeit, die die Frauen ihr ganzes Leben lang brauchen, weil sie immer entweder einem Mann oder den Urteilen der Gesellschaft unterworfen sind und sich niemals über diese Urteile hinwegsetzen dürfen. (1762)

Obwohl moderne Pädagogen sicherlich kaum noch solche Grundsätze verbreiten, wirkt diese über einen langen Zeitraum vorgegebene Haltung sich auch auf die Praxis gegenwärtiger Mädchenerziehung noch durchaus aus. Einschlägige empirisch-pädagogische Forschungen zeigen, daß Mädchen auch heute noch massiveren Verhaltenskontrollen unterliegen und durch strengeren Drill stärker diszipliniert werden als Knaben. Schon als Säuglinge werden ihnen weniger Trinkpausen beim Stillen eingeräumt, sie werden früher entwöhnt und lernen eher selbständig und „ordentlich" zu essen als Jungen.[4] Sauberkeit, Ordnung, Disziplin und die freiwillige Unterordnung unter gesellschaftliche Regeln schlagen als oberste Maximen der Erziehung bei Mädchen ein Leben lang stärker durch als bei Jungen. Sie erfreuen sich nur in Ausnahmefällen jener individuellen Freiheit von Zucht und Ordnung, die für Knaben heute scheinbar immer selbstverständlicher wird.

Schon im Vorschulalter bringen Mädchen in ihrem gesamten Verhalten zum Beispiel deutlich weniger negative Gefühle zum Ausdruck als Jungen, wenn sie ein Geschenk erhalten, das ihnen wenig reizvoll erscheint (Cole, 1986; Davis, 1995). Selbst wenn den Jungen für den Fall, daß sie ihre negativen Gefühle der Enttäuschung und des Ärgers besser verbergen, eine Belohnung in Aussicht gestellt wurde, konnten (oder wollten) sie dies nicht tun. Mädchen hingegen ließen ihrer Enttäuschung nur dann freien Lauf, wenn sie allein waren, und nahmen sich in Anwesenheit anderer von selbst stärker unter Kontrolle (Davis, 1995). Spätestens im schulpflichtigen Alter verstehen Mädchen sich besser als Jungen darauf, ihren Gesichtsausdruck so zu kontrollieren und bewußt zu steuern, daß ihre sozialen Beziehungen nicht darunter leiden, sondern gepflegt und gefördert werden (Brody, 2000). Dafür erwarten und erhalten sie soziale Anerkennung, wodurch dieses Muster aufrechterhalten und verstärkt wird.

Die spezifische Regulierung des weiblichen Verhaltens schränkt Frauen in ihren kommunikativen Möglichkeiten stärker ein als Männer. Angemessenes weibliches Verhalten bedarf zudem einer stärkeren Selbstkontrolle, einer ausgeprägteren Körperbeherrschung und nicht zuletzt einer durchgängigeren Muskelanspannung. Männliches Verhalten hingegen zeichnet sich durch wesentlich mehr Bequemlichkeit aus. Selbst ihre durchaus eindrucksvollen typischen Dominanzposen bedürfen nur einer relativ kurzzeitigen Körperanspannung. Die Darstellung von Weiblichkeit dient insofern auch in klassischem Sinn als Instrument der Selbstunterdrückung und Unterwerfung unter gesellschaftliche Normen. Sie zwingt Frauen Verhaltensmuster auf, die vielfach selbstabwertende Bedeutungen transportieren und eine selbstbewußte Zurschaustellung von sozialem Status oder persönlicher Dominanz enorm erschweren. Da der akzeptable Ausdruck von Weiblichkeit mit Regelkonformität verknüpft ist, rückt auch die eigene Bequemlichkeit – ein Kriterium, das im männlichen Verhalten besonders statusrelevant ist – in den Hintergrund. Die weibliche Verhaltensnormierung bereitet Frauen letztlich auf die Erfüllung der ihnen zugewiesenen sozialen Aufgaben und damit auf ein Leben vor, in dem den Ansprüchen und Bedürfnissen anderer mehr Gewicht beigemessen wird als den eigenen. Auf psychologischer Ebene resultiert die stärkere Disziplinierung und Verhöflichung weiblichen Verhaltens in der Entwicklung und Bestätigung zentraler weiblicher „Wesensmerkmale" wie Selbstlosigkeit, Freundlichkeit, Empathie und liebenswürdiger Gefälligkeit. Die spezifisch weibliche Sozialisation trägt somit, allerdings einseitig auf Kosten und zu Lasten von Frauen, entscheidend zur Qualitätsverbesserung des sozialen Klimas und zum Wohlbefinden anderer bei.

Ein erschütterndes Beispiel für die ultimativen Konsequenzen einer solchen Weiblichkeitssozialisation lieferten 1989 vier acht- bis elfjährige Schwestern in Südkorea, die sich unter Anleitung der ältesten gemeinsam mit Rattengift töteten. Sie taten es, wie sie selbst begründeten, um ihre Eltern finanziell zu entlasten und die Chancen ihres dreijährigen Bruders auf eine gute Schulausbildung zu erhöhen.[5]

Vergleichbare geschlechtsspezifische Bevorzugungsstrukturen lassen sich durchaus auch bei uns feststellen: Die Shell-Jugendstudie (1992) zeigte, daß in Deutschland Söhne die „Nummer 1" in der Familie sind und Privilegien erhalten, ohne dafür Gegenleistungen erbringen zu müssen. Obwohl sich vor allem die Mädchen (und Frauen) später für ihre Eltern engagieren, investieren diese vor allem in die Ausbildung ihrer Söhne.[6] Ob sich diese Muster zwischenzeitlich verstärkt oder abgemildert haben, geht aus nachfolgenden Shell-Studien leider nicht hervor, da die geschlechtsspezifisch differenzierende Perspektive zugunsten einer schichtspezifischen und allgemeinen Betrachtungsweise deutlich wieder zurückgedrängt wurde und entsprechende Zahlen und Befunde daher nicht mehr erhoben wurden.

Auch hinsichtlich der äußeren Erscheinung und des allgemeinen Benehmens läßt sich seit Beginn der neunziger Jahre innerhalb einer bestimmten Jugendkultur der Trend zu einer gewissen Schlampigkeit und Zügellosigkeit feststellen. Unverschnürte Sneakers, Klamotten in grotesken Übergrößen, im Straßenstaub schleifende Hosen mit verschlissenen Säumen, deren Zwickel zwischen den Knien hängen, verkehrt aufgesetzte Base Caps, kunstvoll auf wild und unbeherrschbar gegelte Haarschöpfe, martialische Tattoos und Piercings, lärmende, raumgreifende Auftritte, wildes Gestikulieren, demonstratives Rülpsen, Furzen, Spucken und Urinieren in der Öffentlichkeit sind Formen der Regression, die der von Elias geprägte Begriff der zivilisatorischen Informalisierung nur unzureichend kennzeichnet. Denn diese spezifische Kultur ist durchweg männlich.

Das heißt natürlich nicht, daß sich alle Männer oder alle männlichen Jugendlichen so produzieren. Aber nur sie können derartige Verstöße gegen die Regeln des guten Benehmens als Ausdruck individueller Freiheit kultivieren und davon individuell profitieren. Mit dem Durchbrechen allgemeingültiger Standards stellen sie eine Übereinstimmung mit spezifischen Merkmalen von Männlichkeit, mit Unabhängigkeit und Dominanz her.

Frauen hingegen verstoßen mit vergleichbaren Verhaltensweisen nicht nur gegen allgemeine Normen, sondern gegen geschlechtsspezifische Erwartungen. Die weibliche Geschlechtsidentität kann nicht durch Regelbrüche bestätigt werden, sondern unter den gegebenen Umständen nur durch regelgerechtes, gesittetes, ordentliches Verhalten. Da Mädchen und Frauen von Regelverstößen nicht persönlich profitieren können, machen sie den bis heute ungebrochenen Trend zur Aufhebung zivilisierter Standards auch nicht mit. Mädchen verhalten sich demzufolge eher selten in entsprechender Weise. Tun sie es aber, dann erregen sie – wegen des doppelten Verstoßes gegen gesellschaftliche Erwartungen – oft mehr Aufsehen und Kritik als die Masse „unzivilisiert" auftretender Jungen.

Die äußere Erscheinung und das Verhalten von Mädchen und Frauen sind in der Öffentlichkeit nach wie vor „ordentlicher", wenngleich eher ent- als verhüllend. Viele Mädchen tragen aufgrund der gegenwärtig wieder hochmodernen bauchfreien und extrem körpernahen Mini-Tops als Ausdruck individueller „Freiheit" heute mehr denn je ihre Haut zu Markt. Aber die eigentlich allgemeingültigen Regeln des guten, ordentlichen, gezügelten Benehmens grenzen ihre

Abb. 19: Londoner Feuerwehrmänner im Streik

individuelle Freiheit deutlich stärker ein als die von Jungen und
Männern.

Es sind ja nicht nur die sogenannten „Prolls", die überall herum-
lümmeln und sich breit machen und damit vor allem auf ihren Mangel
an „Kinderstube" verweisen (Abb. 19). Auch durchaus angesehene
und hochrangige männliche Individuen bringen durch solche Verhaltensweisen ihre Bedeutung und Überlegenheit zum Ausdruck (Abb.
20 unten links). Der amtierende Präsident der letzten verbliebenen
Großmacht präsentiert sich der Öffentlichkeit gern im Echte-Männer-
Outfit, in Bomberjacke, Jeans und Cowboystiefeln und mit lässig auf
dem Schreibtisch abgelegten Füßen. Im alten Europa halten Männer
„von Welt" sich deutlich mehr an die traditionellen Standards des
guten Benehmens. Hochrangige Männer sitzen in der Öffentlichkeit in
der Regel aufrecht und „ordentlich", nicht mit weitgespreizten Beinen,
sondern schmal, fast so sittsam wie Frauen. Im Gegensatz zu diesen
haben sie aber durchaus auch die Freiheit, sich dominanter – breit-
beinig, auf Lehnen oder rittlings auf Stühlen sitzend – zu präsentieren,
ohne damit einen Statusverlust zu riskieren. Frauen gehen mit entsprechenden normenverletzenden Verhaltensweisen ein vergleichsweise hohes Risiko der sozialen Abwertung ein – entweder sexualisiert, das heißt als sexuelles Objekt wahrgenommen zu werden oder
als kindliches, nicht ernstzunehmendes Wesen (Abb. 20).

Abb. 20: Geschlecht und Status im Sitzen

2. Geschlechterzeichen:
Die verborgene Dimension

*Tatsache ist, daß menschliches Verhalten gewöhnlich die höchst au-
tomatische Ausführung traditioneller Programme oder unbewußtes
Reagieren auf Kontextveränderungen ist.* (Scheflen, 1976, 137)

a) Funktion und Bedeutung von Geschlechterzeichen

Die unterschiedlichen Vorstellungen, die in einer Gesellschaft in bezug auf Weiblichkeit und Männlichkeit existieren, schlagen sich in der Körpersozialisation unmittelbar in Form von entsprechenden Erwartungshaltungen, Normen, Regeln, Vorschriften und Tabus nieder. Folgen wir ihnen, dann bringen wir in unserem ganz alltäglichen Verhalten und durch die Verwendung entsprechender körpersprachlicher Zeichen und Rituale auch diese Vorstellungen ununterbrochen zum Ausdruck. Damit wächst der Körpersprache neben ihren allgemeinen psychologischen und sozialen Funktionen unter den gesellschaftlichen Bedingungen des Patriarchats eine weitere Funktion zu: die klare und unmißverständliche Zuordnung jedes Individuums zu einer der zwei sozialen Kategorien von Geschlecht zu ermöglichen. Diese Aufgabe erfüllen die sogenannten Geschlechterzeichen – jene Gesten und Verhaltensweisen, die exklusiv dem einen oder dem anderen Geschlecht zugeordnet werden und durch die wir unsere Geschlechtsidentität bestätigen. Diese Zeichen bringen die leitenden Annahmen über Weiblichkeit und Männlichkeit und zugleich die darauf gründende Ordnung der Geschlechter zum Ausdruck.

Männlichkeitszeichen haben die Funktion, die exklusiv mit Männlichkeit verknüpften Vorstellungen, z.B. Selbstbewußtsein, Selbstsicherheit, Entschlossenheit, Dominanz, Aggressivität und Überlegenheit zum Ausdruck zu bringen, während Weiblichkeitszeichen Merkmale wie Unsicherheit, Emotionalität, Beziehungsorientiertheit, Hilfsbedürftigkeit und Unterordnung signalisieren sollen. Unser Verhaltensrepertoire beinhaltet, wie im folgenden gezeigt werden soll, eine derart große Menge von Geschlechterzeichen, daß es beinahe unmöglich ist, sie nicht zu benutzen. Neben der äußeren Erscheinung, die im vorangegangenen Kapitel ausführlich erörtert wurde, erfüllen auch typische Haltungen und Bewegungen, Gestik und Mimik, die Art und Weise zu sprechen, der Umgang mit Räumen und nicht zuletzt der Umgang miteinander diese besondere, verborgene Funktion der Körpersprache. Aufgrund der umfassenden geschlechtsspezifischen Körpersozialisation, die wir alle durchlaufen, wird letztlich die gesamte Körpersprache zum „tertiären Geschlechtsmerkmal" (R. Birdwhistell).

In diesem Prozeß werden den Geschlechtern aus dem umfangreichen Repertoire der Körpersprache nur bestimmte Teilmengen zur Benutzung anheimgestellt, die zu unterschiedlichen Kommunikationen befähigen. Männern wird letztlich ein Durchsetzungsrepertoire zugeordnet, Frauen hingegen ein emotionales Repertoire. Gendergerechtes Verhalten wird erwartet und positiv bewertet, entgegengesetztes Verhalten ignoriert, mißbilligt oder negativ sanktioniert, was die Bereitschaft zu gendergerechtem Verhalten verstärkt (vgl. Stoppard & Gunn Gruchy, 1993). Da uns die sozialen Konsequenzen dieser spezifischen Beschränkung kaum oder gar nicht bewußt sind, das vergeschlechtlichte Verhalten andererseits aber erwartet und positiv bewertet wird und damit zur Stärkung unserer Identität beiträgt, übernehmen wir diese Vorschläge.

Je mehr geschlechtsspezifische Verhaltensmuster sich ein Individuum zu eigen macht, desto deutlicher kennzeichnet es sich damit selbst als ein Wesen, das den vorgegebenen Vorstellungen von Männlichkeit oder Weiblichkeit entspricht (bzw. entsprechen will). Je mehr sogenannte Männlichkeitszeichen biologische Männer und je mehr Weiblichkeitszeichen biologische Frauen in ihrer Selbstdarstellung und sozialen Kommunikation benutzen, desto größer ist damit ihr Beitrag zur Aufrechterhaltung dieser Stereotype und damit auch zur Aufrechterhaltung der darauf aufbauenden hierarchischen Geschlechterordnung. Je weniger Geschlechterzeichen beide Geschlechter in ihrer sozialen Kommunikation verwenden, desto individueller und origineller ist ihr Auftreten und desto mehr tragen sie zur Infragestellung, eventuell sogar zur Auflösung dieser Stereotypen und zur Neugestaltung des Geschlechterverhältnisses bei.

Es kann nicht deutlich genug gesagt werden: Eine „typisch" männliche oder weibliche Körpersprache ist kein unmittelbarer Ausdruck von Männlichkeit oder Weiblichkeit. Es sind Rituale, die Frauen und Männer unbewußt oder bewußt benutzen, um jene Eigenschaften und Merkmale zum Ausdruck zu bringen, die ihre Gesellschaft mit Weiblichkeit oder Männlichkeit verknüpft und von Frauen und Männern erwartet. Vergleichende Studien verschiedener Kulturen mit anderen Vorstellungen von Weiblichkeit und Männlichkeit zeigen, daß sich Männer und Frauen unter solchen Bedingungen auch durchaus anders verhalten (vgl. Lang, 1994). Auch wenn es uns aufgrund der Tatsache, daß wir die unserem Verhalten zugrundeliegenden geschlechtsspezifischen Verhaltensregeln tief verinnerlicht haben, schwerfällt, sie nicht einfach als Ausdruck unserer „Natur" zu betrachten, sind sie dennoch keineswegs naturgegeben. Gerade die Tatsache, daß wir keine bewußte Vorstellung von ihrer tatsächlichen sozialen Funktion und Wirkung haben, macht sie möglicherweise zum bedeutendsten Instrument der Aufrechterhaltung einer symbolischen Geschlechterordnung, die die Ungleichwertigkeit der Geschlechter aufrechterhält.

Abb. 21: Männliche Haltungen

b) Körperhaltungen: Dominanz und Unterwerfung
Männlichkeitszeichen sind solche Verhaltensweisen, die nur Männern
nahegelegt bzw. nur von Männern erwartet werden. Sie haben die
Aufgabe, jene typischen Merkmale zum Ausdruck zu bringen, die eine
Gesellschaft mit dem Konzept Männlichkeit verbindet, z.B. Autonomie, Macht, Dominanz, Aggressivität, Gelassenheit. Körpersprachlich
werden diese Merkmale z.B. folgendermaßen zum Ausdruck gebracht: durch eine gerade, aufrechte, stabile und eher starre Körperhaltung, einen breiten, sicheren Stand, bequemes, raumgreifendes,
asymmetrisches Sitzen, kraftvolle, dynamische Bewegungen sowie
durch die Verwendung von imponierenden, einschüchternden Gesten
(Abb. 21 und 22).
Als Weiblichkeitszeichen wären demgegenüber Verhaltensweisen
zu betrachten, die Frauen nahegelegt und nur von ihnen erwartet
werden. Ihre Aufgabe besteht darin, jene Merkmale auszudrücken,
die mit dem Konzept Weiblichkeit verbunden sind, z.B. Schwäche
und Kraftlosigkeit, Abhängigkeit, Unterwürfigkeit, Emotionalität und

Abb. 22: Männlichkeitszeichen

Abb. 23: Weiblichkeitszeichen

Unsicherheit. Ausgedrückt werden diese Merkmale durch eine labile, in sich verwundene und abgeknickte Körperhaltung, die Tendenz, sich durch Schieflegen des Kopfes selbst symbolisch zu verkleinern, durch einen schmalen, unsicheren Stand, aufrechtes, ordentliches, angespanntes, wenig raumgreifendes Sitzen, durch generelle räumliche Anspruchslosigkeit, eng am Körper gehaltene, „ellenbogenlose" Arme, weiche, „elegant" fließende Bewegungen und durch häufige Berührungen des eigenen Körpers mit der flachen Hand (Abb. 23).

Wie ich an anderer Stelle bereits ausgeführt habe (vgl. Mühlen Achs, 1998, 45–90), lassen sich die modernen Weiblichkeitszeichen auf uralte Rituale der Unterwerfung zurückführen, die auch von bestimmten Tieren benutzt werden, um einen Kampf um Ressourcen oder soziale Rangplätze durch Selbstaufgabe vorzeitig zu beenden. Dazu zählen insbesondere die Muster der Selbstverkleinerung und der freiwilligen Unterwerfung (dabei vor allem das Muster der Kehlpräsentation, bei dem das sich unterwerfende Individuum dem überlegenen seine ungeschützte Kehle zeigt). Weiblichkeitszeichen, die Macht, Autonomie oder gar Dominanz zum Ausdruck bringen, sind in unserer Kultur gegenwärtig nicht vorhanden. Wir müssen relativ weit in unsere Geschichte zurückgehen, um in dieser Hinsicht fündig zu werden.

Marianne Wex (1979) hat in ihrem Vergleich zwischen patriarchaler und vorpatriarchaler Körpersprache von Frauen anhand von Skulpturen und Reliefs aus verschiedenen historischen Perioden nachweisen können, daß unter nicht-patriarchalen Gesellschaftsbedingungen Frauen durchaus über machtvolle, selbstbewußte, raumgreifende und sogar dominante und besitzergreifende Gesten gegenüber Männern verfügten und auch so dargestellt wurden. Die Entschlüsselung der heute vielfach als rätselhaft wahrgenommenen Bedeutungen mancher Gesten und Haltungen von Frauen gestaltet sich allein deshalb oft schwierig, weil sie über einen langen Zeitraum hinweg von patriarchalen Mißdeutungen überlagert wurden.[7]

Obwohl objektiv betrachtet ihr Machtcharakter unschwer zu erkennen ist, konnten die raumgreifenden Körperhaltungen und Gesten von Idolen und Göttinnenfiguren aus der Steinzeit ebenso wie die differenzierte und präzise Fingergestik weiblicher Gottheiten späterer Zeiten aus patriarchal-heterosexueller Perspektive scheinbar bestenfalls der Kategorie „mysteriös" zugeschlagen werden. Heutige Weiblichkeitszeichen werden von vornherein aus einer Perspektive gestaltet, die autonome Macht ausschließt und durch die indirekte Macht der sexuellen Attraktivität ersetzt.

Der heute einseitig mit Weiblichkeit verknüpfte Ausdruck der symbolischen Unterwerfung ist im Hinblick auf die Aufrechterhaltung des sozialen Friedens und der sozialen Struktur für alle Lebewesen, die in sozialen Verbänden leben, von enormer Bedeutung. Die vergleichende Verhaltensforschung hat gezeigt, daß auch viele Tierarten entsprechende Verhaltensmuster des Imponierens bzw. der Unterwerfung symbolisch einsetzen, um ihre sozialen Strukturen zu sichern. Im Imponiergehabe wird die eigene Erscheinung vergrößert, z.B. durch maximales Aufrichten des Körpers, Aufpumpen des Brustkorbs und Sträuben der Körperbehaarung, wodurch der Eindruck von Bedrohlichkeit und prinzipieller Bereitschaft zum Kampf erweckt bzw. verstärkt wird (vgl. Abb. 22).

Im korrespondierenden Ritual der Unterwerfung wird der Körper durch Verkrümmungen, Verrenkungen oder durch Abducken symbolisch verkleinert. Ein solches Verhalten signalisiert freiwillige Unterwerfung und Verzicht auf eine gewaltsame Aushandlung der Verhältnisse. Durch die freiwillige Anerkennung der Überlegenheit des anderen bereits im Vorfeld gewaltsamer Auseinandersetzungen

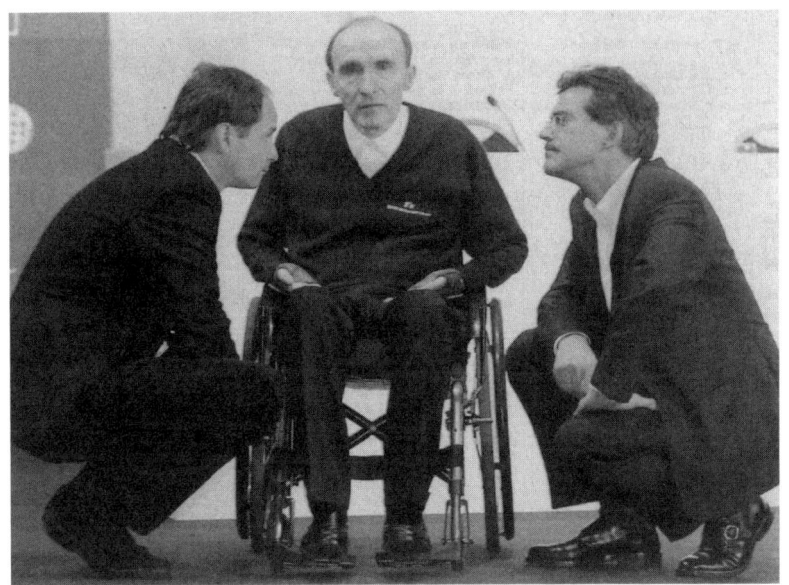

Abb. 24: Drei hochrangige Herren aus der Motorsport-Branche
begegnen sich auf gleicher Ebene.

trägt das sich unterwerfende Individuum zur Aufrechterhaltung des
sozialen Friedens bei.

Auch in der menschlichen sozialen Kommunikation spielt die – spontane oder ritualisierte – Manipulation von Größe und Größenverhältnissen als Ausdruck von Dominanz oder Unterwerfung eine wichtige
Rolle. Als elementare Bestandteile des Ausdrucks von Höflichkeit
übernehmen symbolische Unterwerfungshandlungen wie z.b. die Verbeugung wichtige psychologische und soziale, Ordnung schaffende
Funktionen. Sie können – je nach Art der Ausführung und sozialem
Kontext – eine Vielzahl von Bedeutungen transportieren: Respekt,
Ehrfurcht, Unterwerfung, Ohnmacht, Furcht, eine nachrangige Position oder bloß den Hinweis auf eine „gute Kinderstube" (Abb. 24).

Das Ausmaß der Unterwerfung bzw. der sozialen Distanz wird
durch das jeweils gewählte Verhaltensmuster deutlich. Je kleiner eine
Person sich selbst macht, um so deutlicher erniedrigt sie sich und um
so größer erscheint die soziale Distanz zum anderen. Das Ausmaß der
Selbsterniedrigung ist in gewisser Weise auch ein Hinweis auf die
relative Macht des anderen.

Der extremste Akt der Unterwerfung besteht darin, sich mit dem
Gesicht nach unten flach auf den Boden, einem anderen quasi „zu Fü-

Abb. 25

ßen" zu legen. Heute wird dieser Akt in der westlichen Kultur nur noch im Rahmen herausragender Ereignisse als soziales Ritual benutzt. Katholische Priesteranwärter z.B. werfen sich als Zeichen ihrer Ehrfurcht und Unterwerfung unter eine göttliche Macht im Rahmen ihrer Weihe bäuchlings zu Boden.

In weltlichen Zusammenhängen spielt es so gut wie keine Rolle mehr – mit einer Ausnahme: In massenmedialen Darstellungen werden neben Kindern insbesondere Frauen liegend inszeniert (Abb. 25 und 26). Auf die damit verbundene Abwertung hat der Soziologe Goffman eindrücklich hingewiesen:

> *Der Fußboden wird auch mit den weniger sauberen, weniger reinlichen, weniger erhabenen Teilen eines Zimmers assoziiert, z.B. dem Plätzchen des Hundes, der Abstellecke für Körbe oder für schmutzige Wäsche, Schuhe und dergleichen. (Natürlich ist das Liegen am Fußboden oder auf einem Sofa oder Bett auch ein konventioneller Ausdruck sexueller Verfügbarkeit.)*[8]

Im alltäglichen Umgang werden Unterwerfungsrituale heute nur noch angedeutet. Der devote männliche „Kratzfuß" vergangener Zeiten ist zunehmend knapperen Verbeugungen gewichen, bei denen aus dem aufrechtem Stand die Hüfte bzw. der Kopf nur leicht abgeknickt bzw. geneigt werden. Ebenso kommt der Frauen im Umgang mit höherrangigen Personen früher verordnete Knicks heute nur noch bei hochformellen Anlässen – z.B. bei der Begrüßung von Mitgliedern des englischen Königshauses – zum Einsatz. Der als ernstgemeinter Ausdruck von Ehrfurcht und Hochachtung gegenüber Frauen im Mittelalter noch beliebte männliche Kniefall spielt heute keine Rolle mehr, was Kommentatoren gelegentlich auf seine „sexuelle Konnotation" zurückführen.

Wenn überhaupt, dann ist die sexuelle Konnotation des Kniefalls weniger Ursache als Folge der historischen Veränderung des Ge-

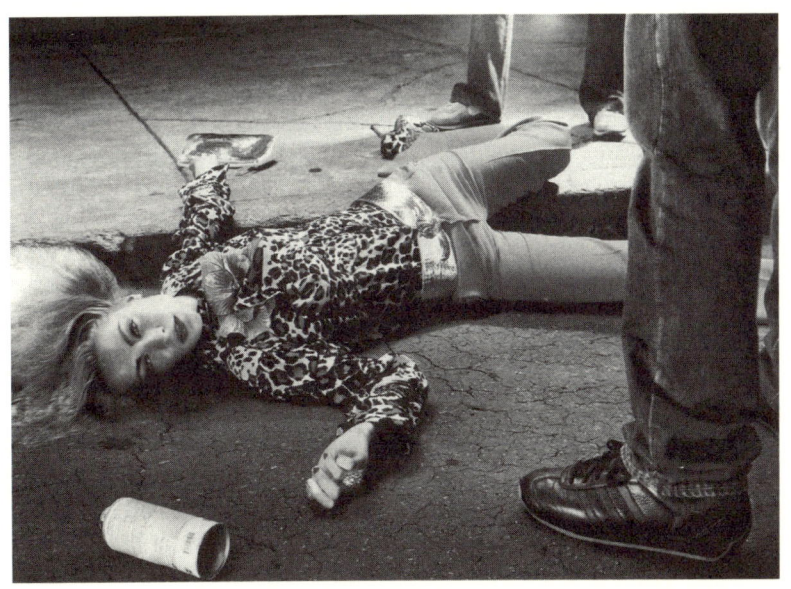

Abb. 26: Werbung für Mustang-Jeans
(die von den stehenden Männern getragen werden)

schlechterverhältnisses, durch die Formen der distanzierten Vereh-
rung, der Achtung und Bewunderung von Frauen zunehmend durch
Muster ihrer Sexualisierung und Objektivierung verdrängt wurden.

In der sozialen Interaktion zwischen Männern hat die symbolische
Unterwerfung ihre ursprüngliche sozial differenzierende Funktion
und Bedeutung beibehalten. Männer bringen durch entsprechende
Verhaltensweisen nicht – wie Frauen – ihr Geschlecht zum Ausdruck,
sondern ihren sozialen Status, ihre relative Position, ihren Respekt
und die Anerkennung und Wertschätzung, die sie anderen entgegen-
bringen (vgl. Abb. 24).

Im fernöstlichen Kotau berührt der kniende Untertan als Ausdruck
der Unterwerfung unter seinen Herrscher den Boden vor dessen Füßen mit der Stirn; ebenso der gläubige Moslem, der die vorgeschriebene Gebetshaltung einnimmt. Christen knien nieder, um zu ihrem
Gott zu beten; der höchste Würdenträger der katholischen Kirche
benutzt die symbolische Selbsterniedrigung als Zeichen liebevoller
Verbundenheit, wenn er beim Betreten fremder Länder den Boden
seines Gastlandes küßt. Mit einer sehr persönlichen Geste, die entsprechend wahrgenommen wurde, festigte Willy Brandt 1970 seinen
Ruf als „Versöhner von Macht und Moral". Die mit dem spontanen

Kniefall vor dem Warschauer Ghetto-Denkmal, mit dem Brandt die historische Schuld der Deutschen anerkannt und persönlich auf sich genommen hatte, tatsächlich einhergehende Aufwertung des Akteurs brachte Richard von Weizsächer auf den Punkt: *Ein tiefes Menschengefühl wurde zum Ausdruck eines Regierenden. Niemand hatte es erwartet. Keiner hat es vergessen. Es hat die Dinge verändert. Es hat den Völkern einen neuen Weg eröffnet.*[9] Im Gegensatz zu dieser differenzierten Nutzung sozialer Rituale durch Männer haben sich zwei elementare Muster der Unterwerfung als generelle Weiblichkeitszeichen etabliert: das Schieflegen des Kopfes und die Präsentation der Kehle (vgl. dazu Mühlen Achs, 1998, 64-67).

c) Gesten: Macht und Unsicherheit

Im Bereich der Gestik unterscheiden wir drei Gruppen mit unterschiedlichen sozialen, psychologischen und kommunikativen Bedeutungen und Funktionen. Zum einen sog. Präzisionszeichen, die als signifikante Elemente eines differenzierten, sensiblen, eher feinmotorischen Kommunikationsstils gelten und von denen auf korrespondierende Persönlichkeitsmerkmale wie Intellektualität, Feinsinnigkeit, Sensibilität und Genauigkeit bei der Entwicklung von Gedanken geschlossen wird (Abb. 27 oben).

Zum anderen sog. Machtzeichen, die zumeist Intentionsbewegungen, d.h. Andeutungen konkreter Machthandlungen sind, z.B. eines Schlages. Sie symbolisieren Aggressivität, Dominanz und Entschlossenheit (Abb. 27 Mitte und unten). Auch sie werden primär als Verweise auf bestimmte Persönlichkeitsqualitäten gedeutet, haben aber darüber hinaus auch soziale Strukturierungsfunktionen. Ein Individuum kann sich durch die Verwendung von Machtgesten als dominanter „Macher" stilisieren wie auch – auf sozialer Ebene – als hoher und einflußreicher „Souverän".

Drittens gibt es Gesten, mit denen auf den eigenen Körper Bezug genommen bzw. ein Eigenkontakt hergestellt wird. Die Funktionen und Bedeutungen solcher Selbstberührungen lassen sich nicht generell feststellen, sie können erst aus der speziellen Art der Durchführung bzw. unter Berücksichtigung des sozialen Kontexts erschlossen werden. Wenn z.B. Daumen „provokant" in Hosenbünde, Hosenträger oder Westen eingehängt, Fingerspitzen „nachdenklich" an die Stirn oder auf die Lippen gelegt, das Kinn „bedenklich" massiert, Hände „lässig" in den Hosentaschen vergraben, „herausfordernd" in die Hüften gestemmt oder „selbstbewußt" vor der Brust verschränkt werden, dann signalisieren diese Selbstberührungen Selbstsicherheit und

Abb. 27: Machtgesten

aggressive Dominanz (vgl. Abb. 28).

Hingegen bringen Selbstberührungen Ohnmacht, Unsicherheit und Verlegenheit zum Ausdruck, wenn die Arme „schutzsuchend" um den Körper, die Hände flach und „kraftlos" an den Körper oder an das Gesicht gelegt werden, wenn der Daumen oder die Fingerspitzen auf selbstvergessene Weise an die Lippen geführt oder gar in den Mund gesteckt werden, was an das Daumenlutschen kleiner Kinder erinnert (vgl. Abb. 31 und 32).

Männern stehen zur Inszenierung von Männlichkeit im Prinzip alle Arten von Gesten zur Verfügung, ausgenommen jene Selbstberührungen, die mit Machtlosigkeit und Unsicherheit konnotiert sind, die ihrerseits als Weiblichkeitszeichen fungieren. Wachsender Beliebtheit erfreut sich auch bei uns eine unter US-amerikanischen Männern gängige und durch die Medien weltweit verbreitete Drohgebärde, bei der der durchgestreckte Zeigefinger auf das Gegenüber gerichtet wird und mit einer stoßartigen Bewegung, quasi „phallisch", in dessen persönlichen Raum eindringt. Oft zu beobachten ist auch die „Untermauerung" sprachlicher Aussagen mit der geballten Faust. Ein Höchstmaß an Aggressivität – im Sinn und als Ausdruck von Kampfbereitschaft und Siegeswillen – bringt der dynamische

Abb. 28: Männliche Selbstberührungen

Faustschlag ins Leere zum Ausdruck. Diese Geste hat sich heute vor allem im sportlichen Kontext etabliert. Sie ist ebenso wie der mit durchgestrecktem Zeigefinger hochgereckte Arm (eine angeblich vom ehemaligen Tennisstar Boris Becker „erfundene" Geste) oder die wachsende Zahl durchaus kreativer Abwandlungen klassischer Jubelposen durch Fußballspieler zum Ritual geworden, das dazu dient, die Bedeutung der eigenen Leistung gebührend hervorzuheben. Wegen ihrer starken Aussagekraft werden solche Posen und Gesten gelegentlich auch von Sportlerinnen benutzt und von Männern zunehmend auch in ihr Alltagsrepertoire eingebaut.

Daumen- und Fingergesten haben als klassische Machtzeichen eine lange Tradition. Das Daumensignal, mit dem das römische Volk über Leben und Tod der versklavten Gladiatoren entschied, die in der Arena kämpften, ist in die Geschichte eingegangen. Der aufgerichtete Daumen brachte ihnen – als „Befreie ihn!"-Signal – die Freiheit, der gesenkte – als „Töte ihn!"-Zeichen – den Tod. Unser Alltag ist durchsetzt von vergleichbaren Zeichen (z.B. dem „O.K."-Signal), die Macht beinhalten. Hillary Clinton setzte in ihrer Funktion als *First Lady* Amerikas beispielsweise häufig den hochgereckten Daumen ein, um einer ihr zujubelnden Menge Zustimmung und Anerkennung zu signalisieren. Als Elemente der persönlichen Selbstdarstellung haben

132

Zeichen, die neben Selbstbewußtsein auch Dominanz und
Aggressivität und somit eine gewisse Gefährlichkeit zum Ausdruck bringen, heute allerdings
vor allem eine geschlechtsdar-
stellende Funktion. Es sind vor
allem männliche Daumen, die
„gefährlich" durchgestreckt aus
Hosen- oder Jackentaschen her-
ausragen oder fest und „bestimmt" in Hosenträger, -bund
oder -gürtel eingehängt werden.
Aggressive Männlichkeitszeichen richten sich wie symbolische Waffen gegen eine andere
Person, oft in der klaren Absicht,
diese zu demütigen und zu belei-
digen. Sie haben nicht selten
einen explizit sexuellen Hintergrund. Obszöne Armbewegun-

Abb. 29: „Stinkefinger"

gen und Fingerzeichen wie z.B. das Hochschnellen des Unterarms mit
geballter Faust bei gleichzeitigem Festhalten des Oberarms mit der
anderen Hand oder der „Stinkefinger" (der „phallisch" aufgerichtete
Mittelfinger, der eine vaginale oder anale Penetration andeutet) bringen ebenso wie entsprechende Verbalinjurien („Fuck You!") eine
negative Emotion bzw. eine verächtliche Einstellung zur Person zum
Ausdruck, gegen die sie sich richten. Sie werden zwar vorwiegend
von niedrigeren sozialen Schichten benutzt, finden aber zunehmend
Eingang in das Repertoire sozial höhergestellter Personen (Abb. 29).
    Im Kontext von Männlichkeit dient auch die sexualisierte Selbst-
berührung keineswegs der Entspannung. Der demonstrativ derbe
Griff in den Schritt, an die eigenen Geschlechtsteile signalisiert arrogante Verachtung und macht das eigene Dominanzbedürfnis augen-
fällig. Wir assoziieren derartiges Verhalten normalerweise mit einer
besonders aggressiven Macho-Mentalität. Daß es von dem weithin
eher als androgyn und sanftmütig eingeschätzten Michael Jackson als
wesentliches choreographisches Element seiner Tanzeinlagen stilisiert
wurde, muß daher einigermaßen verblüffen.
    Die Tatsache, daß ein gestischer Verweis auf die eigenen Geni-
talien zeichenhaft zur Beleidigung und Abwertung anderer Menschen

und zur Durchsetzung eigener Vormachtansprüche eingesetzt werden kann, macht die starke Verbindung zwischen männlicher Sexualität und gewalttätiger Dominanz offensichtlich. Solche Männlichkeitszeichen haben selbst dann, wenn sie hauptsächlich unter Männern benutzt und nicht direkt gegen Frauen gerichtet werden, eine enorme geschlechterhierarchisierende Funktion, denn sie bringen die tiefe Verachtung gegenüber jenen Menschen zum Ausdruck, die von den Besitzern dieser „Waffen" benutzt und mit ihrer Hilfe unterworfen werden können. Davon sind zunächst generell, wenngleich beileibe nicht ausschließlich, Frauen betroffen. Spätestens seit publik wurde, daß im Balkankrieg auch männliche Gefangene zur Sicherung erreichter Kriegsziele systematisch vergewaltigt worden waren, ist klar, daß sich diese Waffe auch gegen Männer richten kann.

Wenn entsprechende obszöne Gesten direkt an Frauen gerichtet werden, dann wird – ungeachtet seiner Augenfälligkeit – ihr aggressiver, dominanter und beleidigender Charakter bemerkenswerterweise gern übersehen. Dann legt uns selbst ein angesehener Wissenschaftler wie Desmond Morris feinsinnig nahe, sie doch als Komplimente aufzufassen und entsprechend zu akzeptieren: „Two men are looking at an approaching girl and one man signals to the other, by jerking his hand, that he would like to copulate with the girl. His gesture is a compliment to the girl's sexuality..."[10] Geradezu detailverliebt listet Morris in diesem Zusammenhang zwölf weitere ritualisierte Gesten auf, deren Zweck einzig und allein darin besteht, die Physis von Frauen zu kommentieren und einschlägige sexuelle Assoziationen, Phantasien und Wünsche zu kommunizieren.[11]

Tatsächlich dient das demonstrative und dominante Taxieren und Bewerten von Frauen durch einschlägiges Verhalten in der Öffentlichkeit jedoch vor allem der Festigung und Pflege der sozialen Bindungen zwischen den beteiligten Männern. Aus diesem Grund wird es überwiegend aus männlichen Gruppen heraus und nicht von einzelnen Individuen gezeigt.

Das umfangreiche Repertoire männlicher Gesten, die Macht, Überlegenheit und Dominanz zum Ausdruck bringen, wird im verbalen Bereich durch eine nicht weniger große Zahl sprachlicher Dominanzmuster ergänzt und unterstützt.[12] Männer reden mehr und vor allem lauter als Frauen; sie unterbrechen andere häufiger, werten sie ab, geben ungebeten Kommentare und zynische Bemerkungen zum besten, reagieren in Gesprächssituationen beleidigend minimalistisch (mit unartikulierten Grunzlauten), beantworten Fragen mit Gegenfragen und ignorieren die Beiträge anderer, während Frauen den Groß-

Abb. 30: Weibliche Machtzeichen

teil der Arbeit zur Aufrechterhaltung von Gesprächen leisten (vgl. Trömel-Plötz, 1969, 1982, 1984, 1992).

Verglichen mit der großen Zahl von Gesten, die als Männlichkeitszeichen identifiziert werden können, ist das Repertoire an entsprechenden Weiblichkeitszeichen vergleichsweise klein. Drohgebärden, Machtgesten und dominante Selbstberührungen stehen grundsätzlich nicht zur Disposition, da sie mit dem herrschenden Weiblichkeitskonzept konfligieren, in dem der Ausdruck von Macht und Dominanz nicht nur irrelevant ist, sondern sogar einem Tabu unterliegt. Frauen, die sich mit diesem vorgegebenen Konzept identifizieren, unterwerfen sich in der Regel diesem Tabu und verzichten auf entsprechende Ausdrucksformen. Ihnen stehen im Prinzip nur die sogenannten Präzisionszeichen und natürlich die mit Machtlosigkeit und Unsicherheit konnotierten Selbstberührungen zur Verfügung. Da Präzisionszeichen keine explizit geschlechtsdifferenzierende Funktion, wohl aber einen durchaus aufwertenden Charakter haben, werden sie gern von selbstbewußten Frauen, die „etwas zu sagen haben", benutzt (Abb. 30).

Um sich als Frau der wirkmächtigeren gestischen Zeichen von Macht und Dominanz zu bedienen, die mit Männlichkeit assoziiert sind, bedarf es allerdings einer deutlichen Unabhängigkeit von traditionellen Weiblichkeitsvorstellungen. Ein schönes Beispiel dafür war die selbstbewußte, durchsetzungsbereite „Graue Panther"-Chefin Trude Unruh, die dem heterosexuellen Attraktivitätszwang schon aus Altersgründen weitgehend entronnen war. Sie verlieh in ihren spektakulären öffentlichen Auftritten ihren politischen Forderungen nicht zuletzt durch raumgreifende Bewegungen und exzessives Gestikulieren mit geballter Faust und hochgerecktem Daumen Nachdruck. Häufiger als

Abb. 31: Weibliche Selbstberührungen

dieser unmißverständlichen Machtgestik bedienen sich relativ mächtige Frauen heute bestimmter abgemilderter Versionen klassischer Machtgesten – z.b. indem der pointierende Zeigefinger nicht direkt auf das Gegenüber gerichtet wird (vgl. Abb. 30).

Vor dem Hintergrund der gegenwärtigen Geschlechterkonzepte haben eigentlich nur Männer die Möglichkeit, ihre Arme und Hände als symbolische Waffen zur Abgrenzung von anderen einzusetzen. „Weibliche" Gestik ist selbstreflexiver, mehr auf den eigenen als auf andere, fremde Körper gerichtet. Weibliche Selbstberührungen wurzeln weniger in einem psychologischen Dominanzbedürfnis über andere als im Bemühen um Selbstkontrolle bzw. Kontrolle der eigenen Erscheinung, und sie transportieren andere Bedeutungen. Der ordnende Griff in die Frisur, Korrekturen an der Kleidung und die zur (Wieder)-Herstellung des Make-ups erforderlichen sanften, streichelnden Berührungen des Gesichts dienen nicht zuletzt der Aufrechterhaltung und Wiederherstellung eines vorschriftsmäßigen Zustands. Durch entsprechend sanfte Eigenkontakte können darüber hinaus auch generelle Berührungsbedürfnisse befriedigt werden, die in Sozialkontakten unbefriedigt geblieben sind (vgl. dazu das Muster des Daumen- und Fingerlutschens von Kleinkindern) (Abb. 31 links und rechts, Abb. 32).

Weil Selbstberührungen generell eine beruhigende, streßableitende Funktion haben, werden sie auch als Verweis auf innere Konflikte bzw. als Versuche, diese zu bewältigen, interpretiert. In diesem Zusammenhang kommen auch aggressivere Varianten des Selbstkontakts zum Einsatz, z.B. Aufkratzen der Haut im Gesicht, Haarausreißen, Nägelkauen und Fingerbeißen. Großes Leid und tiefe Verzweiflung werden durch Händeringen zum Ausdruck gebracht. Die „selbstbeschützende" Umklammerung des eigenen Körpers (Abb. 31 Mitte), ein in der Werbung ompipräsentes Weiblichkeitszeichen, signalisiert Unsicherheit und Angst. Das eher neckische Verbergen des Gesichts hinter der vorgehaltenen Hand drückt „kindliche" Unsicherheit und Schamhaftigkeit aus.

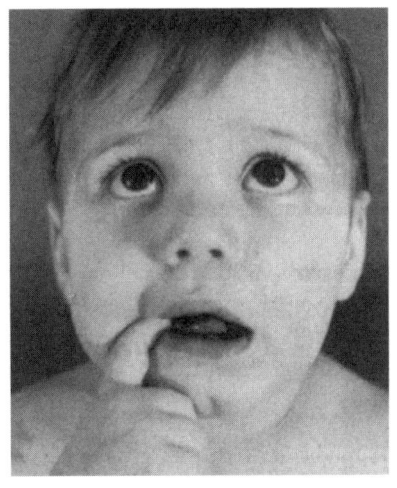

Abb. 32

Aufgrund dieser speziellen und starken emotionalen Qualitäten sind derartige Selbstberührungen für Männer absolut tabu. Damit wird zwar einerseits die gendergerechte Verknüpfung von Männlichkeit mit Stärke, Autonomie und Selbstkontrolle unterstützt und aufrechterhalten, andererseits werden Männern dadurch die selbstberuhigenden, streßableitenden Funktionen der Eigenkontakte vorenthalten. Kuriose Blüten treibt dieses Tabu beispielsweise in Situationen, in denen der Kontakt mit dem eigenen Körper unumgänglich ist, z.B. bei der Körperpflege. In diesem Zusammenhang muß ein „richtiger" Mann sich so verhalten, daß keine „weiblichen" Konnotationen entstehen, sondern nur solche, die mit den Männlichkeitsvorstellungen in Einklang gebracht werden können.

Wunderbare Beispiele dafür liefert immer wieder die Werbung, die für die Promotion von eigentlich vollkommen geschlechtsneutralen Produkten wie Shampoos oder Duschgels entsprechend unterschiedliche Strategien benutzt. Das „weibliche" Produkt wird von Models vorgeführt, die es mit zärtlichen, sanften Bewegungen, geradezu selbstverzückt und oft unter wohlwollenden bis begehrlichen männlichen Blicken auf Kopf oder Körper verstreichen. Das „männliche" Produkt wird fest und kraftvoll mit der ganzen Faust angepackt und mit dynamischem Schwung und unter größtmöglicher Vermeidung direkten Körperkontakts auf den Leib gespritzt und dann, wenn überhaupt, mit beinahe groben Bewegungen einmassiert. Ein und dasselbe Produkt wird Frauen als Mittel zur Pflege und Verschönerung, den Männern zur Steigerung von Kraft und Potenz angeboten. „Shower for New Power!" ist der Slogan der gegenwärtigen flächendeckenden

Werbung für Duschgel von NIVEA, die einen dynamischen Modellathleten bei der Körperpflege zeigt.

d) Blicke: Interesse und Dominanz

Auch der Blick (ahd. „Blitz", „heller Strahl") ist ein Kommunikationsinstrument mit archaischen Machtqualitäten. Seine Macht beruht vor allem darauf, anderen starke und intensive Gefühle kommunizieren zu können. Die Wirkung ist um so stärker, je direkter und länger der Blick ist. „Böse" Blicke, die negative Emotionen transportieren, werden gefürchtet. Sie wirken unmittelbar bedrohlich. Gelegentlich wurde ihnen sogar unterstellt, töten zu können. Aber auch positive Gefühle können durch einen entsprechenden Blick blitzartig in unsere Gefühlswelt einschlagen und dort enorme Macht entfalten.

Vor diesem Hintergrund wird verständlich, warum Gesellschaften zu allen Zeiten danach trachteten, das visuelle Verhalten ihrer Mitglieder so zu regulieren, daß es den gegebenen Machtstrukturen entsprach und nicht als „Waffe" gegen die Herrschenden eingesetzt werden konnte. Der „böse" Blick wurde zum Privileg der Mächtigen und allen anderen entsprechend untersagt. Dieses Verbot bezog sich in feudalen Zeiten offener Herrschaft nicht nur auf den dominanten Blick, sondern auf den Blickkontakt schlechthin: Die Untergeordneten durften ihre Herrscher oft überhaupt nicht anschauen. Vergleichbare explizite Regeln finden sich heute noch innerhalb stark hierarchisch gegliederter Institutionen, z.B. beim Militär: Der einfache Soldat hat seine Augen starr geradeaus zu richten, wenn ein Vorgesetzter ihn kritisiert („anscheißt").

Blickkontakt kann unter bestimmten Umständen auch vorgeschrieben bzw. sogar erzwungen werden. In diesem Fall wird nicht auf die dominante Bedeutung des Blicks abgehoben, sondern auf seine Funktion als Signal der Aufmerksamkeit und Bereitschaft zur Unterwerfung. Einen solchen Blick erwarten und fordern beispielsweise erwachsene Erziehungsberechtigte von ihren kindlichen Zöglingen („Sieh mich an, wenn ich mit dir spreche!"). Wer ihn verweigert, signalisiert Renitenz, Aufmüpfigkeit, letztlich Widerstand gegen die herrschende Ordnung. Das demonstrative „Übersehen" bzw. Ignorieren eines anderen Menschen ist unter Herrschaftsbedingungen ebenfalls ein Privileg der Herrschenden. Welche Macht diesem Verhaltensmuster tatsächlich innewohnt, zeigt sich, wenn es außerhalb festgelegter sozialer Herrschaftsstrukturen zwischen prinzipiell Gleichwertigen spontan benutzt wird. Von jemandem einfach übersehen zu werden, ist für die betroffene Person zumindest außerordentlich irritierend und kränkend. Ein Individuum, das durchgängig und absolut ignoriert wird, erleidet den „sozialen Tod".

Macht, Überlegenheit und Dominanz können also sowohl durch einen direkten, bedrohlichen Blick als auch durch demonstratives „Übersehen" der anderen Person ausgeübt werden. Das Drohstarren ist ein dem schon beschriebenen Imponiergehabe vergleichbares Verhalten mit einer sehr starken unmittelbaren Wirkung. Es unterliegt deshalb in demokratisch strukturierten Gesellschaften einem umfassenden Tabu, das durch explizite Regeln des guten Benehmens aufrechterhalten wird. Heute gilt es ganz allgemein als grob unhöflich und äußerst respektlos, einen anderen Menschen direkt anzustarren. Einschlägige Untersuchungen zeigen, daß sich Frauen stärker und grundsätzlicher an diese Regel halten, während Männer sie oft durchbrechen und sich dieses tabuisierten Verhaltensmusters systematisch zum Zweck des Dominierens bedienen.

Seine unmittelbare Verbindung mit Macht und Potenz macht das Starren zum idealen Männlichkeitszeichen. Die Werbung greift im Bemühen, männliche Figuren möglichst attraktiv in Szene zu setzen, häufig auf einen geradezu martialischen Drohblick zurück.[13] Dieser „männliche" Blick sticht förmlich aus schmalen und zugekniffenen Augen heraus; er ist direkt und scharf fokussiert auf das Gegenüber gerichtet; er wirkt herausfordernd, ironisch, skeptisch, abweisend, bedrohlich oder aggressiv – in jedem Fall dominant. Die Tatsache, daß der offensichtliche Bruch eines starken kulturellen Tabus in diesen Darstellungen von Männern in der Regel nicht wahrgenommen wird, ist bemerkenswert. Sie zeigt, wie stark und zugleich unbewußt die Verbindung ist, die Dominanz und Männlichkeit miteinander eingegangen sind (Abb. 33).

Dominantes und aversives Starren ist besonders wirkungsvoll, wenn über die anderen körpersprachlichen Kanäle, insbesondere über die Mimik, wenige oder gar keine Informationen transportiert werden. Ein cooles „Pokerface" verhindert einerseits Einblicke in die emotionale Lage und läßt den Mann unberechenbarer erscheinen. Andererseits verstärkt es die emotionale Wirkung des Blicks auf jene, die „ins Visier" genommen werden. Aggressive Männer verstehen einen solchen Blick, durch den Dominanzansprüche zum Ausdruck gebracht werden, unmittelbar als Kampfansage, wie die nachfolgende Textpassage aus einem Song der rechtsradikalen deutschen Band „Endsieg" veranschaulicht:

Siehst du einen Türken in einer Straßenbahn,
schaut er dich irgendwie provozierend an,

Abb. 33: Männliche Blicke

dann stehst du einfach auf und haust ihm eine rein, du ziehst dein Messer und stichst siebzehnmal hinein. In derartigen Auseinandersetzungen sind Nationalität oder Alter der Kontrahenten weit weniger von Bedeutung, als man vermuten könnte. Es geht vielmehr um den Kampf Mann gegen Mann. Ein siebenundzwanzigjähriger Deutscher z.B. bezahlte mit lebensgefährlichen Stichverletzungen für den „schiefen Blick", mit dem er in einem Münchner Lokal das Mißfallen eines neununddreißigjährigen Türken erregt hatte.[14] Zwischen Jugendlichen artete ein Streit um die Frage „Was schaust du so blöd?" in eine veritable Messerstecherei aus, die ebenfalls im Krankenhaus endete. Die „Schärfung" des Blicks und sein entsprechender Einsatz bleibt schon bei Kindern den Jungen vorbehalten (Abb. 34).

In visuellen Begegnungen mit Frauen können Männer sich hingegen entspannen, denn Frauen reagieren auf visuell vorgetragene Dominanzansprüche gendergerecht – d.h. nicht aggressiv, sondern einlenkend oder unterwürfig, mit Blickabwendung bzw. der Vermeidung von Blickkontakt. Der gendergerechte weibliche Blick auf den Mann signalisiert Interesse und Aufmerksamkeit. Solche Unterschiede in der visuellen Kommunikation

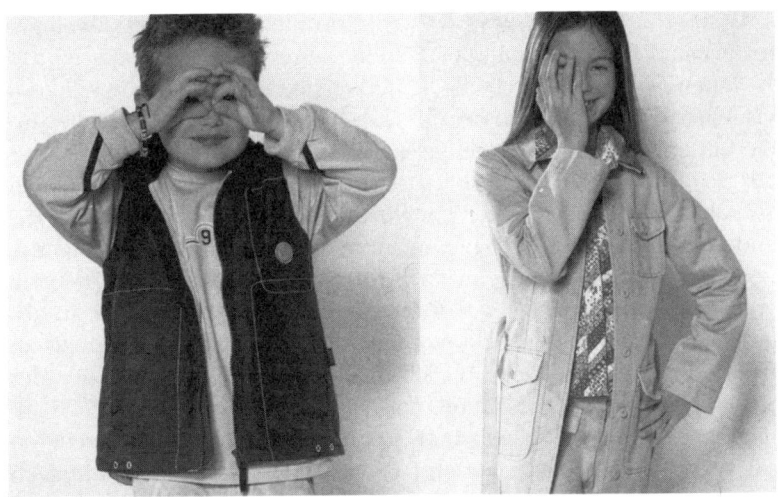

Abb. 34

von Frauen und Männern konnten durch empirische Untersuchungen vielfach nachgewiesen werden.[15] Suwelack (1998) stellte beispielsweise fest, daß Frauen in ihrem visuellen Verhalten bedeutend zuwendungsorientierter sind als Männer. Sie schauen andere Menschen mehr an und zeichnen sich allgemein durch ausgeprägtere Blickkontaktbereitschaft aus als Männer, die sich eher durch das Muster der Blickvermeidung charakterisieren lassen. Frauen erwiesen sich zudem als visuell „beständiger", während Männer den visuellen Kommunikationskanal durch eine erhöhte Frequenz von Blickzuwendung und Blickabwendung eher dazu benutzten, Distanz und Nähe zu regulieren.

Ein weiteres interessantes Ergebnis dieser Studie war, daß Frauen in ihrem Blickverhalten (wie in ihrem gesamten nonverbalen Verhalten) dazu tendierten, sich dem Verhalten eines männlichen Gegenübers anzugleichen. Männer hingegen verhielten sich deutlich entgegengesetzt dem Verhalten eines weiblichen Gegenübers. Aus dieser größeren „Reaktivität" von Frauen schließt die Autorin auf eine höhere Bereitschaft, männlichen Gesprächspartnern entscheidenden Einfluß auf den Verlauf der Interaktion einzuräumen – sie überlassen ihnen sozusagen die Führungsposition (eine Haltung, die von der Sängerin Samantha Mumba mit der Textzeile „I'm looking for the guy who plays the lead in my life" kongenial zum Ausdruck gebracht wird). Dieser spezifische Unterschied im visuellen Verhalten der Ge-

141

schlechter bewirkt, daß Männer selbstbestimmter wirken und weniger reaktiv und fremdbestimmt als Frauen.

Einen weiteren durchaus bemerkenswerten Unterschied in der visuellen Kommunikation der Geschlechter haben experimentelle Studien in engen Fahrstühlen aufgezeigt. Zunächst wurde festgestellt, daß ein deutlicher Abgrenzungsblick sowohl zwischen Männern als auch zwischen den Geschlechtern ein wirkungsvolles Mittel ist, um sich die anderen Liftbenutzer und -benutzerinnen in respektvollem Abstand – vom Leib – zu halten. Wenn Frauen unter sich waren, reagierten sie vollkommen anders. Sie traten an diejenigen, von denen sie in abgrenzender Weise angeblickt worden waren, sogar näher heran als an jene, mit denen sie keinen Blickkontakt hatten.[16] Die AutorInnen der Studie begründeten dies damit, daß Frauen Blicken grundsätzlich andere Bedeutungen zuschreiben als Männer. Offensichtlich interpretieren sie selbst direkte Blicke anderer Frauen nicht als Dominanzversuch oder als Ausdruck der Zurückweisung und Ablehnung, sondern als Zeichen von Interesse bzw. als ersten Schritt zur „Intimisierung", d.h. zur Weiterentwicklung der Begegnung hin zu einer persönlichen Beziehung.

Einen folgenreichen Interaktionszusammenhang fanden Kennedy & Camden (1983) in einer Kleingruppenuntersuchung heraus: Frauen, die im Gespräch mit Männern den Blickkontakt nicht durchgängig aufrechthielten, wurden von diesen häufiger unterbrochen. Die Männer interpretierten das Verhalten der Frauen als Ausdruck von Desinteresse oder Unaufmerksamkeit, was ihrer Meinung nach eine Unterbrechung rechtfertigte. Interessanterweise führte mangelnder Blickkontakt von Männern nicht zu vermehrten Unterbrechungen. Es liegt nahe, auch diesen Unterschied auf eine geschlechtsspezifisch differenzierende Bedeutungszuweisung zurückzuführen. Demzufolge wäre unter Männern mangelnder Blickkontakt nicht primär als Zeichen der Unaufmerksamkeit, sondern eher als Ausdruck von Macht und Überlegenheit zu interpretieren; er würde bei einem männlichen Gesprächspartner nur dann häufigere Unterbrechungen zur Folge haben, wenn diese Überlegenheit in Frage gestellt und angegriffen würde.

Ein direkter weiblicher Blick wird nicht primär als Ausdruck von Macht, Status oder Dominanz wahrgenommen, sondern als Zeichen emotionaler Zuwendung und – durchaus auch erotischen – Interesses, wie folgende private Kleinanzeige deutlich macht:

Längerer Blickkontakt! Montag, 8.4.91, 14.25 Uhr, Maximilian-straße vor Louis Vuitton. Die junge Dame mit schwarzen langen Haaren, English House bzw. Unützer-Tüte, grüner Hose und dun-

kelgrauem Mantel möchte sich für ein Wiedersehen (ohne Termin-
druck) bitte mit Telefonnummer unter... melden.[17]
Eine derartige Interpretation und die Entwicklung einer entsprechend
erotischen Erwartungshaltung können Frauen eigentlich nur durch
konsequente Blickvermeidung verhindern. Das Muster des sittsam ge-
senkten Blicks wurde ihnen deshalb über Jahrhunderte als respekta-
bler Ausdruck von Weiblichkeit auch durchaus nahegelegt. Heute
symbolisiert es den scheinbar freiwilligen Verzicht auf eine Auseinandersetzung um Dominanz und Überlegenheit mit visuellen Mitteln,
auch und vor allem unter der Bedingung der scheinbaren Gleichwertigkeit. Denn selbstverständlich haben heute Frauen dieselbe grundsätzliche Freiheit, in der Verfolgung ihrer Ziele alle nur denkbaren
Arten von Blicken einzusetzen, wie Männer. Aber viele davon, speziell die mächtigen und „bösen", stehen nicht in Einklang mit den
gegenwärtigen Vorstellungen von Weiblichkeit. Und jene visuellen
Muster, die den Weiblichkeitsvorstellungen entsprechen, haben das
Handicap, nicht machtvoll und bedrohlich zu wirken, sondern positive emotionale Konnotationen auszulösen.

Direkte weibliche Blicke sind dann legitim, wenn sie entweder aus
großen, weitgeöffneten (Kinder-)Augen oder deutlich emotionalisiert,
lasziv verhangen oder unfokussiert daherkommen. Sie können auch
schelmisch, verstohlen, neckisch aus Augenwinkeln heraus oder von
unten nach oben auf ein Gegenüber gerichtet werden. Um hinreichend weiblich zu sein, muß ein gerader und direkter Blick eindeutig als nicht-konfrontativ spezifiziert werden: Die weit geöffneten
Augen bringen Interesse und eventuell sogar Bewunderung zum Ausdruck. Der verhangene, umflorte oder einfach nur unfokussierte Blick
signalisiert pure Sinnlichkeit, Innerlichkeit und Hingebungsbereit-
schaft. Ein weiblicher Blick ist keinesfalls scharf und stechend, sondern weich. Nicht dominant oder gar herrisch, sondern unterwürfig
und vor allem „gefühlig". Er kennzeichnet seine Trägerinnen als attraktive, aber harmlose Objekte sowohl männlicher Begierde als auch
eines männlichen „Beschützerinstinkts" (Abb. 35).

Insbesondere in der als männlich konnotierten Öffentlichkeit werden Frauen in unglaublichem Maß mit männlichen Blicken konfrontiert,
die angeblich Bewunderung oder gar Anerkennung ausdrücken. Tatsächlich handelt sich in den meisten Fällen aber nicht um gefühlsge-
leitetes Verhalten, sondern um reine Dominanzhandlungen, denen
sämtliche Qualitäten eines echten Bewunderungsblicks fehlen. Es
sind vielmehr Unverschämtheiten, was gelegentlich durch Bemerkungen deutlich wird, aus denen hervorgeht, daß die Akteure durch ihre

Abb. 35: Weibliche Blicke

Selbstdarstellung als qualifizierte „Frauenkenner" vor allem ihre Überlegenheit zum Ausdruck bringen wollen. Ein echter Bewunderungsblick ist ebensowenig starr und direkt, wie respektvolle Berührungen hart und zupackend sind. Er unterscheidet sich ganz diametral vom unverschämten und dominanten Taxieren. Er ist eher sanft und verstohlen, mehr suchend als bewertend, er drückt nicht Forderungen, sondern Sehnsüchte aus. Er ist spontaner Ausdruck eines Gefühls, kein einseitiges Dominanzritual. Zwei Menschen, die eine Liebesbeziehung eingegangen sind, schenken sich gegenseitig diesen Blick als überzeugendsten Beweis einer Liebe, die sich weder auf gesellschaftliche Konventionen noch auf einseitiges sexuelles Begehren verkürzen läßt.

Im Vergleich zum relativ primitiven Muster des dominanten Starrens ermöglicht das Ignorieren, das bewußte Übersehen einer Person, eine kultiviertere, jedoch kaum weniger wirkungsvolle Form der Machtausübung. Es kann allerdings effektiv nur von Personen benutzt werden, die Macht und Status repräsentieren und damit ihrerseits „Ansehen genießen". Der legendäre Jazz-Trompeter Miles Davies wandte beispielsweise seinem Publikum jahrelang ostentativ den Rücken zu und erwies nur seinen Mitspielern gelegentlich die Ehre eines Blickkontakts. „Nahm er die bunten Gläser während eines Konzerts einmal ab, um einem Musiker in die Augen zu blicken, so schien dies eine der höchsten Auszeichnungen."[18]

Der Prototyp des systematisch ignorierten und damit zur „Unperson" degradierten Menschen ist der Haussklave, Leibdiener oder Domestik. Er verrichtet seine tägliche Arbeit in der Intimsphäre seiner Herrschaft, in deren unmittelbarer Nähe oder sogar direkt an ihrem Leib. Die soziale Distanz zwischen Herren und Sklaven wurde durch das Ignorieren ihrer Menschlichkeit und ihre absolute Funktionalisierung aufrechterhalten. So konnten sie auch aus der konkreten Abhängigkeit der Herren von ihnen und ihrer intimen Nähe zu ihnen keine eigene Überlegenheit ableiten. Im rassistischen Süden der Vereinigten Staaten mußten sie sogar im Schlafzimmer ihrer Herren nächtigen, um jederzeit verfügbar zu sein, wenn sich bei diesen ein Bedürfnis regte – ein Arrangement, das den Gentlemen vollkommen selbstverständlich erschien. „If I wanted a glass of water during the night, what would become of me?" (Zitiert nach Goffman, 1973)

Diese spezielle Form der Degradierung von Menschen zu reinen Dienstleistungsträgern hat im gesellschaftlichen Fortschreiten mittlerweile ihr verdientes Ende gefunden. Eine vergleichbare Funktionalisierung und Objektivierung, deren Ende noch nicht absehbar ist, läßt sich jedoch in bezug auf das private Verhältnis zwischen Frauen und Männern feststellen. Bei der Gestaltung einer zufriedenstellenden Geschlechterkonstellation konnte der griechische Philosoph Demosthenes noch aus dem Vollen schöpfen – er schrieb: „Geliebte halten wir zu unserem Vergnügen, Konkubinen für unseren täglichen persönlichen Dienst und Ehefrauen, damit sie uns legitime Kinder gebären und uns den Haushalt führen." Moderne Frauen müssen heute sämtliche dieser Ansprüche allein befriedigen. Ihre „Bekehrung zu niederen Diensten" auf der Basis „gemeinschaftsbezogener Tugend" war in den Augen des Wirtschaftswissenschaftlers Kenneth Galbraith von unschätzbarem sozio-ökonomischem Wert für den Staat und von enormer gesellschaftlicher Tragweite. Er schrieb: „Die Verwandlung der Frauen in eine heimliche Dienstklasse war eine ökonomische Leistung ersten Ranges. Diener für niedere Arbeiten konnte sich nur eine Minderheit der vorindustriellen Gemeinschaft leisten. Im Zug der Demokratisierung steht heute fast dem gesamten männlichen Bevölkerungsanteil eine Ehefrau als Dienerin zur Verfügung." (1976, 41)

Im Gegensatz zur sozialen Vernichtungsfunktion des Ignorierens von Personen ist das „geflissentliche" Übersehen bestimmter Verhaltensweisen kein Ausdruck von Macht, sondern, insbesondere wenn es sich dabei um unangemessene, „peinliche" Verhaltensweisen handelt, ein Zeichen von Taktgefühl und Respekt. Goffman bezeichnete diese Form des Übersehens, die die betroffenen Personen vor Bloßstellungen schützt und somit letztlich ihre soziale Degradierung verhindert, als „civil inattendance".

Frauen wird im Umgang mit Männern dieses visuelle Taktgefühl als ein Akt der fürsorglichen Imagepflege nahegelegt. Damit wird zugleich verhindert, daß Frauen aus der – durchaus erwünschten – hohen visuellen Aufmerksamkeit gegenüber Männern Vorteile ziehen oder gar eine Position der zumindest moralischen Überlegenheit ableiten könnten. Was nicht bemerkt werden darf, kann auch nicht kritisiert werden.

Die Verpflichtung zum taktvollen Übersehen verhindert den Einsatz des äußerst wirkungsvollen „Monitor"-Blicks, durch den unangemessenes Verhalten visuell gerügt werden kann. Nach Rosenthal und DePaulo (1979) ist die große Bereitschaft von Frauen, kritikwürdiges männliches Verhalten zu „übersehen", nicht zuletzt aber auch als Selbstschutzmechanismus zu verstehen. Sie wissen, oder sie befürchten zumindest, daß es in erster Linie ihnen selbst schaden könnte, wenn sie männliches Verhalten offen kritisieren und damit deren Image in Frage stellen.

Von Frauen wird im Umgang mit Männern nicht Imagekritik, sondern Imagepflege erwartet. Dieser Begriff umfaßt verschiedene Techniken, die der „Wahrung des Gesichts" dienen. Dazu gehören neben dem höflichen, taktvollen Übersehen und Übergehen unangenehmer oder peinlicher Verhaltensweisen auch aktive Techniken wie z.B. Komplimente und Respektsbekundungen. Neben protektiven gibt es auch selbstprotektive Techniken der Imagepflege. Während die einen einer anderen Person zugute kommen, dienen die anderen der Wahrung des eigenen Gesichts. Die Strategie der taktvollen Blickvermeidung ist eine typische weibliche – noch dazu ziemlich selbstlose – Form der protektiven Imagepflege, die oft von Selbstabwertung begleitet wird. Männer greifen häufiger auf selbstprotektive Techniken der Imagepflege zurück, deren Wirkung sie dadurch verstärken, daß sie das Image ihrer Kommunikationspartner und -partnerinnen aggressiv angreifen.[19]

Ein zentrales Element des Weiblichkeitsrepertoires ist der stereotype Bewunderungsblick (Abb. 36). Er trägt viel zur Aufwertung des Betrachteten, zum Ansehen der Frauen selbst jedoch eher wenig bei, wie folgende unverblümt verächtliche Beschreibung des berüchtigten

„Anbetungsblicks" der damaligen Präsidentengattin Nancy Reagan deutlich macht:

Ihr höchstes Ausdrucksmittel, ja ihr Markenzeichen, war der Anbetungsblick. Für die tiefe Intensität der Verzükkung, die Nancy Reagan bei der öffentlichen Betrachtung ihres Ehemannes an den Tag zu legen wußte, gibt es Vorbilder allenfalls im Hochbarock (Berninis Heilige Theresa kommt in den Sinn) sowie in frühen Stummfilmen.[20]

Ungeachtet einer zumindest ambivalenten Haltung gegenüber ritualisierter öffentlicher „Anbetung" von Ehemännern wird solches Verhalten Frauen immer wieder nahegelegt. In diese Kategorie sind auch diverse kosmetische Korrekturen einzuordnen, die den Blick entsprechend intensivieren. Spezielles Make-up hebt die Augenpartie besonders hervor und lenkt den Blick auf die Augen. Das Abrasieren der natürlichen, meist gerade gewachsenen Augenbrauen und das Aufmalen einer künstlichen, bogenförmig geschwungenen Linie, die weit oberhalb der natürlichen Linie verläuft, verleiht einem Blick etwas interessiert Staunendes. Durch spezielle Augentropfen werden die Pupillen erweitert, wodurch auf scheinbar natürliche und deshalb besonders glaubhafte Weise Interesse suggeriert wird.

Abb. 36: Bewunderungsblicke

147

e) Mimik: Expressivität und Selbstbeherrschung
Die Mimik ist das zentrale Medium für eine differenzierte Kommunikation von Gefühlen. Das Gesicht ist fremden Blicken weitgehend ungeschützt ausgesetzt und verfügt als einziger Kommunikationskanal über kulturunabhängige, universelle Zeichen, denen überall auf der Welt dieselbe Bedeutung zugeordnet wird. Dadurch können die wichtigsten, die sogenannten primären Gefühle – Interesse, Angst, Wut, Verachtung, Überraschung, Glück, Trauer – eindeutig und unmißverständlich zum Ausdruck gebracht werden.[21] Darüber hinaus sind wir aber aufgrund der komplexen Muskulatur des Gesichts auch in der Lage, Gefühlsdarstellungen vielfältig zu differenzieren und aufs feinste zu nuancieren.

Durch die Universalität der Gefühlszeichen wird – zumindest prinzipiell – sichergestellt, daß im emotionalen Bereich unmißverständlich kommuniziert werden kann. Eine wesentliche Voraussetzung dafür ist allerdings emotionale Spontaneität, die eigentlich nur Kindern und in gewissem Maß geistig behinderten Menschen zu eigen ist. Diese beiden Gruppen bringen ihre Gefühle weitgehend spontan und unmittelbar zum Ausdruck, weil ihnen die vielfältigen gesellschaftlichen Vorschriften, die bei anderen den Ausdruck regeln, noch nicht bekannt oder nicht vermittelbar sind.

In bezug auf die Vorschriften hinsichtlich des Ausdrucks von Gefühlen unterscheiden wir generelle und spezifische Regeln. Generelle Regeln gelten für alle Mitglieder einer Gesellschaft, sie werden im allgemeinen verinnerlicht und Teil der Identität. Sie resultieren in typischen Unterschieden zwischen Angehörigen unterschiedlicher Kulturen.

Ein Beispiel dafür ist das unterschiedliche Lächelverhalten von JapanerInnen und EuropäerInnen. Dieses sollte man keinesfalls als Ausdruck einer höheren Bereitschaft von JapanerInnen, anderen entgegenzukommen, verstehen. Es ist nur Folge einer stärkeren Verpflichtung zur Darstellung positiver, entgegenkommender Gefühle im sozialen Umgang, die ihrerseits durch andere soziale Ursachen begründet ist. Ein anderes Beispiel ist das im südöstlichen Europa verbreitete exzessive Trauerverhalten am offenen Grab, das nicht nur Weinen, sondern auch Schreien, Händeringen, Haareraufen oder sich zu Boden Werfen beinhaltet. In diesen Kulturen wird dieses Verhalten als ein durchaus angemessener Ausdruck der Gefühle von Hinterbliebenen betrachtet. Beim durchschnittlichen Mitteleuropäer, der stärker zur Selbstkontrolle verpflichtet ist, löst es hingegen Befremden oder Mißtrauen aus.

Spezifische Regeln steuern unser Ausdrucksverhalten in Abhängigkeit von den jeweiligen Anforderungen, die mit unterschiedlichen Situationen oder Rollen verbunden sind, und ermöglichen uns damit ein situationsspezifisch „angemessenes" Benehmen. Diese Regeln sind uns wesentlich bewußter als die generellen Regeln. Wir erleben viele davon als durchaus zwanghaft und sind deshalb auch in der Lage, ihnen gegenüber eine gewisse kritische Distanz zu entwickeln. Rollen- und situationsspezifische Verhaltensmuster sind nicht Teil unserer Identität. Wir können sie wie die jeweilige Rolle auch wieder ablegen.

Als Angehörige der westlichen Kultur unterliegen wir in bezug auf unser Gefühlsmanagement generellen Erwartungen, die vom Ideal des selbstbeherrrschten, autonomen Individuums ausgehen. Sie erfordern die Entwicklung einer grundsätzlichen Fähigkeit und Bereitschaft, den spontanen Gefühlsausdruck zu kontrollieren, sogar zu unterdrücken und nur unter ganz bestimmten Bedingungen den Gefühlen freien Lauf zu lassen.[22] Wie bei der Darstellung der geschlechtsspezifischen Differenzierung des Zivilisationsprozesses erörtert wurde, gilt diese generelle Regel nicht in gleicher Weise für Frauen und Männer. Der Faktor Geschlecht modifiziert sie entscheidend und grundsätzlich, ohne daß uns dies bewußt ist. Wir nehmen die teilweise auffälligen Unterschiede im emotionalen Ausdrucksverhalten von Frauen und Männern durchaus wahr – beispielsweise das immer wieder auch in empirischen Erhebungen festgestellte ausgeprägtere Lächelverhalten von Frauen. Wir betrachten sie jedoch – ebenso wie andere Verhaltensmuster, die auf generelle Regeln zurückgeführt werden können – in der Regel als Folge natürlicher Wesensunterschiede.

Eine eindrucksvolle Bestätigung dieses Zusammenhangs liefert eine experimentelle Studie, in der Kinderfotos geschlechtlich zugeordnet werden sollten. Kinder mit freundlichem Gesichtsausdruck wurden eher für Mädchen gehalten, jene mit einem negativen Ausdruck wurden häufiger dem männlichen Geschlecht zugeordnet.[23] In einer anderen Untersuchung, in der Fotos erwachsener Frauen und Männer differenzierter beurteilt werden sollten, war das Ergebnis noch deutlicher. Während die Beurteilung der Männerfotos in keinem erkennbaren Zusammenhang mit dem jeweils gezeigten Gesichtsausdruck stand, wurden Frauen, die nicht lächelten, als deutlich weniger glücklich, sorgenfrei und entspannt wahrgenommen.[24] Diese Unterschiede in der Wahrnehmung und Bewertung reflektieren das tatsächlich unterschiedliche Verhalten von Frauen und Männern, das durch sogenannte Genderscripts gesteuert wird, die den Geschlech-

Abb. 37: Männliche Mimik

tern ein unterschiedliches Verhaltensmuster bzw. einen unterschiedlichen Umgang mit Gefühlen als Ausdruck ihrer Geschlechtsidentität
nahelegen.

Gender, der Komplex unterschiedlicher Vorstellungen und Erwartungen in bezug auf das Verhalten von Frauen und Männern, beeinflußt den Bereich der Gefühlskommunikation auf vielfältige Weise
(vgl. LaFrance & Hecht, 2000). Zum einen steuert er die generelle
Bereitschaft und Fähigkeit, Gefühle zum Ausdruck zu bringen – die
sogenannte Expressivität. In zahlreichen Studien wurde immer wieder
nachgewiesen, daß von Frauen mehr Expressivität erwartet wird als
von Männern, wobei sich diese Erwartungen speziell auf den Ausdruck positiver Gefühle gegenüber anderen richten, der von Männern
so nicht erwartet wird (Stoppard & Gunn Gruchy, 1993).

Relevante Unterschiede zwischen Frauen und Männern zeigen sich
bereits in den jeweiligen Vorstellungen von der Attraktivität eines Gesichts. Frauen sind diesbezüglich wesentlich „realistischer" als Männer.
Sie orientieren sich weniger am Kriterium abstrakter „ästhetischer
Schönheit" als Männer. Die weibliche Vorstellung vom männlichen
Idealgesicht stimmt mit dem männlichen Durchschnittsgesicht deutlicher überein als die Vorstellungen der Männer vom weiblichen Idealgesicht mit durchschnittlichen Frauengesichtern. Frauen schätzen an
männlichen Gesichtern insbesondere den Ausdruck von Reife, der
durch markante Züge, z.B. ausgeprägte Wangenknochen und Kinn-
partie, hervorgerufen wird. Darüber hinaus fühlen sie sich vor allem
durch eine expressive Mimik („big smile") angezogen (Abb. 38).[25]

Die männlichen Idealvorstellungen vom weiblichen Gesicht weichen deutlich vom statistischen Durchschnittsgesicht ab.[26] Männer

Abb. 38

schätzen an Frauengesichtern sowohl infantile Merkmale (große Augen, kleine Nase, kleines Kinn) als auch Merkmale der Reife (prominente Wangenknochen und schmale Wangen). Mimisch werden sie insbesondere von weiten Pupillen und hohen Augenbrauen angezogen, die Kontaktbereitschaft und Interesse signalisieren, und nicht zuletzt finden sie ein deutliches Lächeln attraktiv.[27]

Frauen sind sowohl in der Präzision ihres eigenen Ausdrucks als auch in der Fähigkeit, die nonverbalen Äußerungen anderer korrekt zu interpretieren, Männern überlegen (Hall, Carter & Ghorgan, 2000). Nach Henley (1989) handelt es sich auch bei der ausgeprägteren Fähigkeit von Frauen, nonverbale Signale schneller und korrekter zu entschlüsseln als Männer, um ein sozial bedingtes Phänomen – nämlich um eine Konsequenz aus ihrer untergeordneten gesellschaftlichen Stellung.[28] Aus einer solchen Position heraus empfiehlt es sich für jede Gruppe, die kommunikativen Signale der Mächtigen möglichst schnell und exakt zu entschlüsseln.

Nicht zuletzt wird durch die Vorgaben der Genderscripts die Mimik so geregelt, daß Männer und Frauen in der alltäglichen Selbstdarstellung und sozialen Kommunikation zentrale Elemente von Gender ununterbrochen zum Ausdruck bringen und damit die herrschende Geschlechterordnung aufrechterhalten. Die Genderscripts schreiben den Geschlechtern einen je spezifischen Ausdruck als idealtypisches Zeichen von Männlichkeit bzw. Weiblichkeit vor. Als männlich gilt ein muskulär angespanntes, aber möglichst unbewegtes und ausdrucksloses Gesicht. Eine männliche Mimik soll eher Selbstkontrolle und Entschlossenheit als Gefühle zum Ausdruck bringen (Abb. 38).[29] Um diesem Idealtyp zu entsprechen, müssen Männer ihre Mimik stärker

LÄCHELN IN DER NOT
Schwächen überspielt
Kanzler Schröder mit
einem freundlichen Blick

Abb. 39

unter Kontrolle haben und viele Gefühlsdarstellungen neutralisieren oder maskieren – insbesondere solche, die mit Schwäche, Verletztheit oder Schmerz in Verbindung gebracht werden könnten (z.B. weinen) (Abb. 39). Eine idealtypisch männliche Mimik ermöglicht insofern kaum einen Einblick in das emotionale Innere eines Mannes und ist wenig verbindlich. Sie eignet sich aber hervorragend zur Kommunikation von Status, Macht und Überlegenheit. Eine bedeutsame Konsequenz der Instrumentalisierung von Mimik als Mittel der Darstellung von Männlichkeit ist, daß auch zutiefst emotionale Zeichen und Verhaltensweisen entsprechend hierarchisch interpretiert werden können. Die geradezu lyrische Hymne eines Sportjournalisten auf den seinerzeit alle Konkurrenten überragenden Radrennfahrer Indurain ist ein eindrucksvolles Beispiel dafür, daß Lächeln nicht nur als Signal der sozialen Zuwendung, sondern durchaus auch als Ausdruck von Überlegenheit interpretiert werden kann.

Manchmal lächelt er sogar ein wenig, wenn alle anderen ihre Qualen längst nicht mehr verbergen können. In solchen Momenten geht von Miguel Indurain die Aura eines Herrschers aus, der souverän über das Feld der weltbesten Radprofis gebietet.[30]

Der Ausdruck negativer und aggressiver Gefühle wie Zorn oder Wut wird als übereinstimmend mit „Männlichkeit" betrachtet. Jungen, die sich aggressiv verhalten, werden deshalb für symphatischer und sozial kompetenter gehalten als die, die nicht aggressiv auftreten (Hart et al., 1993). Der Ausdruck „schwacher" Gefühle der Trauer und Angst, Depression, Scham oder Verlegenheit wird hingegen als „unmännlich" betrachtet (vgl. Brody, 2000). Wenn Männer solche Gefühle ausdrücken, werden sie nicht nur negativer bewertet als Frauen (Siegel & Alloy, 1990); auch die Wahrscheinlichkeit, daß sie unterstützt oder getröstet werden, ist geringer (Barbee et al., 1993).

Männer bezahlen für die beständige und massive Verdrängung, Maskierung oder Abschwächung von Zeichen, die Gefühle der Schwäche, des Schmerzes oder seelischen Leids ausdrücken, einen hohen Preis. Eine großangelegte klinische Untersuchung, in der 23000 PatientInnen und über 500 ÄrztInnen spezifisch befragt worden waren, kam zu dem bestürzenden Ergebnis, daß bei 65 Prozent der männlichen Patienten depressive Erkrankungen übersehen oder falsch diagnostiziert wurden, weil sie entsprechende Symptome unterdrückt hatten oder diese von den ÄrztInnen übersehen worden waren. Da unerkannte Erkrankungen auch nicht therapiert werden können, wirkt sich der falsche Nimbus harter Männlichkeit eindeutig und ganz direkt auch zum Schaden der Männer aus.[31]

Die eindrucksvollsten Beispiele maskuliner Mimik und der mimischen Kodierung von Macht finden sich wie immer in den Massenmedien. Im Film kann das Genderkonzept durch eine entsprechende Auswahl der ProtagonistInnen und die Art der Inszenierung optimal umgesetzt werden. Die Inszenierung männlicher Helden hebt ebenso auf die Wirkung scharfgeschnittener Gesichtszüge ab wie auf die unmittelbar bedrohliche Wirkung eines mimischen Minimalismus, der zur ultimativen Chiffre überlegener Coolness avanciert ist. Schauspieler wie Clint Eastwood oder Arnold Schwarzenegger sind prototypische Vertreter der Kunst, mit einem einzigen Gesichtsausdruck alles Wesentliche über sich zum Ausdruck zu bringen und ihre Beziehungslosigkeit als Ausdruck absoluter Unabhängigkeit zu idealisieren. Die Heerscharen einsamer Helden („loner"), die in einer feindlich gesinnten Umwelt unbeirrt ihren Weg gehen, zeichnen sich allesamt durch beängstigend versteinerte Gesichtszüge aus.

Eine lebendige Mimik, die in der Lage ist, ein breites Spektrum von Gefühlen differenziert zum Ausdruck zu bringen, reduziert den Eindruck von Maskulinität und wird deshalb in der filmischen Inszenierung gezielt zur Charakterisierung von Anti-Helden, Verrückten, von unkonventionellen, schwachen, lächerlichen und trotteligen Figuren eingesetzt, wie sie beispielsweise von Jerry Lewis, Louis de

Funès, Jim Carrey verkörpert werden. In Hollywood-Filmen mußten sich Schwarze lange Zeit durch haarsträubendes Grimassieren und wildes Gestikulieren selbst lächerlich machen. Sidney Poitier war der erste „ernsthafte" schwarze Schauspieler, der sich von diesem Muster mit einer durchweg coolen (zugleich „männlichen" und „weißen") Mimik emanzipierte. Die schwarzen HipHop-Stars der Gegenwart haben diese Entwicklung wieder stärker in Richtung des Ausdrucks aggressiver Bedrohlichkeit vorangetrieben.

Ganz im Gegensatz dazu signalisiert eine idealtypisch weibliche Mimik die Bereitschaft zur Selbstentäußerung und zur Preisgabe von Emotionen und stellt soziale Verbindlichkeit her. Die Tatsache, daß Frauen vielfältigere Gefühle zum Ausdruck bringen dürfen als Männer, ohne mit den leitenden Gendervorstellungen in Konflikt zu geraten, als Ausdruck größerer weiblicher Freiheit im Umgang mit Gefühlen zu interpretieren, liegt zwar nahe, stimmt aber nur bedingt. Frauen werden zwar durch das Weiblichkeitsscript nicht zur Unterdrückung von Gefühlsdarstellungen angehalten. Sie müssen ihren Gefühlsausdruck aber in einem wesentlich größeren Umfang als Männer differenziert modulieren, wobei der Eindruck von Unechtheit oder Aufgesetztheit entstehen kann. Es gibt Kulturen, in denen die einseitige Verpflichtung von Frauen auf die Darstellungen von Gefühlen regelrecht institutionalisiert wird – z.B. in der Rolle berufsmäßiger „Klageweiber", die bei Totenfeiern für eine angemessene Zurschaustellung der Trauer um die Verstorbenen sorgen.

Emotionale Ausdrucksweisen, die soziale Beziehungen beeinträchtigen oder verletzen könnten, sind in unserer Kultur für Frauen tabu. Dazu gehört auch der Ausdruck von Stolz (beispielsweise nach einem in einer Wettbewerbssituation errungenen Sieg) sowie mangelhafter Ausdruck von Schuldgefühlen nach einem sozialen Fehltritt (Brody, 2000). Vom Genderscript vorgeschrieben wird hingegen der Ausdruck all jener Gefühle, die soziale Beziehungen erleichtern bzw. verbessern – beispielsweise von Wärme, Unterstützung oder Heiterkeit (Hochschild, 1983).

Ein Ergebnis aus der Forschung über geschlechtsspezifische nonverbale Kommunikation wird seit Jahrzehnten ununterbrochen bestätigt: das häufigere Lächeln von Frauen. Diesen Zusammenhang zwischen Geschlecht und dem wichtigsten positiven sozialen Signal, über das wir verfügen, bestätigten zuletzt LaFrance & Hecht (2000) in ihrer Auswertung von 186 Studien. Demnach lächeln Frauen nicht nur häufiger als Männer, sondern auch aus anderen Gründen. Ihr Lächeln hat andere Funktionen und Auswirkungen sowohl auf die anderen als auch auf sie selber. Frauen setzen das Lächeln insbesondere bewußt dazu ein, angespannte Situationen aufzulösen. Lächeln ist somit Teil der „emotionalen Arbeit", die Frauen sehr viel häufiger verrichten als Männer. Lächeln wird Frauen als genuiner Ausdruck von Weiblichkeit nahegelegt und von ihnen deutlich mehr erwartet als von Männern. Nicht zuletzt wirkt es sich auf die charakterliche Einschätzung und Bewertung von Frauen unmittelbarer aus als auf die von Männern (Abb. 40).[32]

Vor diesem Hintergrund kann es kaum verwundern, daß Deutschlands auflagenstärkstes

Abb. 40

Etikette-Buch das Lächeln ausführlich und noch vor den Bekleidungsregeln behandelt, die seinen eigentlichen Inhalt bilden. Frauen werden förmlich darauf eingeschworen. „In Ihrem Lächeln spiegelt sich Ihr Herz, und Charme ist Ihr wertvollstes Grundkapital." Zum Zweck seiner Perfektionierung wird ihnen tägliches Training nahegelegt („morgendliche Gesichtsgymnastik"). Seinen absoluten Höhepunkt erreicht die Verkürzung des wichtigsten sozialen Signals auf ein stereotypes Geschechtsdarstellungsritual im Loblied, das auf das automatisierte Dauerlächeln von Frauen gesungen wird, die „zur Gemeinde jener Glücklichen (gehören), die lächeln können, auch wenn sie allein sind!" In den Ratschlägen für Männer sucht man vergeblich nach vergleichbaren Anweisungen. Ganz im Gegenteil wird klar zum Ausdruck gebracht, daß Männer nicht „einfach so" lächeln, sondern, wenn überhaupt, nur aus triftigen Gründen und dann auf eine ganz bestimmte Weise – nämlich „überlegen" (in diesem Ratgeber sinnigerweise über die „Gebote von gestern", gegen die sie auch selbstverständlich verstoßen dürfen).[33]

Tatsächlich lächeln Frauen am meisten, wenn sie sich beobachtet fühlen. Unter dieser Bedingung ist der Unterschied in der Lächelhäufigkeit von Frauen und Männern am größten. Wenn Frauen nicht lächeln, fühlen sie sich unbehaglicher und halten ihr Verhalten für weniger angemessen als Männer, die nicht lächeln. Dies entspricht auch dem Ergebnis einer Studie von Deutsch et al. (1987), die zeigen konnten, daß nicht-lächelnde Frauen für ernster, weniger glücklich und sorgenfrei und weniger entspannt gehalten werden als nicht-lächelnde Männer. Darüber hinaus befürchten Frauen negative Konsequenzen für sich selbst, z.B. eine schlechtere Bewertung durch andere, wenn sie nicht lächeln. Männer hingegen vertreten die Meinung, daß der Eindruck, den sie auf andere machen, vollkommen unabhängig davon ist, ob sie lächeln oder nicht (LaFrance, 1998). Die ausgeprägtere emotionale Expressivität der Frauen hat vielfältige soziale Auswirkungen. Zum einen macht sie Frauen durchschaubarer und damit letztlich berechenbarer als Männer. Zum anderen unterstützt sie die Vorstellung, Frauen seien emotionaler als Männer und ließen sich auch in ihrem Verhalten primär von Emotionen leiten. Diese Vorstellung reflektiert die zentrale Gendervorstellung von der besonderen Emotionalität von Frauen und ist eine wesentliche Grundlage für die Polarisierung der Geschlechter und die Unterordnung der Frau unter den nicht als emotional, sondern als rational wahrgenommenen Mann. Insbesondere der scheinbar spontane Ausdruck von „schwachen" Gefühlen, die Hilflosigkeit und Hilfsbedürftigkeit signalisieren, hat in einer Kultur, die sozialen Status mit Selbstkontrolle und Unabhängigkeit verknüpft, einen Statusverlust zur Folge.[34]

Es kann daher kaum überraschen, daß unter diesen Umständen auch Frauen eine zunehmende Tendenz entwickeln, ihre Gefühle zu verbergen. Denn sie stellen immer öfter fest oder müssen zumindest befürchten, daß ihnen ihre emotionale Offenheit vor allem im Berufsleben als Schwäche ausgelegt wird und zum Nachteil gereicht.[35] Da das Weiblichkeitsscript Frauen den Ausdruck verbindlicher Freundlichkeit jedoch als „Grundmuster" vorgibt, lösen unter Umständen bereits geringfügige Abweichungen davon entsprechende Irritationen aus. Der Mangel an Zeichen des freundlichen Entgegenkommens wird bei Frauen nicht als Ausdruck von Neutralität toleriert wie bei Männern, sondern mit Un-Freundlichkeit gleichgesetzt und bietet Anlaß zu Kritik. „Warum guckst du denn so böse?" werden schon kleine Mädchen gefragt, wenn sie nicht lächeln. Frauen, die deutlicher vom Genderscript abweichen, werden entsprechend abwertende Etiketten – Xanthippe, Drachen oder Furie – angeheftet.

Im Rahmen ihrer „Demand Expressivity Theory" haben LaFrance & Hecht (2000) analysiert, unter welchen Umständen sich die geschlechtsspezifischen Unterschiede im Lächelverhalten verändern. Grundannahme war, daß alle Individuen danach trachten, ihr Verhalten mit den jeweils herrschenden Normen in Einklang zu bringen.

Werden gleichzeitig situationsspezifische und geschlechtsspezifische Anforderungen an sie gestellt, dann ergeben sich daraus in Abhängigkeit davon, welches Normensystem überwiegt, unterschiedliche Kombinationseffekte. Haben die situationsspezifischen Regeln Priorität vor den geschlechtsspezifischen, dann verringert sich der Unterschied im Verhalten der Geschlechter. Beide verhalten sich dann entsprechend den Anforderungen, die von der Situation ausgehen. Unter Bedingungen der Machtgleichheit treten die Unterschiede wieder stärker zu Tage, unter Bedingungen der Machtungleichheit werden sie schwächer.

Ein Bruch der Verpflichtung zur Expressivität, die bewußte Inszenierung von Macht und Dominanz durch Ausdruckslosigkeit wird bei Frauen nur im erotisch-sexuellen Kontext uneingeschränkt akzeptiert bzw. geschätzt. Die Wirkung des verführerischen, sexuell potenten „Vamps", einer reinen Phantasmagorie männlicher Ängste und Sehnsüchte, beruht unter anderem auf ihrer eindeutig dominanten „männlichen" Mimik. Die Vamp-Frau inszeniert sich als undurchschaubar. Ihre Züge sind unbewegt, starr, der Blick hinter halbgeschlossenen Augenlidern getarnt und dennoch unverschämt direkt. Im normalen Alltag stehen Frauen derartige Machtmittel kaum zur Verfügung, und sie greifen auch deshalb nicht danach, weil sie negative Konsequenzen für sich befürchten müssen (vgl. Brody, 2000).

Es liegt auf der Hand, daß einem Dauerausdruck unspezifischer Freundlichkeit nur schwerlich ein echtes Gefühl zugrundeliegen kann. Aus den Forschungsergebnissen der renommierten Mimik-Experten Ekman und Friesen zum Unterschied zwischen echten und unechten Gefühlsdarstellungen wird offensichtlich, daß sowohl das typische Dauerlächeln als auch andere mimische Besonderheiten von Frauen im Prinzip unechte Gefühlsdarstellungen sind.[36] Sie weisen zwei Muster auf, die von den Autoren als typisch für unechte Gefühlsdarstellungen bzw. für den – letztlich scheiternden – Versuch, tatsächliche Gefühle zu verbergen, identifiziert wurden: „Lügenzeichen" und „nonverbale Lecks".

Ein „gelogener" Gefühlsausdruck zeichnet sich beispielsweise durch ein fehlerhaftes „timing" aus. Der Ausdruck setzt entweder zu früh oder zu spät ein, seine zeitliche Dauer ist zu kurz oder – in der Regel – zu lang. Echte Gefühle manifestieren sich nach Meinung der Autoren vor allem als relativ schnell auftretende und relativ kurz (ca 4–5 Sekunden) andauernde Signale. Ein weiterer Lügenhinweis ist mangelhafte Koordination mit anderen körpersprachlichen Zeichen. Der unechte Ausdruck ist falsch plaziert oder wirkt überzogen. Ein „nonverbales Leck" liegt dann vor, wenn die Gefühlsdarstellungen von sehr kurzdauernden und „unpassenden" Zeichen – sogenannten Mikroexpressionen – unterbrochen oder überlagert werden, wodurch das Verhalten insgesamt hektischer erscheint. Das „wahre" Gefühl sickert gleichsam durch die Fassade des falschen hindurch und gibt Hinweise auf den tatsächlichen Gefühlszustand. Drei typisch weibliche Verhaltensmuster – das Dauerlächeln, das deplazierte Lächeln und das gemischte Lächeln – erweisen sich vor diesem Hintergrund eindeutig als unecht. Das Dauerlächeln weicht von seinem „timing" her deutlich vom Normalmuster ab. Beim deplazierten Lächeln liegt eine mangelhafte Koordination mit anderen körpersprachlichen Parametern vor. Diese wird besonders dann auffällig, wenn Frauen versuchen, sich damit von jemandem abzugrenzen oder sich gegen einen aggressiven Angriff zur Wehr zu setzen. Das gemischte Lächeln ist deutlich von Mikroexpressionen durchsetzt, die nicht mit dem vorgeblichen Gefühl in Einklang stehen. Es ist allerdings, könnte man meinen, in Anbetracht der realen Situation vieler Frauen als Verweis auf ihre „gemischten Gefühle" dennoch ein genuiner Ausdruck ihrer Befindlichkeit.

Von seinen Mitmenschen stets freundlich und sonnig angelächelt zu werden, erzeugt ein wohliges Gefühl, stärkt das Selbstbewußtsein und reflektiert auch das gesellschaftliche Ansehen einer Person (die Mächtigen und Erfolgreichen, schreibt N. Henley, sind „von tausend Sonnen umgeben"). Von diesem Muster profitieren Männer stärker als Frauen, da zum einen Frauen deutlich mehr lächeln als Männer und zum anderen Männer auch gemischtes und unechtes Lächeln oft positiv interpretieren und für sich verbuchen, weil sie aufgrund ihrer mangelhaften Sensibilität und geringeren Dekodierungsfähigkeit deren Ambivalenz nicht registrieren. Der emotionale Gegenwert, den Frauen für die „Besonnung" von Männern erhalten, ist in Anbetracht der männlichen Verpflichtung auf mimischen Minimalismus eher bescheiden. Die negativen Auswirkungen der vorschriftsmäßigen Gefühlsmaskierungen auf den eigenen Gefühlshaushalt tragen Frauen vollends allein.

Die wirkungsvollste Art der mimischen Lüge besteht neben der Simulation eines nicht vorhandenen Gefühls darin, ein vorhandenes Gefühl durch freundliches Lächeln zu maskieren. Diese Form der Maskierung eignet sich schon aus morphologischen Gründen zum Verbergen unerlaubter, negativer, aversiver Gefühle wie Wut oder Ekel, denn die Muskelbewegungen im unteren Bereich des Gesichts, die ein Lächeln produzieren, sind völlig konträr zu jenen Bewegungen, die Wut oder Ekel ausdrücken. Im ersten Fall werden die Mundwinkel leicht und entspannt nach oben gezogen, im anderen Fall stark angespannt und nach unten bzw. beim Gefühl des Ekels nach hinten gezogen.

Da der Ausdruck von Wut bei Frauen als nicht angemessen betrachtet wird, kommt dieses Gefühl bei ihnen oft nur in sehr reduzierter, bruchstückhafter oder maskierter Form zum Ausdruck. Eine häufige Folge ist, daß seine Ernsthaftigkeit angezweifelt wird. Wenn der Ausdruck von Wut oder Zorn mit Begriffen wie „süß" oder „sexy" sexualisiert wird, verpufft seine aversive Wirkung („wenn du wütend bist, bist du besonders anziehend!").

Das weibliche Wuttabu beeinträchtigt aber nicht nur die Kommunikation eines Gefühls, sondern auch die Durchsetzungsfähigkeit von Frauen, da ihnen damit ein sehr effektives Machtinstrument vorenthalten wird. Nicht zuletzt hat es zur Folge, daß Frauen negative Emotionen nicht in gleicher Weise nach außen ableiten können wie Männer. Die destruktiven Energien der Wut richten sich vielmehr nach innen, auf das Selbst. Die ständige Erfahrung der Nutzlosigkeit ihrer Wut (Lerner, 1992) fördern letztlich die Bereitschaft von Frauen, sich bei der Durchsetzung ihrer Ziele auf den Einsatz legitimer Mittel („weiblicher Waffen") zu beschränken.

Ihr „gemischtes" Verhalten schadet also vor allem den Frauen selbst, während es Männer vor negativen Erfahrungen im Umgang mit Frauen schützt. Da die wirklichen Ursachen dieses Verhaltensmusters nicht bewußt sind, wirkt es sich meist negativ auf die charakterliche Bewertung von Frauen aus. Männer hingegen können die negativen und abweisenden Elemente im weiblichen Verhalten einfach ignorieren und sich nur die positiven „heraussuchen" – nach dem Motto: Sie hat zwar Nein gesagt, aber mich dabei so nett angelächelt, daß es natürlich Ja war, was sie eigentlich meinte! Vergewaltiger rechtfertigen ihre Taten oft mit solcher Argumentation.

Der Preis für die Instrumentalisierung des Gefühlsausdrucks zum Zweck der patriarchalen Herrschaftssicherung ist hoch. Im Geschlechterverhältnis tritt letztlich die Kommunikation von Gefühlen hinter die Herrschaft über Gefühle zurück. Was bleibt, ist tiefe emotionale Verunsicherung, ständiger Zweifel an der Echtheit gezeigter Gefühle und tiefes Mißtrauen in bezug auf ihre tatsächlichen Hintergründe. Die zerstörerische Kraft der Verknüpfung eigener Verunsicherung mit Mißtrauen gegen andere tritt nirgendwo deutlicher in Erscheinung als im klassischen Eifersuchtsdilemma. Die ihm zugrundeliegenden Zweifel an der Echtheit von Gefühlen werden auch durch noch so heftige Liebesbeteuerungen nicht wirklich ausgeräumt, sondern höchstens noch verstärkt.

Das größte Hindernis bei der emotionalen Annäherung der Geschlechter stellt zweifellos der männliche „Minimalismus" dar. Frauen werden sich dessen zwar zunehmend bewußt, schaffen es aber nur selten, die emotionale Sperre der Männer zu durchbrechen, auch wenn sie unermüdlich daran arbeiten. Ihr Scheitern ist quasi vorprogrammiert, weil sie die mangelhafte emotionale Kommunikationsfähigkeit von Männern als individuelles Problem betrachten, das mit ihrer Hilfe und viel Verständnis behoben werden kann, und nicht als das, was sie wirklich ist: ein generelles geschlechtsgebundenes Defizit, das nur Männer selbst beheben können, indem sie es als solches erkennen und bewußt daran arbeiten.

3. Beziehungsmanagement:
Rituale der Geschlechterordnung

Paare latschten unaufhörlich eng umschlungen mitten auf der Straße einher, ihr rechter Arm ausnahmslos durch seinen linken geschoben, ihre Finger fest von den seinen umfaßt... Orlando konnte nur vermuten, es sei eine neue Entdeckung über die Menschen gemacht worden; daß diese Leute, ein Paar nach dem andern, zusammengekittet worden seien; aber wer das getan und wann, das vermochte sie nicht zu erraten. Die Natur schien es nicht gewesen zu sein. (Virginia Woolf)

a) Männliche Vorrechte
Die durchschnittliche körperliche Überlegenheit von Männern über Frauen ist keine legitime Begründung für ihre übergeordnete Stellung in der Hierarchie der Geschlechter. Das Ausnützen derartiger biologischer Faktoren zum Zweck der Vorteilsnahme gilt im zivilisierten Umgang im Gegenteil sogar als eine „grobe Flegelei".[37] Um allgemein akzeptiert zu werden, müssen Vorrechte sozial begründet sein. Sie reflektieren dann den übergeordneten Status einer Person entweder direkt oder, indem sie anderen großzügig gewährt werden, indirekt. Die patriarchale Definition der Frau als emotionales, schwaches, zartes, unselbständiges und somit hilfsbedürftiges Wesen ist die Voraussetzung für eine entsprechende Verteilung von Privilegien auf die Geschlechter. Männern werden im alltäglichen Umgang mit Frauen generelle Vorrechte eingeräumt, die ihre Überlegenheit zum Ausdruck bringen. Diese werden im allgemeinen aber nicht problematisiert, weil sie als Ausdruck von Höflichkeit und gutem Benehmen betrach-

tet werden. Aus dieser Position teilen sie wiederum Frauen bestimmte Vorrechte zu, die deren generelle Unterlegenheit auf eine ebenfalls für alle Beteiligten akzeptable Weise deutlich machen, weil sie im Einklang mit den zentralen Gendervorstellungen von Weiblichkeit stehen. Der allgemeine Kodex des guten Benehmens bringt die generelle männliche Vorrangstellung dadurch zum Ausdruck, daß er Frauen und Männern nicht dasselbe, sondern prinzipiell unterschiedliches Verhalten vorschreibt. Unter prinzipiell Gleichgestellten gibt es derartige Festlegungen nicht. Zwischen ihnen herrscht in der Regel Symmetrie – man hilft sich gegenseitig in den Mantel und gewährt einander abwechselnd ein Vortrittsrecht. Eventuelle systematische Verhaltensunterschiede reflektieren spezifische Faktoren, z.B. einen großen Altersunterschied oder eine momentane Behinderung, die ein einseitig zuvorkommendes Verhalten auch unter der Bedingung genereller Gleichheit legitimieren. Im Verhältnis der Geschlechter hingegen wird der Mann durch den Kodex des guten Benehmens einseitig als der aktiv handelnde und bestimmende Partner festgelegt, der Entscheidungen trifft und nach außen vertritt. Die generelle Unterlegenheit der Frau wird dadurch ausgedrückt, daß sie zwar das Privileg hat, von einem (entsprechend höflichen) Mann „bedient" zu werden, andererseits aber eben auch darauf angewiesen ist, daß er etwas tut und sie darauf warten muß, was letztlich einer Entmündigung gleichkommt. Frauen dürfen vieles nicht einfach selbst in die Hand nehmen. Sie können nicht unmittelbar, sondern nur darüber entscheiden, ob sie männliche „Angebote" annehmen oder verwerfen. Die Regeln des guten Benehmens verwehren Frauen somit das Recht auf Eigenaktivität und freie Entscheidungen und ermöglichen letztlich nur reaktive Handlungen. Die vielfältigen alltäglichen Rituale, in denen sich diese Regeln manifestieren, werden dementsprechend nicht als Akte der Bevormundung betrachtet oder gar als unverschämte Übergriffe, sondern werden nicht zuletzt von den Frauen als Ausdruck von Ritterlichkeit akzeptiert.

Die Regeln des guten Benehmens legen beispielsweise fest, daß der Mann beim Betreten einer fremden Lokalität voranschreitet, daß er den Tisch im Restaurant wählt, den Wein aussucht und mit dem Kellner die Bestellung bespricht. Selbstverständlich obliegt nur ihm das Begleichen der Rechnung. Will es die Frau übernehmen – die Möglichkeit wird heute immerhin erörtert –, dann sollte sie diese Handlung nicht öffentlich vollziehen, sondern dem Mann das Geld heimlich zustecken.[38] Eine vergleichbare Benimm-Regel betrifft das Rauchen in der Öffentlichkeit. Es ist zwar Frauen heute nicht mehr untersagt, aber nach wie vor „gehört" es sich nicht, sich im Beisein eines Mannes die Zigarette selber anzustecken. Ihm erlaubt die Etikette sogar explizit, ihr das Feuerzeug mit „liebenswürdiger Selbstverständlichkeit" aus der Hand nehmen, um ihr Feuer zu geben. Außerhalb dieses Rahmens werden sowohl die Reihenfolge des Auftretens in der Öffentlichkeit als auch die besondere Art und die näheren Umstände beim Betreten von Räumlichkeiten als eindeutige Hinweise auf reale Machtverhältnisse betrachtet, die die Rangordnung der Beteiligten sichtbar machen. Schon im Nibelungenlied wird von einem Streit um das Vortrittsrecht beim Betreten einer Kirche berichtet, der einen zwischen zwei hochgestellten Frauen schwelenden Machtkonflikt zum Ausbruch brachte und verheerende Auswirkungen auf die gesamte Sippe hatte. Eine eindeutige und klare soziale Nachrangigkeit, wie sie z.b. Prinz Philipp, den Gemahl der englischen Königin, auszeichnet, bewirkt, daß er sich in der Öffentlichkeit selbstverständlich mit dem zweiten Platz hinter seiner Frau begnügt. Ebenso selbstverständlich rangiert auch eine gewöhnliche Hausfrau und Mutter, selbst wenn sie zum beruflichen Erfolg ihres Mannes durch ihre spezifische Existenzweise ganz entscheidend beiträgt, nicht gleichwertig „an seiner Seite", wie euphemistisch behauptet wird. Das wird in dem geflügelten Wort von der schönen Frau, die „hinter jedem erfolgreichen Mann steht", ebenso deutlich zum Ausdruck gebracht wie durch die Sprachregelung, bei Paaren die männlichen Partner vor den weiblichen zu nennen: Mann vor Frau, Adam vor Eva, Vater vor Mutter, Söhne vor Töchtern, Bruder vor Schwester, Hänsel vor Gretel, Romeo vor Julia.[39]

Im alltäglichen Umgang der Geschlechter haben sich männliche Vorrechte so selbstverständlich etabliert, daß sie heute auch ohne Absicherung durch explizite Etikette und offizielle Regeln des Benehmens funktionieren und manchmal sogar gegen diese durchgesetzt werden. Auch wenn der deutliche Abstand, in dem ein muslimischer Mann seiner Frau öffentlich voranstolziert, aus unserer scheinbar „emanzipierteren" Perspektive irritiert oder belustigt zur Kenntnis genommen wird, sollten wir uns nicht darüber täuschen, daß auch bei uns vergleichbare Muster der Hierarchisierung gang und gäbe sind. Auch bei uns sind Männer ihren Frauen in der Öffentlichkeit – wenngleich oft nur um eine „Nasenlänge" – voraus und genießen Privilegien, die beide Geschlechter als selbstverständlich akzeptieren. Und nicht zuletzt bringen auch bei uns Frauen und Männer ihre Zusammengehörigkeit in der Regel durch Rituale zum Ausdruck, die einen eindeutig hierarchisierenden Charakter haben (z.B. durch das Muster des Unterhakens, das den Mann symbolisch als den Haltgebenden, die Frau als die Haltsuchende definiert).

Die typischen Umgangsmuster zwischen den Geschlechtern entsprechen denen zwischen Männern, die in einem hierarchischen Verhältnis zueinander stehen. Beide lassen sich durch einseitige Privilegien und Tabus charakterisieren. Der kleine Unterschied besteht darin, daß im Geschlechterverhältnis die beiden Positionen in weitem Unfang durch die unveränderbare Geschlechtsidentität vorgegeben sind, während sie in Männerhierarchien an relativ variable soziale Rollen gebunden sind. Ein Mann kann daher mit einem sozialen Aufstieg relativ problemlos auch sein Verhaltensmuster gegenüber anderen entsprechend verändern. Eine Frau muß auf dem Weg nach „oben" sowohl eigene Widerstände als auch die ihrer Umgebung überwinden, da das entsprechende Verhalten den mit ihrem Geschlecht verknüpften Gendererwartungen prinzipiell widerspricht und sie „unweiblich" wirken läßt.

Besonders deutliche Unterschiede zeigen sich im Hinblick auf die Körperzugänglichkeit bzw. die Toleranz gegenüber körperlichen Berührungen, die ein wichtiger Gradmesser für Status und Respekt als auch Ausdruck von Intimität sind. In hierarchischen Kontexten wird der Status der Übergeordneten dadurch zum Ausdruck gebracht, daß ihnen Berührungsprivilegien gegenüber den Untergeordneten eingeräumt werden, die diese respektieren. In unserer Kultur berühren ältere Menschen jüngere häufiger als umgekehrt, Vorgesetzte berühren Untergeordnete häufiger als umgekehrt, Männer berühren Frauen häufiger als umgekehrt. Von diesen drei Faktoren ist das Geschlecht der stärkste und wirkungsvollste.[40] Henley konnte nachweisen, daß das geschlechtsgebundene Berührungsprivileg von Männern gegenüber Frauen im allgemeinen Bewußtsein tiefer verankert ist als Privilegien, die durch Alter oder sozialen Status legitimiert werden. Sie entsprechen allgemeinen Verhaltenserwartungen, weshalb Frauen auf Berührungen durch Fremde in der Regel auch weit weniger feindselig reagieren als Männer. Ein solches Verhalten gegenüber

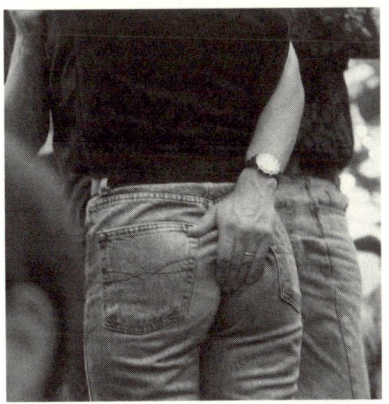

Abb. 41

163

Frauen gibt erst dann Anlaß zu gelegentlicher Kritik, wenn damit zugleich auch andere soziale Privilegien verletzt werden (Abb. 41).

Mit anderen Worten: Frauen können sich unter den gegebenen Bedingungen letztlich erst durch einen entsprechend hohen sozialen Status oder ein „würdiges" Alter vor körperlichen Übergriffen durch Männer schützen. Vor diesem Hintergrund wird auch klar, wieso die Klassifizierung von Übergriffen auf Frauen als eine Form der sexuellen Belästigung so oft in Zweifel gezogen oder als Ausdruck überzogener Hysterie der Betroffenen abgetan wird, während z.b. der „Übergriff" eines hochrangigen australischen Politikers auf die englische Königin – der darin bestand, daß er ihren Oberarm beiläufig berührte – von der britischen Presse als schlagzeilenträchtiger Skandal behandelt wurde.

Systematische Unterschiede in der Körperzugänglichkeit von Frauen und Männern unabhängig von der spezifischen Qualität ihrer sozialen Beziehung wurden erstmals von Jourard (1966) in repräsentativen Fragebogenuntersuchungen festgestellt und später durch Beobachtungsstudien bestätigt.[41] Es zeigte sich, daß Frauen mehr als Männer und an mehr Körperstellen als diese von anderen Menschen berührt werden. Im Umgang mit Männern wurden insbesondere Berührungen des Kopfes, des Gesichts und des Nackens sowohl von Eltern als auch von Freunden, Freundinnen und Bekannten stärker vermieden als im Umgang mit Frauen. Eltern berührten die Köpfe ihrer Töchter sogar mehr als doppelt so oft wie die ihrer Söhne.

Unsere Kultur schützt speziell ihre männlichen Mitglieder vor solchen Körperkontakten, die als „paternalistisch" betrachtet werden, während der Zugang zum weiblichen Körper in größerem Umfang freigegeben wird. In anderen Kulturen können genau entgegengesetzte Muster festgestellt werden. Beispielsweise werden in Japan und Thailand, wo der Kopf als der Sitz der Seele betrachtet wird, Frauen durch spezielle Tabus, die nur unter ganz spezifischen Bedingungen durchbrochen werden dürfen, sogar stärker vor körperlichen Berührungen geschützt als Männer.

Die unterschiedliche Körperzugänglichkeit von Frauen und Männern in unserer Kultur steht in Zusammenhang mit den typischen Kontaktmustern, die Kinder in ihren Familien erleben. Das im Prinzip unbegrenzte kindliche Zugriffsrecht auf den mütterlichen Körper bzw. die kindliche Erfahrung der unbegrenzten Zugänglichkeit der Mutter könnte die Grundlage dafür sein, daß auch Erwachsene gegenüber Frauen so empfinden und handeln. Je stärker sie als Kinder von ihrer Mutter durch körperliche Zuwendungen verwöhnt wurden, je mehr sich diese als rund um die Uhr verfügbare, selbstlose „Versorgungs-einheit" nutzen konnten, desto selbstverständlicher lebt dieses Wahrnehmungsmuster in Gestalt einer generellen Erwartungshaltung gegenüber Frauen fort. Männern wird die Befriedigung entsprechender Berührungsbedürfnisse in gewissem Rahmen schon durch die Regeln des guten Benehmens ermöglicht. Hilfestellungen beim An- oder Ablegen von Mänteln, beim Aussteigen aus einem Auto, bei der Gewährung des Vortritts an der Tür usw. bieten alltäglich vielfältige Gelegenheiten zu scheinbar beiläufigen und harmlosen Berührungen, durch die Frauen gestützt, gelenkt, geführt und auf subtile Weise kontrolliert werden können. Weniger schmeichelhafte Effekte männlicher Übergriffe treten erst dann zutage, wenn Frauen in einem Kontext prinzipieller Gleichwertigkeit in ein individuelles Konkurrenzverhältnis zu Männern eintreten. Einen solchen Kontext bildet der Bereich der Erwerbstätigkeit, in dem der subjektive Wert und die Chancen der Einzelnen nicht nach heterosexuellen Attraktivitätskriterien bemessen werden – besser gesagt nicht bemessen werden sollten. Tatsächlich erweist sich gerade der Arbeitsplatz als ein Ort, an dem Frauen in großem Umfang mit männlichen Übergriffen, demütigenden Verunglimpfungen und sogar Gewalt konfrontiert werden.

Das Ausmaß der lange tabuisierten sogenannten sexuellen Belästigung am Arbeitsplatz ist durch empirische Studien mittlerweile hinlänglich dokumentiert.[42] Die Täter agieren auf allen betrieblichen Ebenen: Fast zwei Drittel sind den Frauen gleichgestellte Kollegen, ein Drittel ihre Vorgesetzten, und selbst Vertrauensleute und Betriebsräte bilden keine Ausnahme.[43] Betroffen von übergriffigen und respektlosen Handlungen sind etwa 72 Prozent aller berufstätigen Frauen – viele mehrfach und über einen längeren Zeitraum hinweg. Methoden, die ihre Wirkung auch über eine gewisse räumliche Distanz hinweg entfalten, scheinen besonders beliebt zu sein (84 Prozent aller Befragten berichteten, daß Männer sie anstarren, ihnen hinterherpfeifen oder taxierende Blicke zuwerfen). In über der Hälfte der Fälle manifestierte sich die Belästigung in direkten Übergriffen oder demütigenden Bezugnahmen auf den weiblichen Körper, z.B. in anzüglichen Bemerkungen über Figur und Sexualverhalten. Ein Drittel der Frauen berichtete über Kniffe in oder Klapse auf den Po, 22 Prozent von Berührungen an der Brust, 15 Prozent sogar von aufgezwungenen Küssen. Im Gegensatz zu den Tätern, die den wahren Charakter ihrer Handlungen in der Regel zu verschleiern suchen oder schlichtweg bestreiten, sind Frauen durchaus in der Lage, den ungebührlichen Übergriff von legitimen Formen zwischenmenschlicher Kontaktaufnahme zu unterscheiden und abzugrenzen.

Die Untersuchungsergebnisse zeichnen ein Bild vom Arbeitsplatz als Kampfplatz, auf dem schon der ganz „normale" Umgang von Männern mit Arbeitskolleginnen von vielfältigen Dominanzbekundungen und Respektlosigkeiten durchsetzt ist. Solche Interaktionen zwischen den Geschlechtern haben über den Moment hinaus auch langfristig starke und benachteiligende Wirkungen auf Frauen. Denn Frauen leiden eigenen Berichten zufolge insbesondere unter dem Gefühl des passiven Ausgeliefertseins, unter der „eigenen Unfähigkeit", auf die männlichen Handlungen spontan und adäquat zu reagieren. Indem sie ihr Verhalten als persönliches Versagen bewerten, verstärken sie den negativen Effekt auf ihr Selbstwertgefühl.

Viele Frauen scheinen sich mittlerweile aber so sehr daran gewöhnt zu haben, daß sie einen Großteil solcher Aktionen ungeachtet ihrer realen Auswirkungen nicht einmal mehr als Belästigung einstufen. Die Chancen von Männern, ihre Dominanzbedürfnisse durch Übergriffe auf Frauen zu befriedigen, steigen mit abnehmenden Abwehrmöglichkeiten der Frauen. Je weniger Frauen körperlich dazu in der Lage sind, sich zur Wehr zu setzen, desto unbekümmerter gehen die Täter vor. „Da gibt es Männer, ob Kollegen, Passanten, Busfahrer usw., die nicht selten bei gewissen Handreichungen auch ihre Gelüste an uns ausleben", berichtete beispielsweise eine Rollstuhlfahrerin auf einer Tagung zum Thema „Sexuelle Ausbeutung von Frauen und Mädchen mit Behinderungen". Eine andere berichtete, daß schwerstbehinderte Frauen, die auf umfassende körperliche Pflege und Hilfen angewiesen sind, sogar in doppelter Weise diskriminiert und gedemütigt werden: zum einen durch die konkreten Übergriffe, zum anderen durch die Reaktionen des Personals und der Heimleitungen, die Klagen über sexuelle Belästigungen als reine Wunschvorstellungen der Betroffenen abtun. „Wer wird sich an der schon vergreifen. Das hätte sie wohl gerne!"[44]

Der Ort der planmäßigen und weitgehend einverständlichen Inszenierung einer hierarchischen Ordnung der Geschlechter ist jedoch nicht die Öffentlichkeit, sondern der Bereich der sogenannten privaten, per definitionem eigentlich also herrschaftsfreien Beziehungen, insbesondere der intimen heterosexuellen Beziehungen, wie im nächsten Kapitel gezeigt werden wird. Das private Heim galt lange Zeit als einzig legitimer Aufenthaltsort „anständiger" Frauen. Noch heute wird es als weibliche Domäne wahrgenommen, als das sprichwörtliche „Reich" der Frauen, in dem sie bestimmende, wenn nicht gar herrschende Funktionen innehaben. Eine genauere Betrachtung zeigt jedoch, daß auch und gerade an diesem Ort dem Mann in seiner Funktion als „Oberhaupt" der Familie durch vielfältige Privilegien und Vorrechte eine klare Vorrangstellung eingeräumt wird. Die geschlechtsspezifische Strukturierung des Heims macht allen Familienmitgliedern die Stellung der Geschlechter, ihren spezifischen Wert und den besonderen Charakter ihres Verhältnisses zueinander in alltäglichen Ritualen unmittelbar evident. Diese Muster prägen sich insbesondere Kindern ein, für die das Heim noch mit der Welt identisch ist und diese vollständig repräsentiert.

Die Nachrangigkeit bzw. Bedeutungslosigkeit von Frauen und Kindern wird bereits in Telefon- oder Adreßbüchern oder durch Namensschilder auf Haus- und Wohnungstüren zum Ausdruck gebracht. Während das männliche Familienoberhaupt namentlich, oft mit genauer Berufsbezeichnung und eventuellem akademischem Titel genannt wird, werden die Frauen oft nicht genannt. Der Name des Mannes steht für alle, unter Umständen für eine mehrköpfige Familie. Solche Bedingungen machen es Frauen schwer, Kontakte – z.b. mit Freundinnen aus Kinder- und Jugendzeiten – aufzubauen und auch zu halten, wenn sich diese in der Zwischenzeit verheiratet haben.

Auch innerhalb des Hauses ist das Geschlecht ein entscheidendes Kriterium mit gravierenden Auswirkungen auf das Wohlbefinden der Familienmitglieder. Am Eßtisch entscheidet es über die Reihenfolge und die Qualität der zugeteilten Speisen. Die Mutter, die das Essen austeilt, bietet in der Regel die besten Stücke zuerst dem Vater an. Dann gibt sie den Kindern, und zuletzt sich selbst. Im bäuerlichen Milieu war es üblich, die männlichen Mitglieder der Hausgemeinschaft beim Mittagessen vorab zu bedienen, damit sie nach dem Essen ausruhen konnten, während die Frauen nach ihrer Mahlzeit noch Küche und Gerätschaften säuberten, um anschließend – ohne Ruhepause – ihr normales Tagwerk fortzusetzen.[45]

Die männlichen Vorrechte auf Ruhe, Ungestörtheit und eine eigene, allseits respektierte Privatsphäre werden nicht selten von den Frauen etabliert, legitimiert und durchgesetzt („Kinder, bleibt in eurem Zimmer und seid leise, der Vater arbeitet, schläft, liest..."), die für sich selbst keine entsprechenden Vergünstigungen einfordern. Oft verfügt der Vater als einziges Familienmitglied über exklusive Räumlichkeiten. Im großbürgerlichen Milieu kann ein Mann sich nach Einnahme der gemeinsamen Mahlzeit zur Siesta in ein exklusives „Herrenzimmer" zurückziehen. Eine großartige Szene zwischen Elisabeth Taylor und Rock Hudon als konservativem Südstaaten-Hausherrn in dem

Film „Giganten" zeigt, wie sie als seine junge und unkonventionelle Ehefrau ganz bewußt gegen ungeschriebene Gesetze der Geschlechterordnung verstößt. Unter den entsetzten Augen der braven, angepaßten Damenrunde gesellt sie sich der darob zunächst belustigten Herrenrunde zu und mischt sich aktiv in deren politischen Diskurs ein. Mit ihrem Verhalten stürzt sie ihren Ehemann in unbeschreibliche Verlegenheit. Denn alle Anwesenden, mit Ausnahme der Protagonistin selbst, interpretieren ihren Auftritt nicht nur als klaren Verstoß gegen die traditionelle Ehehierarchie, sondern vor diesem Hintergrund natürlich vor allem als deutliches Zeichen männlicher Führungsschwäche.

Im bürgerlichen Ambiente stellt das väterliche Arbeitszimmer das absolute und sakrosankte Machtzentrum dar, das den Lebensrhythmus der gesamten Familie bestimmt. Klaus Mann, Sohn des berühmten Thomas Mann, beschreibt dies sehr eindrucksvoll in seiner Autobiographie.

Von neun Uhr morgens bis zwölf Uhr mittags muß man sich still verhalten, weil der Vater arbeitet, und von vier bis fünf Uhr nachmittags hat es im Haus auch wieder leise zu sein: es ist die Stunde der Siesta. Sein Arbeitszimmer zu betreten, während er dort mysteriös beschäftigt ist, wäre die gräßlichste Blasphemie. Keines von uns Kindern hätte sich dergleichen je in den Sinn kommen lassen. Schon mit geringeren Verfehlungen kann man den Vater erheblich irritieren.[46]

Das Privileg, sich innerhalb der Familie total zurückziehen zu können, genießen nicht nur Schriftsteller, die ihrer kreativen Tätigkeit ausschließlich im privaten Heim nachgehen. Auch aushäusig berufstätige Väter wie beispielsweise der von Hans Fallada, der häufig bis „spät nachts bei Gericht" zu tun hatte, beanspruchen ein Zimmer „für sich allein" – um es dann, wie der Sohn anmerkt, vor allem mit Bedeutsamkeit und Macht zu erfüllen.[47] Und selbst die, die ihren Anspruch auf exklusive Räumlichkeiten beim besten Willen nicht intellektuell oder mit ihrem sozialen Status legitimieren können, vereinnahmen allgemeine Wohnflächen zur Befriedigung ihrer ganz persönlichen Bedürfnisse – und sei es nur der Keller. Der renommierte Proxemik-Forscher E.T. Hall gibt eine aufschlußreiche Antwort auf die wohl eher rhetorische Frage: „Wem gehört das Schlafzimmer?" „In den Wohnungen des gehobenen englischen Mittelstandes ist es der Mann, nicht die Frau, der die Zurückgezogenheit des Schlafzimmers genießt, vermutlich als Schutz vor den Kindern, die die englischen Muster der Privatheit noch nicht internalisiert haben."[48]

Auch wenn solche männlichen Vorrechte innerhalb der Familie unerheblich und manchmal geradezu lachhaft erscheinen mögen, sind ihre psychologischen Wirkungen nicht zu unterschätzen. Die Möglichkeit, den sinnlichen Kontakt zur Umgebung vorübergehend abzubrechen oder sich periodisch aus sozialen Bezügen zurückzuziehen, ist von außerordentlicher Bedeutung. Das Alleinsein und mehr noch absolute Einsamkeit ermöglichen extreme psychische Erfahrungen sowohl in positiver wie in negativer Hinsicht. Das Gefühl, in einem undefinierbaren Raum „völlig losgelöst" von der Außenwelt gleichsam wie im Mutterleib zu schweben, das z.b. durch den Aufenthalt in einem mit warmem Salzwasser gefüllten „Lilly-Tank" erreicht wird, wird als sehr angenehm beschrieben. In negativer Hinsicht kann eine Isolation, z.B. in einer Gefängniszelle, psychische Störungen – von einfachen Konzentrationsstörungen über Halluzinationen bis hin zum totalen Irre-Sein – auslösen.

Es gibt Männer, auf die sich totale soziale Isolation, die von den meisten Menschen als zumindestens unangenehm, wenn nicht lähmend empfunden wird, keineswegs behindernd, vielmehr sogar beflügelnd auswirkt. Nicht wenige Schriftsteller, Wissenschaftler und mehr oder weniger ruhmreiche Politiker – z.b. Cervantes, Sir Walter Raleigh, Adolf Hitler oder Eldridge Cleaver – verfaßten ihre entscheidenden Werke in einer Gefängniszelle. Jean Genet und der Marquis de Sade stilisierten die Bedingung der sozialen Zwangsisolation gar zur ultimativen Voraussetzung für die optimale Entfaltung ihrer künstlerischen Potenz („Prison made me"[49]).

Innerhalb der Familie ermöglicht die geschlechtliche Strukturierung eigentlich nur Männern einen periodischen Rückzug. Obwohl ihre privaten und intimen Bedürfnisse in höchstem Maß respektiert werden, sind sie dennoch nicht isoliert. Für dieses Privileg müssen sie nicht bezahlen – weder mit dem Verzicht auf soziale Anteilnahme an ihrer Person noch auf die Segnungen des Familienlebens schlechthin. Ihre Freiheit umfaßt auch die Möglichkeit, ebenso selbstbestimmt, wie sie gehen, auch wieder in den emotionalen Schoß der Familie zurückkehren zu können.

Der Vater ist weitgehend autonom. Seine nur sporadische Anwesenheit und seine geringen familiären Verpflichtungen wirken sich nicht nur positiv auf seine kreativen Möglichkeiten aus, sondern bestätigen als Ausdruck seiner Unabhängigkeit zugleich auch seine superiore Stellung in der Familie. Nicht zuletzt wächst mit dem Grad seiner „Unerreichbarkeit" auch seine Attraktivität für Frau und Kinder – zumindest bis zu dem Punkt, an dem Entfremdung einsetzt.

Hausfrauen mit Familie kommen in ihrem Alltag kaum je in den Genuß der entspannenden und befreienden Wirkung eines selbstbestimmten, zeitlich begrenzten Rückzugs aus ihren sozialen Bezügen. Zum einen ist in ihrem Heim dafür keine entsprechende Räumlichkeit vorgesehen (der Begriff Frauenzimmer bezeichnet ja keine Örtlichkeit, sondern wird als Schimpfwort benutzt). Zum anderen hindert sie ihre uneingeschränkte Veranwortlichkeit für das reibungslose Funktionieren des Familienlebens. In Zeiten, in denen sogar Kinder ihr Recht auf Intimsphäre – per „Eintritt verboten!"-Anschlag an der Kinderzimmertür – erfolgreich geltend machen, sind erwachsene Hausfrauen die letzten, denen jede Möglichkeit zum Rückzug in private Ungestörtheit verwehrt bleibt. Ihre Identifikation mit dem Heim und den mit ihm verknüpften Pflichten ist total und fesselt sie an einen Ort, dessen innere Strukturen sie – allen euphemistischen Bezeichnungen zum Trotz – eindeutig als nachrangig ausweisen.

Bemerkenswerterweise kann sich die Institution des väterlichen Arbeitszimmers sogar unter den zunehmend beengteren Raumverhältnissen neuzeitlicher Wohnungen behaupten, während sich die zunehmend mehrfachbelasteten berufstätigen Mütter nicht selten mit einem Schreibtisch begnügen, der im gemeinsamen Schlafzimmer oder im Kinderzimmer aufgestellt wird. Elogen auf die Bedeutung mütterlicher Arbeitszimmer werden vermutlich auch in Zukunft nicht gesungen werden, solange sich die Arbeit der Frauen unspezifisch und gleichmäßig über das ganze Haus verteilt.

b) Größenrelation als Kriterium der heterosexuellen Partnerwahl
Obwohl wie schon gesagt körperliche Überlegenheit als Kriterium für die Zuweisung von sozialem Status faktisch obsolet geworden ist, hat sie durch die Verknüpfung mit der Vorstellung von geistiger Überlegenheit und der Zuschreibung ebenso überragender psychischer Fähigkeiten und Eigenschaften (vgl. Kap. 3) ihre generelle Funktion als hierarchisierendes Zeichen nicht eingebüßt. Insbesondere im Verhältnis der Geschlechter trägt sie dazu bei, die Vorstellung von „starken Männern" und „schwachen Frauen" aufrechtzuerhalten (Abb. 42). In ihrer Funktion als Bewußtseinsproduzenten greifen die Massenmedien, allen voran Illustrierte, Film und Fernsehen deshalb bei der Inszenierung des idealen Paares in aller Regel auf die äußerst wirkungsvolle Körpersymbolik zurück. Goffman konnte nachweisen, daß bei der Gestaltung von Werbeanzeigen in Printmedien Macht, gesellschaftlicher Einfluß, Rang und Autorität oft ausschließlich durch entsprechende Größenrelationen symbolisch zum Ausdruck gebracht

Abb. 42

werden. In dem von ihm untersuchten Material waren fast alle Frauen
kleiner als die gemeinsam mit ihnen abgebildeten Männer. Sie waren
nur dann größer als die Männer, wenn sie nicht primär als Geschlechtswesen inszeniert wurden, sondern als Vertreterinnen höherer
sozialer Schichten. In diesen Fällen waren die kleiner dargestellten
Männer auch durch ihre Kleidung eindeutig als Vertreter sozial unter-
geordneter Schichten identifizierbar (z.B. als Gärtner, Chauffeur, Butler,
Kellner), die den feinen Damen entsprechend zu Diensten waren.[50]

Auch wenn die Nivellierung traditioneller Hierarchien im modernen Verhältnis der Geschlechter immer wieder beschworen wird: Bei
der Suche nach „passenden" LebenspartnerInnen ist die sichtbare körperliche Überlegenheit des Mannes für beide Geschlechter nach wie
vor ein außerordentlich relevantes Kriterium. Ein Blick in die Schau-
fenster professioneller Porträt-Fotografen macht deutlich, wie tief
diese Vorstellung auch heute noch im Bewußtsein der Menschen verankert ist. Hochzeitsfotos bedienen sich immer gleicher visueller Metaphern, um die „in Liebe" vereinten Paare hinreichend hierarchisch zu
inszenieren. Brautpaare, die dem Klischee nicht entsprechen, weil die

Frau den Mann um Haupteslänge überragt, haben bestenfalls in der „Gag"-Werbung eine Chance. Kleinen Männern, die ihre körperliche Unterlegenheit Frauen gegenüber nicht durch Selbstbewußtsein oder ihren sozialen Status kompensieren können (vgl. Abb. 43), werden verschiedenste Hilfsmittel (z.B. spezielle „Erhöhungsschuhe" mit unsichtbarer Innensohle) bzw. kleine Tricks nahegelegt, um ihren Mangel zu vertuschen. Beispielgebend ist die Traumfabrik Hollywood, der es gelingt, die Illusion vom idealen Paar trotz eindeutig zu kurz geratener männlicher Stars – von Humphrey Bogart über Paul Newman und Robert Redford bis hin zu Tom Cruise und Enrique Iglesias – durch kameratechnische Tricks und räumliche Arrangements aufrechtzuerhalten. Der mittlerweile zum Star arrivierten Veronika Ferres versagte seinerzeit die Jury der Münchener Otto-Falckenberg-Schule einen Studienplatz, obwohl sie von ihrer Leistung her unter die besten dreißig von 1200 BewerberInnen eingestuft worden war – mit der Begründung, sie sei zu groß und würde zum Sozialfall werden, da sie nie einen männlichen Schauspielpartner finden würde.[51]

Das Genre des Zeichentrickfilms ermöglicht eine vollkommen freie Konstruktion entsprechend der herrschenden Ideologie. In vielen erfolgreichen Filmen der Walt-Disney-Company werden – wie in „Die Schöne und das Biest" – die männlichen Helden zu kraftstrotzenden Riesen aufgebläht, die von zwergenhaft kleinen, geradezu „zerbrechlichen" weiblichen Schönheiten mit großen, weit geöffneten und bewundernd strahlenden Kulleraugen angeschmachtet werden (vgl. Abb. 36). Mit solchen Techniken knüpfen die Trickzeichner an die zentrale Funktion von Frauen in einer patriarchalen Kultur an, die von Virginia Woolf mit bitterer Ironie definiert wurde: „Frauen haben über Jahrhunderte hinweg als Spiegel gedient mit der magischen und köstlichen Kraft, das Bild des Mannes in doppelter Größe wiederzugeben."[52]

Frauen, die unübersehbar gegen das Dogma körperlicher Unterlegenheit verstoßen, wird jeder zusätzliche Zentimeter zum Verhängnis. Da sie zum einen mit ihrem Körper stärker und unmittelbarer identifiziert werden als Männer und zum anderen ihr Selbstwertgefühl in stärkerem Maß von der Erfüllung vorgegebener Attraktivitätskriterien abhängt, leiden sie grundsätzlich mehr als Männer unter körperlichen Abweichungen. Negative Etikettierungen wie „Bohnenstange", „Trampel" oder gar „Mannweib", die ihre Geschlechtsidentität in Zweifel ziehen, und psychologische Unterstellungen von Herrschsucht und Dominanz tragen bei Frauen weder zu einer Steigerung des Selbst-

wertgefühls noch zu einer Erhö-
hung ihrer „Heiratschancen" bei.
Korrekte Größenverhältnisse
sichern die männliche Vorherrschaft nicht nur auf symbolischer
Ebene, sondern auch ganz real ab.
Eine Frau, die deutlich kleiner
und schwächer ist als ihr männlicher Partner, ist diesem auch in
körperlichen Auseinandersetzungen unterlegen. Sie kann sich
gegen seine physische Über-
macht weder durchsetzen noch
gar ihn außer Gefecht setzen
(wie eine 136 kg schwere Ameri-
kanerin, die sich aus lauter Wut
auf ihren Mann setzte und ihn

Hertz Rieger mit Models

Abb. 43: „Pelz-Papst" Rieger
mit seinen Models

zerquetschte[53]). Die körperliche Unterlegenheit der Frau ist zugleich
auch eine entscheidende Voraussetzung für ihre emotionale Abhängigkeit vom Mann. Wie ein Kind gegenüber seinen erwachsenen Eltern
erlebt sich auch die kleine und kraftlose Frau als „wirklich" ohnmäch-
tig. Nach Abwägung ihrer beiderseitigen Möglichkeiten und nicht
zuletzt im Vertrauen auf ihren Partner läßt sie sich daher bereitwilliger
auf ein Abhängigkeitsverhältnis ein, in dem sie eine weitgehend passive Rolle spielt.

Ungeachtet unübersehbarer Veränderungen im öffentlichen Bereich
sichert die unverändert konsequente Einhaltung der geschlechtsspezifischen Paarbildungsregeln die Aufrechterhaltung der Geschlechterhierarchie insbesondere im Bereich der privaten, emotionalen
Beziehungen, die wesentlich nachhaltigere Wirkungen haben. Sie
macht sie zu einer unhinterfragten und letztlich auch unerklärlichen
Selbstverständlichkeit. Vor allem Kinder nehmen den Augenschein für
bare Münze. In der Fernsehsendung DINGSDA, in der Erwachsene
Begriffe erraten müssen, die von Kindern mit eigenen Worten um-
schrieben werden, definierte ein Junge eine „Frau" als „etwas, das
immer kleiner ist als ein Mann". Aufmerksam gemacht auf den offen-
sichtlichen Widerspruch zu der Tatsache, daß viele Mädchen in seiner
Klasse ziemlich groß und einige sogar größer als alle Jungen waren,
begründete er seine Aussage mit dem Argument, daß erwachsene
Frauen eben „immer später geboren werden als Männer".[54]

173

c) Der kleine Unterschied:
„Männliche" und „weibliche" Bindungsformen
Spontane Berührungen oder gar Körperkontakte sind in unserer hierarchisch strukturierten westlichen Kultur im Prinzip auf den privaten bzw. intimen Bereich beschränkt, in dem sie zur Übermittlung starker positiver wie negativer Gefühle dienen. In anderen Zusammenhängen sind Berührungen und Ganzkörperkontakte weitgehend tabu bzw. nur in ritualisierter Form – z.b. als Händedruck oder beim sogenannten Gesellschaftstanz – möglich, denn „von unseren Untergebenen wollten wir uns nicht berühren lassen, und unsere Vorgesetzten wagen wir nicht zu berühren".[55]

Durch ihre Ritualisierung erhalten körpersprachliche Verhaltensweisen die spezifische Qualität, den sozialen Charakter einer Beziehung bzw. die Rolle und den Status der Beteiligten deutlich zu machen. Letztlich bestimmen nicht Gefühle, sondern soziale Bedingungen und Umstände darüber, wer wen unter welchen Umständen und auf welche Art und Weise berühren kann, darf oder sogar muß. In unserer prinzipiell eher kontaktfeindlichen Kultur wird für diesen Zweck nur ein relativ kleiner Bereich der Körperoberfläche freigegeben. Sogar zwischen entfernteren Verwandten und Bekannten sind Berührungen im Prinzip auf „öffentliche" Körperzonen – Hände, Arme und Schultern – beschränkt. Der wesentlich größere Bereich wird durch ein generelles Tabu vor Berührungen durch Menschen, zu denen keine intimen oder familiären Beziehungen bestehen, geschützt. Erwachsene Männer dürfen bei uns nicht einmal von ihren Müttern unterhalb der Gürtellinie berührt werden.[56]

Menschen aus sogenannten Kontaktkulturen setzen Berührungen und Körperkontakte wesentlich stärker zur Herstellung und Pflege sozialer Bindungen ein. Die generelle anthropologische Klassifizierung unserer Kultur als kontaktfeindlich ist dennoch irreführend, da sie auf Kontaktmuster abhebt, die zwar für Männer als typisch betrachtet werden können, nicht aber für Frauen. Tatsächlich setzen bei uns erwachsene Männer das Kommunikationsmittel Körperkontakt untereinander kaum jemals spontan im Sinn einer emotionalen Bindung ein. Die Angst vor einem damit verbundenen Verlust an „Männlichkeit" ist so groß, daß sogar Väter im Umgang mit ihren Söhnen Umarmungen vermeiden, wie Montagu berichtet:

Es gibt viele Väter, die abwehren, wenn ihr Sohn die Arme um sie schlingen will. Einer dieser Väter, ein Arzt, sagte zu mir: „Ich möchte nicht, daß er mir als Homosexueller heranwächst."[57]
Zwischen „richtigen" Männern ist Körperkontakt nur unter speziellen

Bedingungen legitim. Entweder in der direkten aggressiven Auseinandersetzung, wenn sie miteinander ringen, einander schubsen, rempeln, schlagen und vor die Brust stoßen, oder in pseudoaggressiver Weise, wenn sie sich gegenseitige Wertschätzung und Anerkennung durch Schläge mit der flachen Hand auf den Rücken oder Faustschläge vor die Brust anzeigen.[58] In jedem Fall setzen sie Berührungen in ritualisierter Form zur Darstellung ihrer jeweiligen Position innerhalb hierarchischer Strukturen ein.

Die gegenwärtige starke Tabuisierung positiver emotionaler Körperkontakte zwischen Männern ist ein kulturelles und historisch gewachsenes Phänomen. Umarmungen mit Ganzkörperkontakt, die heute dem Umgang mit Frauen vorbehalten sind, dienten noch bis zu Beginn unserer Zeitrechnung als allgemeine und alltägliche Begrüßungsrituale zwischen sozial Gleichgestellten. Im 17. Jahrhundert wurden diese Kontaktformen in England dann allmählich als „tölpelhaft" und „bäurisch" diffamiert und schließlich Mitte des 19. Jahrhunderts durch das wesentlich distanziertere Ritual des Händedrucks ersetzt, das sich in der Folge als klassisches Begrüßungsritual zwischen Männern etablierte.

Auch die Berührung der Hände ist ein tief in unserer Stammesgeschichte verwurzeltes soziales Signal, das schon bei Primaten zu beobachten ist, die es gezielt als Zeichen ihrer Friedfertigkeit, als vertrauensbildende Maßnahme und Mittel zur Beschwichtigung und Besänftigung aufgebrachter Artgenossen einsetzen.[59] Männern diente der Handschlag lange als Zeichen der Bekräftigung gegenseitiger Verpflichtungen, zur Besiegelung von Pakten oder Versprechungen und zum Abschluß von Geschäften. Da ihn nur Männer benutzten, demonstrierten sie damit zugleich ihre Zugehörigkeit zu dieser mit exklusiven Rechten ausgestatteten Gruppe. Als im Zuge der französischen Revolution auch Frauen einen Anspruch darauf erhoben, stießen sie bei den Männern daher auf heftigen Protest und Widerstand.[60]

Heute erfinden die Mitglieder männlicher Subkulturen laufend neue, noch „männlichere" Varianten des klassischen Händedrucks, den sie als miefiges Ritual etablierter Bürger ablehnen. Der „Soul"- oder „Solidaritäts"-Schlag wirkt wesentlich dynamischer und aggressiver. Die Partner führen dabei abwechselnd je einen heftigen Schlag mit der Handfläche gegen die Handfläche des anderen („gim' me five"). Er wurde in den USA von unterprivilegierten schwarzen Männern als Zeichen ihrer solidarischen Verbrüderung entwickelt und mittlerweile durch die HipHop-Szene weltweit verbreitet. Die noch aggressiver wirkende Variante des „Solidaritäts"-Schlags, bei der die

Arme erhoben und der Schlag über dem Kopf ausgeführt wird, benutzen vor allem Sportler, um sich gegenseitig Anerkennung zu zollen (vgl. Abb. 44 unten).

Manchmal fügen Männer ihren formalisierten Ritualen durch kleine Veränderungen oder zusätzliche Berührungen nachträglich emotionale Qualitäten hinzu (z.B. indem sie beim formellen Handschlag die andere Hand über die Hand des Partners legen (vgl. Abb. 44 oben) oder vor dem „Soul"-Schlag eine Reihe kurzer schneller Berührungen durchführen, deren Komplexität den Eindruck des Geheimbündlerischen verstärkt). Innerhalb sozialer Hierarchien sind individuelle Abweichungen von der Norm prinzipiell den Ranghöheren vorbehalten, die damit ihren Status auf eine herzlich anmutende Weise deutlich machen können.

Abb. 44

Ganzkörperkontakte zwischen heterosexuellen Männern sind heute aufgrund des starken Berührungstabus letztlich nur unter besonderen Rahmenbedingungen möglich. In einem prinzipiell lebensbedrohlichen Kontext von Kampf, Krieg und Katastrophen oder nach gravierenden Schicksalsschlägen kann das Tabu kurzfristig aufgehoben werden, so daß auch Männer einander ihr Mitgefühl zeigen, sich Trost spenden und Gefühle auf eine Weise zum Ausdruck bringen können, die ansonsten als „weiblich" gilt – z.B. durch enge Umarmungen ohne „dynamisches" Rückenklopfen, in denen die Körper lang und fest aneinandergepreßt werden, durch sanfte und streichelnde Berührungen und sogar durch Küsse.

Unter alltäglichen Bedingungen müssen Männer das Bedürfnis nach solchen Bindungen untereinander in der Regel jedoch unterdrücken.

Dadurch entsteht eine Menge negativer Streß, den sie mit ihren legitimen „vermännlichten" Umgangsformen nicht adäquat auflösen und abbauen können. Gelegentlich entlädt er sich dann explosionsartig in „angemessener" Weise, d.h. in scheinbar unmotivierten, extrem aggressiven und gewaltförmigen Auseinandersetzungen. Typisch dafür ist das Phänomen der von Buford (1992) als „gewaltgeil" charakterisierten Hooligans, die sich im Umfeld von Fußballstadien gegenseitig lustvoll die Knochen brechen. Daß es im Großen und Ganzen zu gelingen scheint, dieses permanent frustrierte männliche Bedürfnis nach emotionaler Nähe auf einigermaßen gesittete Weise zu befriedigen, liegt unter anderem daran, daß dafür ein vergleichsweise großes Angebot an akzeptablen, hinlänglich formalisierten und ritualisierten Kontaktmöglichkeiten zwischen Männern zur Verfügung gestellt wird.

Diese einschlägigen, intensiv genutzten Angebote schaffen einen Rahmen, innerhalb dessen Männer das körperliche Kontakttabu in allgemein akzeptierter Form überschreiten können. Von größter Bedeutung ist in diesem Zusammenhang der Sport, in unserer Kultur speziell der Fußball als ein Massen bewegendes Phänomen. Die zweifelsfreie (und immer wieder öffentlich unter Beweis gestellte) Heterosexualität der Beteiligten, der ausgeprägte Öffentlichkeitscharakter der Begegnungen, die Betonung körperlicher Härte („Blutgrätsche"!) und die den Rahmen persönlicher Beziehungen übersteigende Bedeutung ihrer gemeinsamen Aktivitäten und Handlungen auf dem Platz ermöglichen Fußballern und Fans intensive körperliche Kontakte, die unter anderen Bedingungen vollkommen undenkbar wären.

Es ist offensichtlich, daß den manchmal geradezu ekstatischen Umarmungen und Ganzkörperkontakten, die Fußballer nach erfolgreich abgeschlossenen Angriffsaktionen ausführen, in denen sie paarweise aneinander hängen, aufeinander liegen, sich ineinander verknäueln, extreme Emotionen zugrunde liegen (Abb. 45). Sie sind allerdings nur möglich, weil sie weder auf persönliche emotionale Bedürfnisse noch eine intime emotionale Beziehung verweisen. Sie sind ausschließlich durch Leistung motiviert, weshalb logischerweise die Intensität der Umarmungen mit der sportlichen Bedeutung der Spiele zunimmt und im Kampf um die Weltmeisterschaft ihren absoluten Höhepunkt erreicht.

Durch die Eröffnung solcher Bindungsmöglichkeiten zwischen Männern befriedigt der Fußballsport – wie jede andere Mannschaftssportart – weit mehr als eine rein körperliche Funktionslust, ein Bedürfnis nach körperlicher „Ertüchtigung" oder den Wunsch nach Ruhm, Ehre oder Geld. Er bietet Aktiven wie Zuschauern eine einzigartige

Abb. 45: Ganzkörperkontakte im Sport

Gelegenheit, innerhalb eines allgemein akzeptierten, geschätzten und hinlänglich ritualisierten Kontexts sowohl ihre aggressiven Impulse auszuleben wie auch auf legitime und unzweideutige Art emotional miteinander zu „verschmelzen".

Umarmungen im sportlichen Kontext symbolisieren ein „männliches" Prinzip, in dem Körperkontakte keine emotionalen Qualitäten besitzen, sondern auf die „Kameradschaft" verweisen. Sie bringen keine persönliche Zuneigung zum Ausdruck, sondern rein leistungsbezogene Solidarität.

Noch deutlicher wird die Unterordnung des Individuellen unter das Prinzip der Leistung im Ritual des „Schulterschlusses", das aus Individuen durch die Aufhebung der persönlichen Distanz eine Einheit, eine geschlossene Masse formt. Die Betonung des Schulterbereichs macht deutlich, daß in diesem Bindungsakt aggressive Aspekte Priorität haben. Seine Kompaktheit signalisiert potenzierte „Männlichkeit". Seine martialische Wirkung wird nur noch vom Aufmarsch männlicher Leiber in geschlossenen militärischen Formationen übertroffen.

Im triumphalen Moment des Sieges unterliegen gelegentlich auch Einzelkämpfer den Verlockungen solcher Bindungen. Die lange und innige, von einem intensiven Blickkontakt begleitete Umarmung zwischen Boris Becker und Michael Stich anläßlich ihres gemeinsamen Olympiasiegs 1992 war selbst für die in Hinblick auf triumphale Gesten durchaus verwöhnten Becker-Fans ein Anblick besonderer Güte. Ihr spektakulärer Bindungsakt animierte die Sportjournaille zu entsprechend anzüglichen Kommentaren („Hoffentlich werden Barbara und Jessica nicht eifersüchtig"). Becker sah sich genötigt, jeglichen Zweifel an der emotionalen Bedeutung dieser Umarmung auszuräumen: „Ich habe fünf gute Freunde, zu denen gehört er nicht, aber wir hassen uns nicht."[61]

Männer setzen körperliche Kontaktformen und ritualisierte Berührungen jedoch vor allem zur Kennzeichnung von Positionen innerhalb klar strukturierter hierarchischer Institutionen ein. Während der jeweils mächtigste Mann an der Spitze prinzipiell „unangreifbar" ist, kann er im Umgang mit seinen Untergebenen seine Überlegenheit durch vielfältige Berührungen zum Ausdruck bringen. Der „Heilige Vater" verfügt als höchster Repräsentant der katholischen Kirche über ein prinzipiell unbegrenztes Berührungsprivileg gegenüber seinen „Schäfchen", das die besonders machtträchtigen Kopfberührungen wie auch den als symbolischen Ausdruck der Selbsterniedrigung zu betrachtenden Akt der Fußwaschung umfaßt. In sozialen Konstellationen mit hochgradig machtsymbolischem Charakter können Männer sogar emotional und sexualisierte Bindungszeichen – vom Händchenhalten bis zum Küssen – benutzen, die unter anderen Umständen vollkommen tabu wären.

Auf einem legendären Pressefoto halten sich Kohl und Mitterand im Rahmen der deutsch-französischen Gedenkveranstaltung zur „Schlacht bei Verdun" in einer Weise an den Händen, die an das Händchenhalten verliebter Paare erinnert (Abb. 46 oben). Angesichts der besonderen Tragik der Ereignisse, derer dabei gedacht wurde, schien den mächtigsten Repräsentanten der vormals verfeindeten Nationen der Rückgriff auf dieses hochemotionale Bindungszeichen als Zeichen ihrer „Verbrüderung" wohl durchaus angemessen. Seine wirkliche Bedeutung wird zum einen durch die weite körperliche Distanz deutlich, die einem unpersönlichen Verhältnis zwischen zwei hochrangigen Individuen entspricht. Zum anderen dadurch, daß der wesentlich kleinere Mitterand die „Oberhand" behält, was seiner Position als Vertreter des moralischen Siegers entspricht. Gleichermaßen als unpersönlich sind auch Umarmungen und „sozialistische Bruder-

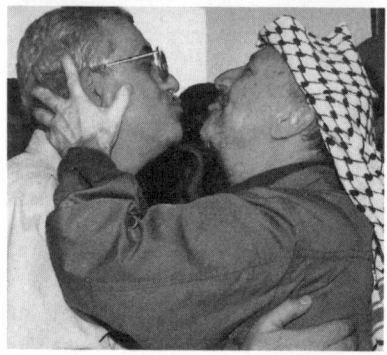

Abb. 46

küsse" (Abb 46. Mitte und unten) einzuschätzen Sie bekräftigen ausschließlich politische Verbindlichkeiten innerhalb eines ideologischen Systems und sind kein Gradmesser der persönlichen Verbundenheit zweier privater Wesen. Als vollkommen formalisierte Zeichen haben sich Handkontakte zwischen Männern auch als Symbole des Sieges etabliert. Im Boxsport, der mehr als jeder andere virile Aggressivität, Gewaltbereitschaft und Brutalität mit der Unterwerfung unter ein abstraktes Gesetz verbindet, das im Ring durch den „Unparteiischen" verkörpert wird, reißt dieser nach Ende des Kampfs den Arm des Siegers mit seiner Hand zum Zeichen des Triumphes hoch. Diese eindrucksvolle Pose wird gern auch von Politikern eingenommen, wenn sie auf gemeinsame Erfolge verweisen wollen.

Eine Kontaktform, die unter Männern relativ häufig zu beobachten ist, sind Schulterumarmungen, die sowohl einseitig als auch in symmetrischer Form vollzogen werden. Die symmetrische Form verweist auf soziale Gleichwertigkeit bzw. auf eine freundschaftliche Beziehung. Sie ist eher Ausdruck männlicher Kumpanei als einer engen emotionalen Bindung. Einseitige Schulterumarmungen sind hingegen deshalb eindeutige Dominanz- bzw. Hierarchiezeichen, weil sie dem überlegenen Partner Vorteile verschaffen. Der andere kann festgehalten, in seiner Bewegungsfreiheit eingeschränkt, kontrolliert und dirigiert werden.

Auf nicht legitimierte Berührungen reagieren Männer aggressiv. Sie werten sie als eindeutige Dominanzversuche und weisen sie deutlich zurück – entweder mit klaren Worten („Pfoten weg!") oder durch körperliche Aktivitäten (zurückstoßen, auf die Hand schlagen etc). Aversive Körperkontakte zwischen Männern sind im Gegensatz zu liebevollen Kontakten nicht tabuisiert, sie werden in gewissem Umfang sogar erwartet. Männer werden bereits in früher Kindheit durch den väterlichen pseudo-aggressiven Umgangsstil darauf eingestimmt.

Im Gegensatz zu Männern berühren Frauen andere Menschen häufig spontan und in liebevoller Absicht. Sie benutzen dieses bedeutende Kommunikationsmittel vor allem untereinander weitgehend ohne situative Einschränkung zur Vermittlung von Empathie, Zärtlichkeit und Trost. Frauen müssen sich nicht gegenseitig demonstrativ auf den Rücken klopfen, wenn sie einander in den Arm nehmen. Sie können einander einfach festhalten oder zärtlich streicheln, wobei auch das Gesicht nicht tabu ist. Sie haben auch weniger Probleme damit, nahe beieinander zu sitzen.

Im Umgang mit dem anderen Geschlecht ist das weibliche Berührungsrepertoire deutlich eingeschränkt. Machtträchtige und dominante Übergriffe – z.B. jene beiläufigen „Führungskontakte", die Männern durch den Kodex des guten Benehmens zugebilligt werden – sind für Frauen prinzipiell ebenso tabu wie solche, die Gleichwertigkeit voraussetzen – z.B. der anerkennende Schlag auf die Schulter oder die „kumpelhafte" Schulterumarmung. Ohne Einschränkungen sind prinzipiell all jene Körperkontakte erlaubt, durch die die Hierarchie des Geschlechterverhältnisses nicht in Frage gestellt, sondern deutlich ausgedrückt wird: das Auf-Händen-getragen-Werden, das sich Anschmiegen, das Unterhaken, das sich Festhalten am Körper oder an der Hand des Mannes (Abb. 47 und 48). Eine Umkehrung dieser Rituale ist im allgemeinen ein deutlicher Hinweis auf die soziale Überlegenheit der Frau und auf ein „unverbindliches" Verhältnis (vgl. Abb. 49 oben).

Im Umgang mit ihren legitimen Gefährten vollziehen Frauen auch häufig fürsorgliche „Putz- und Pflegehandlungen". Sie zupfen Krawatten in eine ordentliche Form, richten das Jackenrevers gerade, wischen oder klopfen Haare oder Schuppen von der Schulter. Auch wenn sie dafür nur bedingt Anerkennung ernten und gelegentlich sogar unwirsch zurückgewiesen werden, wirken solche Übergriffe eher unterwürfig als dominant. Sie erinnern an das zwischen Primaten

Abb. 47

übliche Muster der Fellpflege, dessen wichtige und komplexe soziale Funktion allerdings nur dann voll zum Tragen kommt, wenn es prinzipiell von allen Mitgliedern der Gruppe ungeachtet ihrer sozialen Stellung eingesetzt wird. Die Bekräftigung einer bestehenden Rangordnung ist nur eine der Funktionen dieses elementaren Bindungszeichens. Vorrangig dient es der allgemeinen Spannungsreduktion und als wirksames Mittel, Konflikte auf friedliche Weise beizulegen. Da es in dieser Funktion auch von den hochrangigen Mitgliedern gegenüber untergeordneten ausgeführt wird, ist es keine simple „Dienstleistung" im Rahmen der bestehenden Hierarchie, sondern hebt diese – zumindest für den Moment – regelrecht auf.

Die weiblichen „Putz- und Pflegehandlungen" erfüllen diese komplexen Funktionen nicht. Wenn sie nur von Frauen an Männern durchgeführt werden, dienen sie ausschließlich der Bestätigung der sozialen Ordnung der Geschlechter. Es sind letztlich einseitige Dienstleistungen, die der Kontrolle der Betroffenen unterliegen, die sie einfordern, aber auch zurückweisen können. Männer bestätigen ihre Männlichkeit, indem sie bestimmen, wann und wo Frauen sie vollziehen dürfen, und nicht, indem sie sie selbst auch an ihnen vollziehen. Dieses eklatant asymmetrische Muster charakterisiert einen stereotypen Macho: Er läßt die zärtlichen, hingebungsvollen Liebkosungen

182

seiner selbstverständlich überaus attraktiven Geliebten cool und beinahe gelangweilt über sich ergehen und schiebt sie in dem Moment achtlos beiseite, in dem sich interessantere oder wichtigere Alternativen auftun.

Auch die alltäglichen, von Männern und Frauen gemeinsam realisierten Bindungszeichen sind in der Regel nicht symmetrisch, sondern hierarchisch. Dies läßt sich am Beispiel der Ganzkörperumarmung aufzeigen, die unser ursprünglichstes und emotional intensivstes Bindungssignal ist. Der „kleine Unterschied" besteht darin, daß grundsätzlich der männliche Partner seine Arme so um die Partnerin legt, daß seine eigene Bewegungsfreiheit erhalten bleibt, während er sie kontrollieren kann. Er übernimmt damit die führende Rolle des Erwachsenen, die Frau die Rolle des kleinen schutzbedürftigen Kindes.

Einen ähnlich ungleichwertigen Charakter haben auch Schulterumarmungen zwischen Frauen und Männern. Der männliche Partner führt seinen Arm entweder um die Oberarme oder legt ihn auf den Schultern der Frau ab, während sie ihn um die Hüften faßt. Bei dieser sehr beliebten Bindungsform wird die Ungleichwertigkeit der Geschlechter sowohl durch die einseitige Beeinträchtigung der weiblichen Bewegungsfreiheit als auch durch den

Abb. 48

Abb. 49
oben: Gräfin Pfuel mit einem Freund
unten: das lesbische Duo t.A.T.u.

Aspekt erhöhter Bequemlichkeit für den Mann zum Ausdruck gebracht.

Im eher traditionellen Muster des Unterhakens bringen beide Partner die Ordnung der Geschlechter dadurch symbolisch zum Ausdruck, daß sich der Mann als der haltgebende Partner und die Frau sich als Haltsuchende inszeniert. *It is done for others to see, rather then for the pair themselves.*[62] Die demonstrative Darstellung der überlegenen Position belastet oder verpflichtet Männer nicht wirklich, gibt aber Frauen die Gelegenheit, ihren gesellschaftlichen Status als Frau zu signalisieren, die einen „Beschützer" vorweisen kann. Männer haken sich bei Frauen nur spaßeshalber unter oder wenn sie – aufgrund hohen Alters oder einer spezifischen Gehbehinderung – tatsächlich auf Unterstützung angewiesen sind.

Das beliebteste emotionale Bindungsmuster der Geschlechter ist das „Händchenhalten", das weniger symmetrisch ist, als der Begriff vermuten läßt. Tatsächlich hat auch dabei der Mann die Oberhand. Er umfaßt die Hand der Frau und kann sie damit festhalten, während er selbst jederzeit loslassen kann (Abb. 47 unten). Dadurch hat er Kontrolle über sie. Er führt. Diese Bindungsform entspricht einem wohlvertrauten Muster aus Kindertagen, als wir noch nicht frei durchs Leben gehen konnten, sondern von der Mutter oder anderen Erwachsenen geführt wurden. Diese Rolle übernimmt beim Händchenhalten zwischen zwei Erwachsenen im heterosexuellen Kontext stets der Mann. Die Frau übernimmt symbolisch die Rolle des Kindes, das festgehalten und geführt wird. Dieses hierarchische Muster kann nicht aufgelöst, höchstens umgekehrt werden. Dadurch verliert es aber nur seine Legitimität, nicht seinen hierarchischen Charakter, weshalb

Umkehrungen irritieren und Unbehagen auslösen. Liebespaare, deren Verhältnis von Gleichwertigkeit und gegenseitiger Achtung geprägt ist, vermeiden daher dieses Muster eher. Sie ziehen andere Bindungsmuster vor, die einen deutlich symmetrischen Charakter haben und deshalb auch von miteinander befreundeten Frauen benutzt werden – z.b. die ineinander verschränkten Finger oder die tiefe Taillenumarmung, bei der jeweils beide den Arm um die Hüfte der anderen Person legen (Abb. 49 unten).

d) Heterosexuelle Intimität
I like to fuck on the first date! (Jeff Berg)[63]

Das Erwachsenwerden ist in einer zivilisierten Gesellschaft mit umfangreichen generellen Einschränkungen, Regulierungen und einer Formalisierung des sozialen Verhaltens verbunden. Der Kreis der Personen, in dem eine spontane und von gesellschaftichen Regulierungen weitgehend freie Nutzung der Körpersprache möglich ist, wird immer kleiner und beschränkt sich letztlich auf den sogenannten intimen Bereich. Dieser umfaßt heute, im Gegensatz zu früher, als der Begriff der Intimität wesentlich weiter gefaßt war, praktisch nur noch Sexualpartner.

Die Definition einer Intimsphäre als praktisch gesetzesfreier Raum zur spontanen Entfaltung und Befriedigung umfänglicher elementarer Bedürfnisse entschädigt zwar in gewissem, wenngleich beschränktem Umfang für die massiven Einschränkungen durch die allgemeinen Regeln der Zivilisation. Zugleich steigen die romantischen Erwartungen im Hinblick auf die Möglichkeiten der Erfüllung dieser Bedürfnisse innerhalb intimer Beziehungen ins Unermeßliche. Diese Erwartungen müssen unter den Bedingungen der herrschenden Geschlechterordnung zwangsläufig enttäuscht werden. Denn die Regeln, die diese Ordnung begründen, werden in intimen heterosexuellen Beziehungen nicht – wie die meisten anderen Regeln – außer Kraft gesetzt, sondern entfalten gerade hier ihre volle Wirkung.

Wie andere entwickeln sich auch erotisch-sexuelle Beziehungen zwischen den Geschlechtern keineswegs auf naturhafte Weise. Ihr Ablauf wird nicht wie bei Tieren von einfachen Instinkten bestimmt, sondern folgt einem komplizierten Regelwerk, das die Befriedigung sexueller Bedürfnisse mit den moralischen Vorstellungen der Gesellschaft in Übereinstimmung bringt. Der Prozeß der Intimisierung einer Beziehung durchläuft eine Reihe von genau definierten Stufen, wobei auf jeder Stufe eine andere Kommunikationsmodalität vorherrscht. Auf jeder neuen Stufe erweitert sich die körperliche Zugänglichkeit der

Beteiligten, auch die Berührungsfrequenz steigt kontinuierlich an. Morris beschreibt für den mitteleuropäischen Intimisierungsprozeß zwölf Stufen, die er folgendermaßen charakterisiert:

1. *Anziehung durch die visuelle Wahrnehmung des anderen Körpers*
2. *gegenseitiger Blickkontakt*
3. *verbal-sprachlicher Kontakt*
4. *formale, unverbindliche Körperkontakte (z.B. Händedruck, Hilfeleistungen, Schutz- und Führungsberührungen)*
5. *seitliche Körperkontakte im Arm-/Schulterbereich*
6. *tiefere seitliche Körperkontakte im Bereich der Taille und Hüften*
7. *Mundkontakt (Kuß)*
8. *sanfte, liebkosende Berührungen des Kopfes und des Gesichts*
9. *sanfte, explorierende Berührungen des Körpers*
10. *orale Kontakte mit sekundären Geschlechtsmerkmalen (z.B. Brust)*
11. *Berührung der Genitalien*
12. *Geschlechtsverkehr*[64]

Die Anzahl der Stufen, die im Prozeß der heterosexuellen Intimisierung durchlaufen werden müssen, bevor direkte genitale Kontakte erlaubt werden, wird von der jeweiligen Gesellschaft vorgegeben. Sie müssen in der festgelegten Reihenfolge und in der definierten Weise „abgearbeitet" werden (z.B. muß auf jeder Stufe eine bestimmte Zahl von Verabredungen absolviert werden, bevor neue Kommunikationsmodalitäten statthaft sind). Keine darf einfach übersprungen werden. Durch regelgerechtes Verhalten dokumentieren die Beteiligten die Ernsthaftigkeit ihrer Absichten und bringen ihren gegenseitigen Respekt zum Ausdruck.

Das Modell von Morris ermöglicht die klare Unterscheidung zwischen dem gesellschaftlich sanktionierten Prozeß der heterosexuellen Intimisierung und einer Belästigung bzw. Vergewaltigung. Die Intimisierung muß prinzipiell einvernehmlich durchlaufen werden. Einvernehmlichkeit wird nur unter der Voraussetzung einer entsprechend hohen Wahrnehmungssensibilität und gleichwertiger Kommunikationsmöglichkeiten beider Partner erreicht. Denn jeder Schritt, den eine Person tut, muß von der anderen dadurch in seiner Legitimität bestätigt werden, daß auch sie das neue Verhaltensmuster übernimmt. Anderenfalls wird die Grenze zur einseitigen Belästigung überschritten.

Die Genderisierung des Verhaltens von Frauen und Männern erschwert die Herstellung dieser grundlegenden Voraussetzung. Frauen und Männer haben unter den Bedingungen der herrschenden Geschlechterordnung keine gleichwertigen Einflußmöglichkeiten auf die Gestaltung und den Ablauf des Prozesses der Intimisierung. Das hat sich auch heute, in Zeiten einer angeblich freien Sexualität, nicht grundlegend verändert. Das Recht, die Initiative zu ergreifen und einen Intimisierungsprozeß mit direkten Mitteln in die Wege zu leiten, liegt immer noch weitgehend bei den Männern. Frauen bleibt das Recht der Wahl – sie können sich auf das entsprechende Angebot eines Mannes einlassen oder es zurückweisen. Werden sie aber von sich aus initiativ, dann kann ihr Verhalten aus moralischer Perspektive problematisiert werden; sie laufen Gefahr, als „leichte" Mädchen wahrgenommen zu werden.

Dieses Schicksal ereilt Frauen unter Umständen bereits dann, wenn sie sich zu früh auf eine neue Stufe der Intimität einlassen. Nachweislich traf es jene englischen Mädchen, die sich nach Ende des Zweiten Weltkriegs mit amerikanischen Soldaten verabredeten, die in ihrem Land stationiert worden waren. Die jungen Frauen orientierten sich in ihrem Verhalten natürlich am englischen Intimisierungsmuster, das sich aber insofern vom amerikanischen unterschied, als man schneller von einer Stufe zur nächsten voranschreiten konnte. Obwohl sie sich also vollkommen korrekt verhielten, hielten ihre amerikanischen Freunde sie vor dem Hintergrund des für sie verbindlichen Intimisierungsmodells für unmoralischer und leichtfertiger als amerikanische Frauen.

„Anständige" Frauen dürfen ihr erotisches und sexuelles Interesse an Männern im Prinzip nur indirekt ausdrücken. Sie müssen die Aufmerksamkeit des jeweiligen Mannes erregen und ihn zu eigenen Aktivitäten bewegen, ohne ihm zugleich das Gefühl zu vermitteln, daß ihm damit die Initiative genommen worden ist. Sie sollten ihn daher weder direkt anstarren, in eindeutiger Weise ansprechen noch gar als erste berühren („angrabschen"). Ihr Erfolg hängt im wesentlichen von ihrer Fähigkeit ab, ihre äußere Erscheinung und ihr Verhalten den potentiellen Erwartungen des Mannes anzupassen, der sie interessiert. Auch wenn Frauen der Meinung sind, heute weniger stark als früher an diese Regel gebunden zu sein, gehen sie immer noch ein unvergleichlich höheres Risiko ein als ein Mann, wenn sie auf direkte Weise initiativ werden, die Männern vorbehalten ist.

Die Genderisierung ihres Verhaltens beeinträchtigt andererseits auch die Chancen der Frauen, unerwünschte Annäherungsversuche und übergriffiges Verhalten wirkungsvoll abzuweisen. Auch in diesem Zusammenhang gilt direktes und unmißverständliches Verhalten, das den Betroffenen nicht schont, sondern ihn bloßstellt, als typisch männliches Verhaltensmuster und ist daher praktisch tabu.[65] Es wird erwartet, daß Frauen auch in solchen Fällen „weibliche Waffen" einsetzen, die es dem Mann ermöglichen, in jedem Fall sein Gesicht zu wahren. Wie wirksam solche rücksichtsvoll-höflichen Abweisungen tatsächlich sind, hängt vor allem davon ab, ob der Mann bereit ist, sie zur Kenntnis zu nehmen und sein Verhalten danach auszurichten. Ein entsprechend unsensibler Mann kann aus diesem Muster Vorteile ziehen, ohne seinerseits die geringste Rücksicht auf die Bedürfnisse der Frau zu nehmen.

Ein Erwachsener, sagen wir ein Mann, möchte zu einem anderen Erwachsenen, sagen wir einer Frau, einen sexuell gemeinten Körperkontakt herstellen. Er weiß, daß sie auf direkte Annäherungsversuche nicht reagieren würde, weil sie das abstoßend fände. Er weiß ferner, daß sie ihn sexuell überhaupt nicht anziehend findet; aber der Wunsch, sie zu berühren, ist so stark, daß er ihre entmutigenden Signale ignoriert. Was tut er? Er spielt den „großen Bruder": Mit großem Hallo gibt er ihr einen Klaps aufs Knie und sagt zu ihr: „Sie komisches kleines Mädchen." Dabei hofft er, daß sie die Sache (und den Körperkontakt) ebenfalls als Spaß versteht, obwohl er selbst in Wirklichkeit einen sexuellen Gewinn aus der Aktion zieht.[66]

Eine Frau kann dem drängenden Verhalten eines Mannes keine direkten Machtmittel entgegensetzen. Sie kann letztlich nur an ihn appellieren. Innerhalb bereits etablierter Beziehungen kann sich energischer Widerstand gegen sexuell motivierte Annäherungen unter Umständen beziehungsgefährdend auswirken. Abgewiesene Männer drohen gern damit, sich „bereitwilligeren" Frauen zuzuwenden. Die Befriedigung weiblicher sexueller Bedürfnisse wird wesentlich stärkerem moralischen Druck unterworfen. Während die Gesellschaft relativ wohlwollend reagiert, wenn Männer sich „die Hörner abstoßen", gefährden Frauen durch vergleichbares Verhalten ihren Ruf als „anständige Frau". Weibliche Zügellosigkeit wird zwar in männlichen Sexualphantasien immer wieder herbeigesehnt, schlägt in der Realität jedoch meist negativ zu Buch. Abgesehen von der damit verbundenen sozialen Abwertung ist sie letztlich auch wenig erfolgversprechend. Ungeachtet ihrer angeblichen Sehnsucht nach der sexuell aggressiven, fordernden Frau nehmen Männer schnell Reißaus, wenn sie von Frauen in unmißverständlicher Weise „angemacht" werden.

Bestimmte Kreise bemessen die „Virilität" eines Mannes direkt danach, ob und wie schnell es ihm gelingt, die vorgeschriebenen Stufen der sexuellen Intimisierung zu verkürzen oder zu überspringen und möglichst direkt „zur Sache" zu kommen. Das Bedürfnis solcher Männer nach Kontakten mit dem anderen Geschlecht beschränkt sich in der Regel auf die Genitalien. Die Fixierung auf den „hot spot" offenbart ein immenses psychisches Defizit.[67] Der Sozialpsychologe und Psychoanalytiker Erich Fromm hat sich in seinem Standardwerk über „Die Kunst des Liebens" zur Konzentration auf pure genitale Sexualität als Kernelement einer extrem vom traditionellen Männlichkeitskonstrukt geprägten Psychostruktur unmißverständlich geäußert. Seiner Auffassung nach ist ein isoliertes sexuelles Verlangen, das nicht die Überbrückung der Polarität der Geschlechter im Akt der Vereinigung zum Ziel hat, sondern ausschließlich der eigenen Befriedigung dient, der unmittelbarste Ausdruck neurotischer Männlichkeit. Männer, die auf diese Form der Sexualität fixiert sind, seien in ihrer Emotionalität auf einer kindlichen Stufe stecken geblieben. Ihr Verhalten reflektiere den infantilen Wunsch nach bedingungsloser Liebe, die ohne Gegenleistung zu haben ist – den Wunsch, „geliebt zu werden, nicht zu lieben".[68] Um diesen psychischen Mangel zu kompensieren, verwandelten sie den Akt der Verbindung in einen Akt der Dominanz.[69] Eine Liebe, die die Partnerin letztlich zur Sache degradiert, kann keine Basis für die Partnerschaft zweier erwachsener Menschen sein.

1 Vgl. Schmitt, 1992, S. 66 f.
2 Eine weite Schrittlänge gilt heute als typisch männlich; kurze, trippelnde Schritte wirken bei Männern „effeminiert" und gehören zum Repertoire gesellschaftlich besonders verachteter, „weiblich" identifizierter Homosexueller; daher werden sie darüber hinaus auch zur hämischen Charakterisierung „unmännlicher" Männer benutzt (z.B. in den Medien).
3 Vgl. Schmitt, a.a.O., S. 213–218.
4 Vgl. Belotti, 1975; Scheu, 1977; Bilden, 1980; Mertens, 1992.
5 Vgl. Süddeutsche Zeitung, 2.3.1989.
6 Vgl. *Jugend '92*, herausgegeben vom Jugendwerk der Dt. Shell, 1993.
7 Vgl. Göttner-Abendroth, 1984 und 1993; Schilling, 1984; Voss, 1988.
8 E. Goffman, a.a.O., S. 169.
9 Vgl. Süddeutsche Zeitung, 10./11.11.1992. Nach Brandts Tod bezeichnete die SZ den Kniefall neben dem Abschluß der Ostverträge als herausragendsten Moment seiner Regierungszeit.
10 D. Morris, 1977, S. 198.
11 D. Morris, a.a.O., S. 41f.
12 Vgl. Trömel-Plötz, 1980, 1982, 1984, 1992.

13 Vgl. Argyle, u.a., 1974; Exline, 1971; Ellsworth, 1975.
14 Vgl. SZ vom 4.11.2002.
15 Vgl. C. Kleinke, 1986; Suwelack & Bente, 1995;v Suwelack, 1998.
16 Vgl. Hughes & Goldman, 1978; Buchanan, Goldman & Juhnke, 1977.
17 Annonce, erschienen in der Süddeutschen Zeitung, 20.4.1991.
18 Vgl. Süddeutsche Zeitung, 8.10.1992, S. 23.
19 Diese Erkenntnis beruht auf der Analyse einer großen Zahl von Rollen-
   spielen zur interaktiven Durchsetzung und Abgrenzung, die StudentInnen
   im Verlauf meiner Körpersprache-Seminare an der Universität München
   durchführten: Dabei zeigte sich ein deutliches geschlechtsspezifisches
   Muster in der Wahl von Techniken der Imagepflege.
20 Carlos Widmann, Süddeutsche Zeitung, 19.4.1991.
21 Vgl. Ekman & Friesen, 1975.
22 Vgl. P. Ekman, in Scherer & Wallbott (Hrsg.), 1979, S. 52 f.
23 Vgl. Haviland, J.M., 1977.
24 Vgl. Deutsch, F.M., LeBaron, D., & Fryer, M.M., 1987.
25 Vgl. M. Cunningham u.a., 1990.
26 Vgl. B. Riedl, 1990.
27 Vgl. M. Cunningham, 1986.
28 Vgl. N. Henley, 1989, S.27 ff.
29 Vgl. M. Argyle, 1975, S. 224.
30 Detlev Hacke über den Radrennprofi Indurain, SZ, 24.7.1992.
31 Vgl. Potts, M.K., Burnam, M.A. & Wells, K.B., Behavior Today, 16.–23.12.91.
32 Vgl. Schulman, G.I., & Hoskins, M., 1986.
33 Vgl. Graudenz/Pappritz, 1971, S. 147 ff.
34 Vgl. Ekman, Friesen & Ellsworth, 1972.
35 Vgl. taz, 10.3.1992.
36 Vgl. Ekman & Friesen, 1975.
37 Graudenz/Pappritz, 1971, S. 230.
38 Graudenz/Pappritz, a.a.O., S. 264–272.
39 Vgl. Trömel-Plötz, 1982, S. 94.
40 Henley, 1977; Heslin & Boss, 1975; West, 1984.
41 Vgl. N. Henley, a.a.O, S. 148 ff.
42 Vgl. Bode, K. & Plogstedt, 1984; Domsch, M. & Schneble, A., 1990;
   Holzbecher u.a., 1990; Gerhart, U., Heiliger, A., Stehr, A. (Hrsg.), 1992.
43 Untersuchung im Auftrag der Unternehmensleitung von Thyssen Stahl in
   Hamborn/Beeckerwerth (Duisburg), durchgeführt vom Frauenarbeitskreis
   der IG Metall (Süddeutsche Zeitung, 31.3.1993).
44 Vgl. Süddeutsche Zeitung, 2.4.1993.
45 Dieses Muster konnte ich in meiner eigenen Ursprungsfamilie bis in die
   60er Jahre selbst erleben
46 K. Mann, 1963, S. 23.
47 H. Fallada, 1992, S. 69 und 104.
48 E.T. Hall, 1976, S. 145.
49 Westin, 1967, S. 40.

50 E. Goffman, a.a.O., S. 122.
51 Vgl. Tz, 30.4./1.5.2003
52 V. Woolf, 1981, S. 43.
53 Vgl. SZ-Magazin Nr.1, 1993; während dieses Geschehen als eine der 1000 „Absonderlichkeiten" des Jahres 1992 Eingang in die Annalen fand, finden sich Berichte über ähnlich monströse, aber umgekehrte Verhältnisse des öfteren (in der Rubrik „Leute von heute") in der Tageszeitung (z.B. die Verlobung eines 133 kg schweren 20jährigen Sumo-Ringers mit einer 50 kg leichten 19-jährigen Frau, die nur als „Nacktmodell" bezeichnet wurde).
54 Persönliche Mitteilung von Mitarbeiterinnen des *Dingsda*-Teams.
55 D. Morris, 1972, S. 128.
56 Vgl. Jourard, 1966.
57 A. Montagu, 1971, S. 135 f.
58 „Körperlichkeit spielt in diesem Moment eine große Rolle. Alle *scheinen sie an Volker Rühe heranrücken, ihn drücken, ihn berühren zu wollen. Ein freundlicher Klaps auf die Schulter, ein Knuff, ein fester Händedruck.* Das Bild vom Rugbyspiel paßt: als müsse hier einer getröstet werden, der vom Platz gestellt wurde, unverdientermaßen." Mit diesen Worten beschreibt Stephan-Andreas Casdorff die Reaktion von Parteifreunden auf die Niederlage Volker Rühes bei der Wahl der Kanzlerstellvertreter auf dem Parteitag der CDU (Süddeutsche Zeitung, 28.10.1992, Hervorhebungen von mir).
59 Als *soziale Geste* wirkt das Anbieten der eigenen Hand besänftigend und konfliktreduzierend. Sie kann von jedem Individuum, unabhängig von seiner hierarchischen Rangposition durchgeführt werden, hat aber je nach gesellschaftlicher Stellung unterschiedliche Bedeutungen: Das ranghöhere Tier signalisiert damit Verzicht auf Ausübung von Dominanz und Gewalt, das untergeordnete Tier signalisiert seine Unterwerfung; ein *Freundschaftszeichen* ist der Handkontakt nur zwischen einander sozial gleichgestellten Individuen.
60 D. Morris, a.a.O., S. 125 f.
61 Süddeutsche Zeitung, 28.9.1992.
62 D. Morris, 1977, S. 94.
63 Mit dieser Formulierung charakterisierte der Hollywood-Mogul Jeff Berg, Chef einer der größten Künstleragenturen vor Ort, sowohl sich selbst als toughen Geschäftsmann als auch ein rücksichtloses Geschäftsgebaren, in dem allein der schnelle Erfolg zählt (SZ-Magazin 12, 1993, S. 18).
64 Vgl. D. Morris, 1977, S. 247.
65 Gesellschaften unterscheiden sich in der Bereitschaft, Frauen wirksamere Waffen gegenüber zudringlichen Männern zuzugestehen, recht deutlich. An die Soldatinnen der israelischen Streitkräfte wurde beispielsweise schon 1983 eine chemische Waffe (Spray) ausgeteilt; in der Schweiz hingegen, wo jeder Wehrpflichtige ein Gewehr im Kleiderschrank stehen hat und man darüber hinaus unter Vorlage eines Ausweises selbst halbautomatische Feuerwaffen fast an jeder Ecke kaufen kann, müssen Frauen beim Erwerb eines ordinären „Pfeffer-Sprays" – das allerdings explizit als

Selbstverteidigungswaffe gegen Männer angeboten wird – einen Waffen-
schein vorlegen (SZ, 2.11.1992).

66 D. Morris, 1972, S. 98.
67 In dem Film „Die letzte Frau" (1975) gerät der Protagonist (dargestellt von
    G. Depardieu) durch seine Beziehungsprobleme, die primär in seinem
    Macho- und Paschatum wurzeln, sich für ihn vor allem aber im sexuellen
    Bereich manifestieren, in eine tiefe Identitätskrise, die er schließlich auch
    nur „sexuell" lösen zu können glaubt: Er schneidet sich mit dem elektri-
    schen Brotmesser den Penis ab. Aufgrund der Kastrationsszene wurde der
    Film in Italien verboten.
68 E. Fromm, 1980, S. 107.
69 Vgl. E. Fromm, 1980, S. 48.

RÄUME
Symbolische Bedeutung und geschlechtliche Codierung

1. Die symbolische Bedeutung von Räumen

Unter einem Raum versteht man im allgemeinen eine Leere, z.B. ein Land, ein Haus oder ein Zimmer, die von materiellen Körpern, z.b. von Menschen oder Gegenständen, ausgefüllt sein kann. In der psychologischen und kulturanthropologischen Wissenschaft vom Menschen werden darunter auch jener unsichtbare, flexible Bereich, der uns wie eine schützende Blase umhüllt und den wir immer mit uns herumtragen, und jene Distanzen, die Menschen zwischen sich herstellen, wenn sie zueinander in Beziehung treten und miteinander interagieren, subsumiert. Diese Räume, die weiter unten genauer untersucht werden sollen, reflektieren spezifische soziale und psychologische Merkmale und Bedürfnisse der Beteiligten und charakterisieren ihr Verhältnis zueinander.

Im allgemeinen repräsentieren die Ausdehnung und die besonderen Qualitäten von Räumen die soziale Macht und den Status derjenigen, die sie besitzen bzw. frei über sie verfügen können. Ein hoher sozioökonomischer Status kann demzufolge durch entsprechend große und hochwertige Räume – z.B. eine großzügige Wohnung oder ein geräumiges Hauses in exklusiver Lage – zum Ausdruck gebracht werden. Die gleiche statussymbolische Funktion erfüllen auch entsprechend dimensionierte Objekte, z.b. ein dickes Auto, ein wuchtig-repräsentativer Schreibtisch, eine auffällig große, protzige Uhr. Auch wenn das demonstrative Zurschaustellen solcher Statussymbole nicht generell positiv und gelegentlich sogar negativ, als Ausdruck einer mangelnden Kinderstube bewertet wird, gilt es dennoch als legitim und verfehlt nur selten seinen eigentlichen Zweck. Einem hamburgischen Geschäftsführer gestand das zuständige Finanzgericht die steuerliche Abschreibung seines Luxusschlittens explizit mit dem Verweis darauf zu, daß er ihn brauche, „um den hierarchischen Abstand zwischen dem Chef und den Mitarbeitern zu behaupten".[1]

Auch auf rein symbolischer Ebene bringen ausladende persönliche Unterschriften, spaltenübergreifende „Klein"anzeigen, überdimensionale Türschilder, Visitenkarten, sogar das Format von Todesanzeigen in Tageszeitungen den sozialen Rang bzw. das Geltungsbedürfnis der jeweiligen Personen allein durch ihre räumliche Ausdehnung zum Ausdruck.[2] Die Grenzen des Schicklichen werden auch in diesem Bereich durch die Regeln des „guten Benehmens" festgelegt. Das bereits mehrfach zitierte Brevier für den richtigen gesellschaftlichen Umgang (das im übrigen seinem eigenen Selbstverständnis zufolge keineswegs überholte, sondern durchaus zeitgemäße Ratschläge erteilt, die „alle gesellschaftlichen Fortschritte der modernen Demokratie" berücksichtigen) ist dementsprechend auch mit einem konkreten Hinweis auf das angemessene Format von Visitenkarten behilflich. Aus nicht näher erläuterten Gründen wird dabei ein bemerkenswert genereller Unterschied zwischen den Geschlechtern gemacht: „Herrenkarten" sollten sich auf das Format 9 mal 5 cm, „Damenkarten" auf das Format 7,5 mal 4,5 cm beschränken.[3]

Mit diesem Beispiel wird ein Aspekt der Psychologie des Raums angesprochen, dem in der allgemeinen Auseinandersetzung bisher wenig Aufmerksamkeit zuteil wurde: seine geschlechtsspezifische Differenziertheit. Diese äußert sich in eigentlich unübersehbaren Unterschieden zwischen Frauen und Männern hinsichtlich aller wesentlichen Faktoren des Umgangs mit Räumen: in Hinblick auf räumlichen Besitz, auf die Verfügbarkeit über Räume, die Art der Abgrenzung von Räumen, ihre spezifische Nutzung und insbesondere ihre emotionale Besetzung. Das Geschlecht scheint neben kulturellen und sozialen Faktoren in diesem Zusammenhang der bedeutendste Faktor mit weitreichenden Auswirkungen zu sein. Im folgenden soll gezeigt werden, in welcher Weise die Geschlechtszugehörigkeit bzw. das Ausmaß der individuellen Identifikation mit Gender den Anspruch auf Räume, die emotionale Besetzung von Räumen und den Umgang mit Räumen bestimmt.

2. Männlichkeit und Territorialität

Der tierische Umgang mit Räumen wird weitgehend durch die sogenannte Territorialität geregelt, was ebenso wie die bereits besprochenen Rituale der Unterwerfung letztlich der Arterhaltung dient. Ihre wichtigste Funktion besteht darin, eine „vernünftige", den Umweltbedingungen angemessene Verteilung von Individuen und Gruppen im vorhandenen Raum zu gewährleisten, die „gegen übermäßige Ausbeutung jenes Teils der Umwelt Schutz bietet, von dem eine Art hinsichtlich Ernährung und Erhaltung abhängt".[4] Die Territorialität gibt letztlich den Rahmen vor, innerhalb dessen bestimmte Dinge getan werden können.

Die Territorialität ermöglicht einzelnen Individuen die Abgrenzung bestimmter räumlicher Gebiete zur exklusiven Nutzung. Sie kennzeichnen die Grenzen ihrer Territorien, indem sie mit ihren Exkrementen „Duftmarken" setzen. Dieses Recht steht allen Mitgliedern einer Gruppe unabhängig von ihrer Position innerhalb der Rangordnung gleichermaßen zu. Das Territorialitätsprinzip dient somit weder vorrangig noch gar ausschließlich dazu, Hierarchien abzusichern oder hochrangigen Tieren Vorteile zu verschaffen, im Gegenteil: Es garantiert die Befriedigung der Bedürfnisse aller, insbesondere der rangniedrigeren, schwächeren Tiere. Carpenter (1958) konnte nachweisen, daß diese sich im eigenen Revier regelmäßig sogar gegen dominantere Individuen durchsetzen können. Auf diese Weise trägt das Territorialitätsprinzip nicht nur zur Erhaltung einer Art, sondern auch zu ihrer evolutionären Weiterentwicklung entscheidend bei.[5]

Auch der menschliche Umgang mit Räumen wird häufig als territorial bezeichnet, obwohl er weder durch Instinkte gesteuert wird noch vergleichbare Funktionen erfüllt.[6] Er ist vielmehr in erheblichem Maß, wie historische und geographische Vergleiche deutlich machen, von kulturellen Bedingungen bestimmt. Richtig ist allerdings, daß er über einen langen Zeitraum hinweg durchaus in Einklang mit jenen natur- und arterhaltenden Mustern stand, die durch echte Territorialität begründet werden. Erst die Abkehr von diesem traditionellen Umgang mit dem vorhandenen Lebensraum zeitigte jene katastrophalen Folgen, die von der guatemaltekischen Indianerin Rigoberta Menchu anläßlich der Verleihung ihres Friedensnobelpreises in Oslo bitter beklagt wurden. In ihrer Rede führte sie den gegenwärtigen Zustand letztlich auf das neuerrichtete Machtverhältnis zwischen Menschen und der Natur zurück, welches den heute Herrschenden ein ungehemmtes Ausleben egoistischer Dominanzbedürfnisse ermögliche. Diese betrachteten sich selbst als die „Herren der Erde" – und nicht mehr als Kinder „einer Mutter, die niemals stirbt".[7] Eindringlich mahnte sie das traditionelle indianische Prinzip eines verantwortungsbewußten Umgangs mit den eigenen Lebensressourcen an, dessen Wahrung und Umsetzung die Urbevölkerung nicht ohne Grund ihren Frauen überantwortete und sogar als weibliches Privileg verfassungsmäßig verankerte.

The Constitution of the Five Nations: Women shall be considered the progenitors of the nation. They shall own the land and the soil.
Die patriarchal strukturierten westlichen Kulturen haben diese an Verantwortung gebundene weibliche Macht praktisch außer Kraft gesetzt. Machtausübung wurde zu einem männlichen Privileg, den Frauen

blieb nur die Verantwortung. Diese Spaltung machte den Weg frei für die ungehemmte Entwicklung und Durchsetzung einseitiger Besitz- und Herrschaftsansprüche, die weitgehend bedenkenlos und mit allen verfügbaren Mitteln gegen andere Menschen und gegen die Natur selbst durchgesetzt werden. Die Frauen konnten dieser Entwicklung nichts mehr entgegensetzen und ihr daher bis heute keinen Einhalt gebieten.

Heute sind Männer im Besitz einer globalen Vorherrschaft, die sich auf seiten der Frauen in einer weitgehenden räumlichen Besitz-und Rechtlosigkeit manifestiert. Frauen besitzen oder kontrollieren heute mit etwa 1/100 des weltweit verfügbaren Raums nur noch einen unbedeutenden Anteil. Manche Länder untersagen Frauen Grundbesitz generell per Gesetz, in anderen verhindern ihn Banken durch die Verweigerung von Krediten an Frauen. Der weltweit deutlich niedrigere sozio-ökonomische Status von Frauen im Vergleich mit Männern ist eine unmittelbare Folge dieser Politik. Ihrer davon abgeleiteten Vorrangstellung als „Haupternährer" ihrer Familien werden Männer jedoch nur bedingt gerecht. Eine einschlägige Worldwatch-Studie (1992) entlarvte diese immer noch weitverbreitete Vorstellung endgültig als Mythos: Nicht die Männer, sondern die Frauen tragen – ungeachtet ihrer schlechteren ökonomischen Lage – den größeren Teil zur Ernährung der Familien bei. Sie sind es, die mit ihren Einkommen vorrangig das Überleben ihrer Familien sichern und die selbst eventuelle Überschüsse nicht primär zur Befriedigung eigener Bedürfnisse verwenden, sondern auch diese eher ihren Kindern zugute kommen lassen. Männer hingegen erteilen ihren Frauen häufig nicht einmal Zugriffsvollmachten auf ihr Einkommen, sondern bestimmen allein über dessen Verwendung – mit der Konsequenz, daß ein beträchtlicher Teil in Genußmittel wie Alkohol oder Tabak umgesetzt, in Konsumgüter zum persönlichen Gebrauch und in andere Frauen investiert wird.[8]

Die gesellschaftlichen und psychologischen Folgen der Trennung von Macht und Verantwortung beeinträchtigen das öffentliche Leben und die Lebensqualität aller Menschen in vielfältiger Weise. Der Umgang mit dem Raum wird unter diesen Umständen allein vom Prinzip der Dominanz bestimmt, das seinerseits wiederum einseitig im traditionellen Konstrukt „Männlichkeit" verankert wird. Männer, die sich mit diesem Konstrukt identifizieren, verhalten sich pseudoterritorial. Zu den zwar unangenehmen, aber vergleichsweise harmlosen Erscheinungsformen männlicher Pseudoterritorialität gehören jene ritualisierten Verhaltensweisen, die an das Markieren instinktgesteuerter

Tiere erinnern (vgl. Abb. 50). Organisierte Straßengangs, die sich sogar oft nach einem zentralen Platz innerhalb ihres Gebiets benennen, markieren die Grenzen ihres Reviers zum Beispiel durch ästhetisch mehr oder weniger ansprechende Graffitis.[9] Auch die „Duftmarken", die manche Männer durch ihr öffentliches Urinieren und ständiges Gespucke setzen, stoßen in unserer Kultur vielleicht gerade deshalb auf eine ebenso bemerkenswerte wie unangebrachte Toleranz, weil die-

Abb. 50: Männliche Pseudoterritorialität

ses Verhalten fälschlicherweise für ein „naturhaftes" Muster gehalten wird. Abgesehen davon, daß es zweifellos gegen alle Regeln zivilisierten Verhaltens verstößt, müßte allein aus Gründen der Hygiene – spätestens seit der weltweiten Bedrohung durch SARS – effektiver dagegen vorgegangen werden. Es gibt zwar durchaus Vorstöße in diese Richtung, z.B. die von der Stadt Köln vor einiger Zeit beschlossenen Bußgelder für öffentliches Ausspucken. Die Wirkung solcher Maßnahmen wird allerdings durch das gegenläufige Verhalten zahlreicher prominenter Vorbilder beeinträchtigt, die nicht zuletzt auf Sportplätzen ihrer Dominanz vor allem durch fortwährendes Gespucke Ausdruck verleihen.

Männer, die dieses respektlose, allgemeingültige gesellschaftliche Konventionen demonstrativ mißachtende pseudoterritoriale Verhalten an den Tag legen, machen damit klar, daß diese Art von Dominanz in ihrer Vorstellung von Männlichkeit einen ganz besonderen Stellenwert hat. Den gleichen Zweck, andere einzuschüchtern und symbolisch zu dominieren, hat auch das lautstarke Gegröle, mit dem insbesondere Sport-Fans in größeren Massen ihre Präsenz im öffentlichen Raum akustisch untermauern. Solche Rituale stehen in einer langen Tradition der psychologischen Kriegsführung, die bis heute „Lärmterror" gezielt zur Schwächung der gegnerischen Gruppen einsetzt.

Von besonderer Bedeutung ist in diesem Zusammenhang die weitverbreitete Unsitte, außerhalb der dafür vorgesehenen Räumlichkeiten in der Öffentlichkeit zu urinieren. Das „wilde" Pinkeln gegen Objekte, seien es Hauswände, Bäume, Autos o.ä., ist absolut unabhängig davon, „ob Pissoirs existieren oder nicht, überall gibt es Eckenpiesler".[10] Es gibt keinen erkennbaren oder nachvollziehbaren Grund dafür. Es geschieht nicht aus einer physischen „Not" heraus, die allein ein solches Verhalten halbwegs rechtfertigen würde. Männer pinkeln sogar unmittelbar nach dem Verlassen von Kneipen oder Wohnungen, in denen Toiletten durchaus verfügbar gewesen wären, im Freien gegen eine Wand. Dabei verstecken sie sich weder noch kauern sie sich auf den Boden.[11] In unserer Kultur gilt eine solche schamhafte Haltung als „weiblich" und ist demzufolge Frauen vorbehalten. Männer werden von klein auf trainiert, ihr „Geschäft" in aufrechter, stolzer Haltung und „treffsicher" abzuwickeln.[12] Diese der aufrechten Körperhaltung grundsätzlich eingeschriebene Bedeutung gibt den Ausschlag für ihre exklusive Vereinnahmung durch Männer und die außerordentliche Attraktivität ihrer öffentlichen Demonstration (Abb. 50).

Auch die psychoanalytische Psychologie mißt dem Akt des „aufrechten" Urinierens besondere Bedeutung für eine gesunde männliche Entwicklung bei. Mertens (1992) erläutert in diesem Zusammenhang folgendes Fallbeispiel, das auch in Hinblick auf das tiefe Verständnis, das die Wortwahl des Therapeuten erkennen läßt, bemerkenswert ist.

Unter dem Vorwand der leichteren Sauberhaltung des Klosetts hatte die Ehefrau einen Patienten gezwungen, sich wie eine Frau beim Urinieren hinzusetzen, was der Patient lange Zeit auch gefügig machte. Eines Tages fiel ihm angesichts eines Traumbilds ein, wie ungeheuerlich stolz er war, als sein Vater ihm auf einer Reise gestattete, ins Waschbecken des Hotelzimmers zu urinieren, wozu er zuvor auf einen Stuhl klettern mußte. Kurze Zeit später hatte er seinen Vater bei einem Verkehrsunfall verloren, aber diese Szene im Hotelzimmer blieb für ihn eine Reihe von Jahren bedeutsam, bis sie sich in den Wirren der Pubertät verlor. Als ihm diese Erinnerung wieder einfiel, reagierte er zunächst mit Traurigkeit und dann mit starken Wutgefühlen auf die Zumutungen seiner Frau und daß er sich dies schon seit einigen Jahren gefallen ließ.[13]

Eine schlichte, in diesem Kontext offensichtlich als zu profan ausgeblendete Frage bleibt offen: Wieso unterlief der Patient die pathogene Zumutung seiner Ehefrau nicht einfach dadurch, daß er seine Hinterlassenschaften im Klo selber beseitigte?

Aufgrund des besonderen Stellenwerts, der ihm bei der Etablierung einer männlichen Identität eingeräumt wird, ist dieser Akt auch auf rein symbolischer Ebene stets präsent, sozusagen in aller Munde. In einer Variante der Fäkalsprache, die speziell auf das männliche Urinieren Bezug nimmt, wird mit Formulierungen wie „von dem laß' ich mir doch nicht ans Bein pinkeln", „dem werd' ich mal aufs Grab pinkeln!", „verpiß dich!" etc. vor allem aggressive Dominanz und eine gewisse arrogante, „virile" Überlegenheit kommuniziert. Im Hollywood-Film *Der Rosenkrieg* demütigt beispielsweise der ergrimmte Ehemann seine ihm mittlerweile verhaßte Ehefrau zutiefst dadurch, daß er demonstrativ von oben herab auf den von ihr vorbereiteten Braten pißt. Vor diesem Bedeutungshintergrund wird auch die Vorliebe bestimmter Filmregisseure für den Drehort Pissoir verständlich. Es ist der ideale Ort, um wahre Männer zur Sache kommen zu lassen. Hinter seiner verschlossenen Tür finden sie sich nicht einfach nur zu ihrer „Erleichterung" ein und schon gar nicht, um wie Frauen ihre äußere Erscheinung zu überprüfen und sich gegebenenfalls wieder „herzurichten". Hier sind echte Kerle unter sich und gehen Schulter an Schulter und angesichts ihrer potentesten Waffen ihren wahren Geschäften nach.

Solche Formen pseudoterritorialen Markierungsverhaltens können vielleicht gerade noch als einfache Ungezogenheiten abgetan oder als Ausdruck eines Identitätsproblems bestimmter Männer mit Bedauern zur Kenntnis genommen werden. Die Verbindung von Männlichkeit und Dominanz, die ihnen zugrundeliegt, hat allerdings wesentlich schwerwiegendere Auswirkungen auf den Umgang mit Räumen. Nicht zuletzt verdankt auch der Krieg, der „Vater" aller Dinge, sein soziales Geschlecht der psychostrukturellen Verankerung und kulturellen Legitimierung dieser Verbindung, wie die unübersehbaren Übereinstimmungen zwischen zentralen Elementen des „Männlichkeits-Ethos" und des „Ethos" des Krieges zeigen.[14]

Das traditionelle Männlichkeitskonstrukt, das von den kritischen nordamerikanischen Männerforschung mit dem Begriff „hegemoniale Männlichkeit" bezeichnet wurde, fördert und verstärkt die Entwicklung negativer Abgrenzungsmuster und legitimiert aggressive Dominanz als identitätskonformen Ausdruck. Alle Menschen, die nicht unter diesen Begriff subsumiert werden können, insbesondere nichtheterosexuelle Männer und natürlich Frauen, werden vor diesem Hintergrund nicht nur als „anders", als vom eigenen Selbst verschieden wahrgenommen und behandelt, sondern als ungleichwertig und unterlegen. Dies drückt sich u.a. in den Etiketten aus, die diesen Gruppen angeheftet werden. Die Begriffe „Schwuchteln", „warme Brüder", „Arschficker" haben ebenso wie „Weiber" oder „Fickhühner" einen abwertenden Charakter. Gelegentlich wird den so ausgegrenzten Gruppen sogar ihre Menschlichkeit abgesprochen (für rechte deutsche Skinheads sind beispielsweise ihre Gegner vom linken Rand des politischen Spektrums keine Menschen, sondern „Zecken").

Obwohl sich nach wie vor vor allem männliche Jugendliche in pseudoterritorialer Weise verhalten und organisieren, scheint auch bei bestimmten, sozial in mehrfacher Hinsicht stigmatisierten Mädchen (z.b. Berliner Türkinnen) die Bereitschaft zu wachsen, traditionell männliche Organisations- und Aktionsformen zu übernehmen. Sie schließen sich immer öfter zu Banden zusammen, treten gewaltbereit auf und reklamieren öffentliche Räume für sich. Hier zeichnet sich ein gesellschaftlicher Trend zur „Maskulinisierung" menschlicher Verkehrsformen ab, der aus der Perspektive der Betroffenen zwar verständlich ist, zugleich aber auf deutliche Kritik stößt. Mädchen, die sich so verhalten, verstoßen nämlich nicht nur – wie ihre männlichen Vorbilder – gegen die allgemeinen Regeln gesitteten Verhaltens, sondern zugleich auch gegen jene Normen, die mit ihrer weiblichen Geschlechtsidentität verknüpft sind. Die wesentlich heftigeren negativen Reaktionen auf aggressive und pseudoterritoriale Mädchen machen deutlich, daß es letztlich unmöglich ist, in einer „männlichen" Welt Rechte in Anspruch nehmen zu wollen, die nur Männern zugebilligt werden – und sei es das Recht auf eine wirkungsvolle Selbstverteidigung und auf Freiräume. Mädchen haben keine wirkliche Wahl – wie auch immer sie sich zwischen den Alternativen, sich gendergerecht mit einem Platz in der zweiten Reihe zu begnügen oder entgegen diesen Regeln ihre Ansprüche aggressiv durchzusetzen, entscheiden, sie können letztlich nur verlieren.

Mit dem Grad der negativen Abgrenzung von anderen wachsen die räumlichen Ansprüche. Immer mehr Räume werden als eigene Reviere betrachtet, stärker „befestigt" und immer martialischer abgesichert; Territorien werden aggressiver umkämpft, wobei der eigene Anspruch von der Vorstellung der eigenen Höherwertigkeit untermauert wird. Die Unterlegenheit der Gegner ist beliebig – rassisch, völkisch-national, religiös oder geschlechtsspezifisch – begründbar. Die psychostrukturelle Verankerung eines vom Prinzip der Verantwortung losgelösten Herrschaftsbedürfnisses, das sich letztlich nur durch eine gewaltsame Landnahme befriedigen läßt, macht, wie uns nicht nur die deutsche Geschichte beweist, aus scheinbar friedlichen Bürgern willfährige, leicht zu manipulierende Marionetten herrschsüchtiger Despoten. Nicht nur die Nationalsozialisten haben es geschafft, durch die Verbreitung von Vorstellungen von der Minderwertigkeit der gegnerischen Partei und vor dem Hintergrund eigener Expansionsbedürfnisse im „Volk ohne Raum" breite Zustimmung für territoriale Eroberungskriege zu finden.

Eine entscheidende Voraussetzung für die Verinnerlichung der entsprechenden Aspekte des „Männlichkeits"-Konstrukts ist die Entwicklung einer Bereitschaft zu gewaltförmigen Auseinandersetzungen mit anderen und das lustvolle Erleben von Gewalt (vgl. dazu Kap. 2). Männer, die sich damit nicht identifizieren, und im Prinzip alle Frauen (mit Ausnahme der wenigen, die sich à la „G.I. Jane" männlich identifizieren) stehen somit als kriegerisches Potential eigentlich nicht zur Verfügung. Selbst wenn wir also attestieren, daß nicht alle Kriege ausschließlich von Männern geführt wurden und möglicherweise auch nicht ausschließlich von ihnen zu verantworten sind, kann doch niemand ernsthaft bestreiten, daß unter den gegebenen Bedingungen vor allem Männer die dafür notwendigen und ausschlaggebenden Identitätsvoraussetzungen entwickeln.

Der soldatische Mann erfüllt die zentralen Bedingungen „echter" Männlichkeit, die nach wie vor durch die Faktoren Härte, Gewaltbereitschaft und eine eindeutig heterosexuelle Ausrichtung zum Ausdruck gebracht wird, in ganz besonderer Weise. Empfindsame „Warmduscher" und „Schattenparker", friedfertige „Softies", „warme Brüder" und nicht zuletzt als „Frauenversteher" verunglimpfte Männer werden dementsprechend als „unmännlich" erachtet. Das Militär hat aufgrund seiner spezifischen „Männlichkeits"-Angebote und weil es einen legitimen Rahmen vorgibt, in dem entsprechende Formen von Männlichkeit ausgelebt werden können, für viele eine starke psychologische Anziehungskraft.[15] Diese wurde von der Armee der Vereinigten Staaten in den 1970er Jahren ernsthaft riskiert, als sie – Jahrzehnte nach ihrer Öffnung für schwarze Männer – erstmals auch eine beträchtliche Zahl von Frauen in den Militärdienst aufnahm. Dieser Affront konnte durch flankierende Maßnahmen und eine weitgehende räumliche Trennung weiblicher und männlicher Soldaten noch einigermaßen verarbeitet werden. Als jedoch im Jahr 1993 auch die homosexuellen Männer als letzte der explizit vom Dienst an der Waffe ausgeschlossenen Gruppen zu den Gewehren drängten, war bei vielen „richtigen" Männern das Maß des Erträglichen endgültig überschritten. Ein Obergefreiter machte seinem gequälten Herzen Luft, indem er sich von beiden ihn gleichermaßen irritierenden Gruppen distanzierte: „Das ekelt mich an. Es ist in Ordnung, wenn sie alle Frauen und die Schwulen in denselben Zug versetzen – haltet sie nur von mir fern."[16]

Die Verknüpfung von Gewaltbereitschaft mit Heterosexualität im Konzept des soldatischen Mannes unterstützt die (im 2. Kap. diskutierte) Vorstellung vom männlichen Genital als Aggressionsinstrument, als Waffe. Vor diesem Hintergrund werden die traumatisierenden Folgen des Akts der militärischen Entwaffnung verständlich. In seinen *Männer-*

phantasien zitiert Theweleit einen zeitgenössischen Chronisten, der diesen Vorgang als wahrhaftig entmännlichen Akt der Kastration beschreibt:

Jetzt erst waren sie wirklich wehrlos! Hier schnitt sich die Nation auf Befehl zielsicher die Geschlechtsteile ab – wozu brauchen wir die noch in den kommenden Zeiten der internationalen Verbrüderung, des Weltfriedens, der Menschenliebe, des allgemeinen Glücks? Wozu?[17]

Auch im zivilen Leben werden Männer für die Entwicklung einer gendergerechten Kriegsbereitschaft und die Ausbildung korrespondierender Verhaltensmuster belohnt. Mehr noch als die prinzipielle Bereitschaft erhöht die aktive Teilnahme an einem Krieg das soziale Prestige eines Mannes (die Antwort auf die Frage „Haben Sie gedient?" hatte in Deutschland lange einen nicht unbeträchtlichen Einfluß auf die zivile Karriere eines Mannes). Vor diesem Hintergrund ist es nur konsequent, daß auch Frauen in entsprechenden Machtpositionen mit dem Prädikat eines Mannes „ehrenhalber" ausgezeichnet werden, wenn sie unbeugsame Härte beweisen und vor bewaffneten Auseinandersetzungen nicht zurückschrecken, sondern sie sogar befürworten und aktiv vorantreiben. In diesem Sinn wurde Margret Thatcher seinerzeit für ihre unbeirrbar kriegstreiberische Haltung und die letztlich erfolgreiche Verteidigung „britischen Territoriums" auf den Falkland-Inseln von ihrem ebenfalls recht martialisch gesinnten Volk zum „einzigen Mann im Kabinett" gekürt.

3. Die Verbannung der Frauen aus der Öffentlichkeit

Es ist so, wie wenn man eine Blume besitzt, eine Rose. Man gießt sie und behält sie im Hause, um sie anzusehen und daran zu riechen. Eine Frau darf nicht aus dem Haus gelassen werden. Dort könnten alle an ihr riechen. (Sayed Ghaisudedin, Taliban-Minister)

Die Entmachtung und Entrechtung der Frauen im Patriarchat äußert sich unter anderem darin, daß ihnen der Besitz und die freie Verfügung über Räume verwehrt wurde. Eine Aufspaltung des Lebensraums in eine öffentliche und eine private Sphäre schuf die Voraussetzung dafür, Frauen dem privaten Bereich zuzuordnen und aus dem öffentlichen Bereich auszuschließen. Ihr Recht auf Anwesenheit und freie Bewegung in der Öffentlichkeit wurde bis hin zur absoluten Verbannung eingeschränkt. Der öffentliche Bereich wurde als männlicher Bereich definiert, in dem unterschiedlichste männliche Bedürfnisse in exklusiver Atmosphäre befriedigt werden konnten. Frauen konnten daran nur bedingt, als Dienstleistende, als untergeordnete Zuarbeiterinnen und nicht zuletzt als Objekte der Begierde partizipieren. Sie hatten keine gleichwertigen oder gar übergeordneten Funktionen und Positionen. Die Folgen dieser Politik lassen sich heute noch erkennen. Aus entsprechenden Statistiken des BMFSFJ geht hervor, daß die wesentlichen gesellschaftlichen Institutionen immer noch höchstgradig männlich dominiert sind: Zum Zeitpunkt der Erhebung waren 70 Prozent aller im Bundestag und in den Länderparlamenten beschäftigten Personen und 80 Prozent der kommunalen Beschäftigten männlichen Geschlechts. In den obersten Bundesbehörden bestimmten zu 98 Prozent männliche Abteilungsleiter das Verwaltungshandeln. Ähnliche Verhältnisse zeigen sich in der Wissenschaft (95 Prozent der Professoren in der höchsten Kategorie sind männlich), der Wirtschaft (94 Prozent des obersten Managements sind männlich) und im spirituellen Bereich (in der evangelischen Kirche sind 98 Prozent der Bischöfe männlich).[18] Frauen sind in all diesen Bereichen nicht nur eklatant unterrepräsentiert, sie verschwinden oft auch – scheinbar grundlos und von der Öffentlichkeit weitgehend unbemerkt – schneller wieder von der Bildfläche als Männer. Eine Gruppe von Studentinnen am feministischen Rosa-Mayreder-College in Wien hat nun begonnen, dieses Muster sichtbar zu machen und seine Hintergründe zu beleuchten: Auf ihrer Internet-Seite stellen sie fortlaufend die Geschichten „verschwundener", genauer gesagt aus der Öffentlichkeit „entfernter" Richterinnen, Universitätsdozentinnen, Diplomatinnen, Künstlerinnen, Journalistinnen, Politikerinnen etc. vor.

Die generelle Verbannung der Frauen aus der Öffentlichkeit bzw. ihre Ausgrenzung aus männlich codierten Bereichen durch vielfältige Zugangs- und Mobilitätsbeschränkungen dient natürlich primär der Absicherung männlicher Privilegien. Zugleich ermöglicht sie Männern, bei Bedarf Frauen nachdrücklich auf ihre Plätze zu verweisen. In Irland beispielsweise werden Frauen noch heute durch „No Dogs, No Ladies"-Schilder davon abgehalten, „Pubs" (!) aufzusuchen. Der saudische König Fahd nahm im Zusammenhang mit dem ersten Golfkrieg die Gelegenheit wahr, Frauen unter Androhung des Entzugs ihrer Reisepässe das Autofahren zu verbieten.[19] Und auch auf dem Münchner Oktoberfest verhalten Männer sich seit einigen Jahren in vermeintlich witziger Weise wie moderne Raubritter gegenüber Frauen, die sich im Bierzelt allein und frei bewegen, wenn sie ihren Vorstellungen entsprechen: „Alles, was ‚blond' und ‚blau' ist, muß zahlen!"[20]

Je tiefer ein räumliches Privileg in der Tradition einer Kultur begründet ist, desto weniger bedarf es plumper Sexismen oder gar offener Gewalt, um es aufrechtzuerhalten. In Virginia Woolfs Beschreibung ihrer Abweisung von der Schwelle eines traditionellen männlichen Machtraums ist die Aura selbstverständlicher Rechtmäßigkeit, mit der sich der Bewahrer männlicher Vorrechte umgibt, geradezu greifbar:

...an dieser Stelle langte ich an der Tür an, die in die Bibliothek führte. Ich muß sie wohl geöffnet haben, denn sofort erschien wie ein Schutzengel, der mit flatterndem schwarzem Gewand anstelle von weißen Flügeln mir den Weg versperrte, ein abweisender, silberhaariger, freundlicher alter Herr, bedauerte mit leiser Stimme, während er mich hinauswinkte, daß Damen in die Bibliothek nur zugelassen sind, wenn sie von einem Kollegiumsmitglied begleitet werden oder ein Empfehlungsschreiben haben.[21]

In Räumen, die der Befriedigung (hetero)-sexueller Bedürfnisse vorbehalten sind, ist die Anwesenheit von Frauen natürlich quintessentiell. Männliche Interessen stehen im Zentrum, Frauen sind ausschließlich als integrale Elemente diverser Befriedigungsszenarien vonnöten. Ihre Rollen in einschlägigen Etablissements sind genau definiert, ihre Aufgaben klar umrissen, und nicht zuletzt weisen mangelhafte Bekleidung bzw. eindeutige Kostümierungen – in Playboy-Clubs laufen sie zum Beispiel als halbnackte Häschen mit putzigen Bollerschwänzchen herum – sie eindeutig als Objekte sexueller Begierden aus.

Die Umkehrung dieses klaren Verhältnisses zwischen männlich-aktiven Subjekten und weiblichen Objekten ist innerhalb männlich codierter Räume für Frauen nicht ganz ungefährlich. Eine amerikanische Reporterin entging bei ihrem Versuch, eine Football-Mannschaft nach dem Spiel in ihrer Umkleidekabine zu interviewen, nur mit knapper Not einer Gruppenvergewaltigung. Die Männer machten ihr damit – und zusätzlich auf verbale Weise – unmißverständlich klar, daß es einer Frau nicht zusteht, nackte Kerle als Objekte zu behandeln und sie darauf zu reduzieren.

Die festgelegten „Sperrgebiete", die die weibliche Mobilität in der Öffentlichkeit empfindlich einschränken, verwandeln entsprechende Bewegungen unter Umständen in einen Spießrutenlauf. Korrespondierende zeitliche Vorhaltungen beschränken die öffentliche Präsenz von Frauen zudem auf die als legitim erachtete Tageszeit. Sich nachts allein in der Öffentlichkeit zu bewegen, kann sich für „ehrbare" Frauen als problematisch erweisen. Eine Frau, die nachts in „einschlägigen" Vierteln herumläuft oder an einer dunklen Ecke stehen bleibt, läuft Gefahr, von Männern als käuflich wahrgenommen und dementsprechend behandelt zu werden. Ebenso bergen einsame nächtliche S-Bahn-Fahrten oder späte Kneipenbesuche das doppelte Risiko, nicht nur überfallen zu werden, sondern auch noch die Schuld daran zugewiesen zu bekommen. Die öffentliche Meinung schreibt einer Frau im Fall eines Schadens, den sie unter solchen Bedingungen erleidet, zumindest eine Mitschuld zu. Den potentiellen Tätern hingegen wird durch die Festlegung geschlechtsspezifischer Sperrzonen und -zeiten für Frauen quasi ein Freibrief erstellt. Denn unter diesen Bedingungen kann allein die körperliche Anwesenheit einer Frau an einem bestimmten Ort schon als unrechtmäßig oder gar als Provokation aufgefaßt werden.

Im offiziellen Sprachgebrauch werden die Frauen auferlegten Aufenthaltsbeschränkungen nicht als drastische Einschnitte in die weibliche Bewegungsfreiheit dargestellt, sondern als fürsorgliche Schutzmaßnahmen, die mit der relativen körperlichen Schwäche und Kraftlosigkeit von Frauen und ihrer demzufolge erhöhten Schutzbedürftigkeit begründet werden. Diese Argumentation trägt nicht nur dazu bei, die falsche Vorstellung von weiblicher Schwäche festzuschreiben. Sie geht auch bezüglich der Gefahrenquelle von einer falschen Grundannahme aus. Denn tatsächlich besteht die höchste Gefahr für Leib und Leben von Frauen nicht im öffentlichen Raum, sondern im privaten Bereich. Kriminalstatistiken zufolge finden tätliche Übergriffe auf Frauen und Mädchen großteils nicht auf der Straße statt, sondern im „Schutzraum" der Familie, im privaten Heim. Die schwersten körperlichen und seelischen Verletzungen werden Frauen in der Regel nicht von Fremden, sondern von männlichen Angehörigen und Bekannten beigebracht.[22]

Der männliche Anspruch auf exklusive Räume wird von den meisten Frauen bis heute als selbstverständlich akzeptiert. Der Versuch, eigene Raumbedürfnisse zu artikulieren und deren Befriedigung in vergleichbarer Weise zu realisieren, stößt umgekehrt auf weniger Toleranz oder Verständnis. Als die Neue Frauenbewegung in den 70er Jahren begann, ihren Anspruch auf eigenständige und exklusive Nutzung von Räumen in Form von Frauenbuchläden, Frauenkneipen, Frauenhotels etc. umzusetzen, brach ein Sturm der Entrüstung los. Allgemeines Unverständnis, Verwunderung und Belustigung waren noch die harmlosesten Reaktionen auf die für viele offenbar unfaßbare Anmaßung, Männer aus bestimmten räumlichen Bereichen generell auszuschließen. Häufiger bekamen es die Frauen mit aggressivem Widerstand, direkten Invasionsversuchen und sogar körperlicher Gewalt zu tun.

Der Begriff „Öffentlichkeit" erweist sich auf dem Hintergrund patriarchaler Raumstrukturen nur als euphemistisches Synonym für „männliches Terrain". Männer fühlen sich in der Öffentlichkeit wie zu Hause und weit sicherer als Frauen, obwohl die Gefahren, denen sie sich dort aussetzen, objektiv betrachtet bedeutend größer sind. Dieses Gefühl vermitteln sie auch durch die Art und Weise, wie sie sich auf öffentlichen Straßen und Plätzen verhalten. Eine einschlägige Untersuchung zeigte, daß Männer beispielsweise Kreuzungsbereiche in der Regel entschlossen, zügig und festen Schrittes überqueren. Frauen hingegen bewegen sich zögerlicher und unregelmäßiger, wie Fremde in einer unbekannten Kultur, und hinterlassen dabei den Eindruck von Unentschlossenheit, „Verwirrtheit" und „Verstörtheit".[23] In die gleiche Richtung weisen auch die Ergebnisse verschiedener Untersuchungen über das Verhalten auf Bürgersteigen. Sie zeigten, daß Frauen Männern öfter und frühzeitiger ausweichen als umgekehrt und daß sie sich durch dominantes Verhalten (z.b. durch ein zu nahes Herantreten) leichter von ihren Positionen (z.b. an Bushaltestellen) vertreiben lassen als Männer.[24] Das unreflektierte Hinnehmen männlicher Vorrechte in der Öffentlichkeit ohne gleichzeitige Wahrnehmung der damit zusammenhängenden Einschränkungen der eigenen Bewegungs- und Handlungsmöglichkeiten lernen Frauen schon in jungen Jahren. Die siebenjährige Laura beschrieb z.b. der Süddeutschen Zeitung ihren öffentlichen Lieblingsaufenthaltsort folgendermaßen: „Ich gehe nach dem Hort am liebsten auf den Spielplatz in der Valleystraße. Während die Jungen Fußball spielen, setzen wir Mädchen uns auf das Tor. Und hoffen, daß uns kein Ball trifft."[25]

4. Proxemik:
Die Wissenschaft von den Zwischenräumen

Wenn Menschen miteinander in Beziehung treten, entsteht eine andere Art von Räumen. In gemeinsamen Interaktionen schaffen sie zwischen sich einen flexiblen Raum, den sie durch Bewegungen, durch Annäherungen oder Rückzüge und durch unterschiedliche Körperhaltungen fortwährend modellieren. Dieser Raum läßt sich hinsichtlich seiner symbolischen Bedeutung in vier Kategorien bzw. Zonen unterteilen, die mit seinem Umfang bzw. unterschiedlich großen Distanzen zwischen den Interagierenden korrespondieren. E.T. Hall, der Begründer der kulturanthropologischen Wissenschaft von der Proxemik, des menschlichen Raumverhaltens, konnte nachweisen, daß diese vier

Zonen in allen von ihm untersuchten Kulturen existieren und mit jeweils gleichen Bedeutungen verbunden sind, wenngleich ihre genauen Ausmaße durchaus differieren. Er bezeichnete den kleinsten Raum als Zone der intimen Distanz, „die tröstliche und beschützende Distanz bei der körperlichen Liebe, aber auch beim Ringen". In unserer westlichen Kultur erstreckt sich diese Zone bis zu einer Distanz von etwa 45 cm. Daran schließt sich die Zone der persönlichen Distanz an, die dem eigenen Schutz und der Abgrenzung gegenüber anderen dient und die er als „Grenze der persönlichen Herrschaft im eigentlichen Sinn" bezeichnete. Diese Zone reicht von einer Entfernung von 45 cm bis zu einer Distanz von etwa 120 cm. Die nächste Zone, die sich zwischen einer Entfernung von 120 cm und 360 cm erstreckt, bezeichnete er als die soziale Distanz, die als „Schranke der Herrschaft" fungiere. Alle weiteren Entfernungen haben einen öffentlichen Charakter. Sie schaffen zum einen Sicherheit, da im Fall einer Bedrohung genügend Raum für Ausweich- oder Abwehrmaßnahmen bleibt. In einem hierarchischen Kontext legen sie die "Ehrfurchtsgrenze" fest und fungieren somit als klares Statussymbol. Die Einhaltung einer weiten, öffentlichen Distanz gegenüber einer anderen Person signalisiert Respekt und Anerkennung ihrer sozialen Überlegenheit (Abb. 51).[26]

Die körperliche Distanz zwischen Personen hat auch insofern großen Einfluß auf ihre Kommunikation, als sie die Möglichkeiten der gegenseitigen Wahrnehmungen und Handlungsweisen festlegt. Eigentlich sind nur innerhalb der intimen Distanz alle Kanäle der Körpersprache beiden Beteiligten uneingeschränkt verfügbar. Nur aus dieser geringen Entfernung können sie einander riechen, spüren oder schmecken. Mit wachsender Entfernung verlieren diese „primitiven" Sinnesmodalitäten und mit ihnen die spezifischen emotionalen Inhalte, die sie transportieren, ihre Funktion und Bedeutung für die Kommunikation.

Ebenso verringert sich mit wachsender Entfernung auch der aktive Ausdrucks- und Handlungsspielraum der Interagierenden. In intimer Nähe sind sinnlich komplexe Interaktionen möglich, in denen die Körpersprache voll zum Einsatz gebracht werden kann. Aus geringer Distanz können insbesondere Gefühle wesentlich eindrucksvoller und zugleich differenzierter kommuniziert werden – z.B. kann Mitgefühl nicht nur durch einen entsprechenden Blick oder einen formalen Händedruck, sondern auch durch eine sanfte Berührung, eine feste Umarmung oder einen Kuß zum Ausdruck gebracht werden. Die zunehmende „Versachlichung" von Kommunikationen mit wachsender räumlicher Entfernung läßt sich selbst auf der verbalen Ebene der Gesprächsinhalte durch linguistische Analysen nachweisen.[27]

Abb. 51: Soziale Distanzen

In unserer Kultur, in der Rationalität höher bewertet wird als Emotionalität, werden im persönlichen und sozialen Umgang die „primitiven", hochgradig emotionalen Wahrnehmungsmodalitäten weitgehend ausgeschaltet. Sie kommen eigentlich nur noch im privaten Bereich, in intimen Beziehungen zum Tragen. Ihre ursprüngliche Bedeutung reflektiert sich nur noch in der Vielzahl entsprechender Metaphern, die wir zur emotionalen Charakterisierung unserer persönlichen Beziehungen benutzen. Wir sind zwar nicht mehr in der Lage, menschliche Wärme oder Kälte konkret zu fühlen, aber wir reden noch davon. Wir weisen Zumutungen mit den Worten „das schmeckt mir aber gar nicht" zurück. Wir bringen unsere persönliche Abneigung durch Aussagen wie „den kann ich nicht riechen" oder „den würd' ich nicht mal mit der Kneifzange anfassen" zum Ausdruck.

Brechen sie dennoch in unsere reale Welt ein, benutzen wir die primitiven Modalitäten des Riechens, Schmeckens und Fühlens nicht mehr als Informationsquelle. Wir empfinden sie, wie sich am Beispiel von Gerüchen zeigen läßt, die sich naturgemäß nicht so leicht auf den intimen Bereich einschränken lassen, primär als belästigend oder peinlich. Der Siegeszug deodorierender Substanzen hat die natürlichen Ausdünstungen des menschlichen Körpers heute beinahe gänzlich eliminiert. Wir empfinden sie als „anrüchig" und beseitigen oder überdecken sie mittels künstlich hergestellter Essenzen, die mittlerweile selbst schon wieder als belästigend empfunden werden. Wir riechen nicht mehr, wir „duften" höchstens noch. Mittlerweile werden sogar Babyparfüms mit unterschiedlichen Duftnoten auf den Markt gebracht, die den unverwechselbaren Säuglingsgeruch „veredeln" sollen.

In anderen Kulturen haben natürliche Gerüche durchaus noch ihre ursprüngliche kommunikative Funktion, wie folgendes Beispiel von Hall aus dem arabischen Raum zeigt:

Ein Mann, der am Morgen sein Haus verläßt, kann von seinem Onkel zu hören bekommen: „Habib, dein Magen ist sauer und dein Atem riecht nicht allzu gut. Besser, du redest heute mit den Leuten nicht zu nahe."[28]

Die verschiedenen Zonen des interaktiven Zwischenraums reflektieren als symbolische Repräsentationen des Selbst in seiner Beziehung zu anderen neben dem jeweilige Selbstbild vor allem die gegenseitigen Gefühle und Einstellungen zueinander. Durch die Wahl einer bestimmte Distanz können Zuneigung und Symphatie, aber auch Abneigung und Widerwillen, können Angst, Respekt, Bewunderung oder Verachtung ausgedrückt werden. Wir neigen dazu, räumliche Strukturen vor allem als Ausdruck emotionaler Befindlichkeiten zu interpretieren. Der Begriff „einander nahestehen" bezeichnet eine emotionale Nähe, die von beiden Beteiligten in gleicher Weise angestrebt und hergestellt wird. Die Metaphern „jemandem zu nahe treten" oder „auf die Pelle rücken" verweisen auf einseitige Annäherung und damit auf unerwünschte Intimisierung. Mit den Begriffen „sich zurückziehen" oder „Abstand nehmen" bezeichnen wir eine bewußte Reduktion von Emotionalität, den Versuch einer Versachlichung oder Beendigung einer Beziehung. Wer darauf verweist, daß sich „Welten" zwischen ihm/ihr und anderen auftun, hebt damit auf die Unvereinbarkeit der Charaktere ab.

Darüber hinaus lassen sich aus der Ausdehnung und der Gestalt interaktiver Räume die soziale Qualität einer Beziehung und der soziale Status der Beteiligten ablesen. Durch die Einhaltung explizit vorgeschriebener Abstände bringen die Mitglieder einer Gesellschaft ihre soziale Ordnung und die dieser zugrundeliegenden Machtverhältnisse zum Ausdruck und sichern sie zugleich real ab. Potentielle Feinde werden in sicherem Abstand gehalten, Angriffe können frühzeitig wahrgenommen und abgewehrt werden. Zudem wird das Verhältnis zwischen „oben" und „unten" durch Distanz auf eine „sachliche" Ebene gebracht. Nicht zuletzt wird die Einhaltung vorgeschriebener Respektsabstände als Ausdruck der „Ehrerbietung" interpretiert und kommuniziert somit die Anerkennung des Verhältnisses und seiner spezifischen Struktur durch die Untergeordneten (vgl. Abb. 51).

Im klar hierarchisch strukturierten Gesellschaftssystem Indiens wird der Umgang zwischen Angehörigen verschiedener Kasten durch genaue Distanzvorschriften geregelt, die zumindest auf dem Land angeblich auch heute noch eingehalten werden. Der soziale Abstand wird unmittelbar durch den körperlichen Abstand symbolisiert. Die Distanz, die Angehörige der untersten Kaste gegenüber Angehörigen der höchsten Kaste wahren müssen, ergibt sich aus der Summe aller Abstände, die innerhalb des gesamten Kastensystems von allen dazwischenliegenden Kasten untereinander respektiert werden müssen.[29]

In der feudalen Gesellschaft Europas wurde der räumliche Umgang des ebenfalls streng hierarchisch geordneten Adels in vergleichbarer Weise durch das höfische Zeremoniell geregelt. Auch heute noch gibt es gesellschaftliche Institutionen, die den unteren Chargen die Einhaltung genau definierter Respektsabstände vorschreiben, die den „persönlichen Raum" von Vorgesetzen schützen und Statusunterschiede deutlich machen (in der US-Armee wird dieser Abstand beispielsweise auf drei Schritte festgelegt). Im zivilen Leben, in dem heute auf explizite Distanzierungsvorschriften weitgehend verzichtet wird, entwickeln sich als Folge realer Rangunterschiede nichtsdestoweniger durchaus vergleichbare statusrelevante Verhaltensmuster.

Im Unterschied zur tierischen Proxemik, die das Verhalten verschiedener Arten einem starren Schema unterwirft, wird die menschliche Proxemik von einer ganzen Reihe sozialer und psychologischer Faktoren bestimmt. Als Anthropologe und Bürger einer ausgeprägt multikulturellen Gesellschaft interessierte sich der US-Amerikaner Hall primär für kulturell bedingte Unterschiede und ihre teilweise dramatischen Auswirkungen auf das soziale Zusammenleben. Durch seine vergleichenden Studien konnte er nicht nur beweisen, daß unser räumliches Verhalten – trotz unbestrittener biologischer und stammesgeschichtlicher Verwurzelung – ein weitgehend erlerntes soziales Phänomen ist. Er zeigte auch die schwerwiegenden Probleme auf, die entstehen, wenn Menschen sich in ihrem unbewußten proxemischen Verhalten an unterschiedlichen oder gar widersprüchlichen Regeln orientieren. Damit eröffnete er indirekt auch eine Perspektive auf die Folgen des unterschiedlichen Raumverhaltens von Frauen und Männern und die ihnen zugrundeliegende soziale und psychologische Codierung von Räumen und Raumzonen. Die dramatischen Folgen für die Kommunikation zwischen den Geschlechtern lassen sich nicht zuletzt auf eine prinzipiell unterschiedliche emotionale Besetzung ihres „persönlichen Raums" zurückführen, auf die im folgenden Abschnitt genauer eingegangen wird.

Der stärker sozialpsychologisch orientierte Zugang zur Dimension der Proxemik, für den der von Robert Sommer geprägte Begriff des *personal space* steht, hat sich bezüglich der Geschlechterfrage als vergleichsweise fruchtbarer erwiesen.[30] Die stärkere Differenzierung zwischen sozialen und psychologischen Aspekten der Macht, zwischen gesellschaftlichem Status und persönlichkeitsspezifischer Dominanz, hat entscheidend dazu beigetragen, daß zunehmend auch geschlechtsspezifische Raummuster thematisiert und analysiert wurden. Dabei zeigte sich, daß die typischen Muster der Geschlechterinteraktion eine geradezu frappierende Übereinstimmung mit jenen Mustern aufweisen, denen eine soziale Hierarchie zugrundeliegt. Sie zeigt sich sowohl in Hinblick auf den Umfang des „persönlichen Raums", der bei Männern im Durchschnitt größer ist als bei Frauen, als auch in Hinblick auf die emotionale Besetzung und persönliche Gewichtung (der „emotionalen Ladung") dieses Raums und nicht zuletzt in Hinblick auf die Reaktionen auf Grenzverletzungen und Invasionen des persönlichen Raums durch andere Personen.

5. Gute Nähe, schlechte Nähe:
Die geschlechtliche Codierung des „persönlichen Raums"

Sommer definierte den *personal space* zunächst als jenes Mindestmaß an informellem Raum, über das ein Individuum verfügen können muß, um sich hinlänglich wohl zu fühlen. Er stellte sich diesen Raum wie eine unsichtbare Blase oder eine Art Aura vor, die den Abstand zwischen Menschen festlegt und reguliert.[31] Diese Vorstellung wurde später genauer präzisiert: Der persönliche Raum wurde mit einem dreidimensionalen elektrischen Spannungsfeld verglichen, das entweder mit positiver oder mit negativer Energie aufgeladen sein kann und dessen emotionale Spannung mit abnehmender Distanz steigt und mit zunehmender Distanz sinkt. Dieses Bild vermittelt eine recht genaue Vorstellung von der psychologischen Komplexität des persönlichen Raums. Es macht verständlich, wieso eine persönliche Annäherung durchaus unterschiedliche, sowohl positive als auch negative Empfindungen auslösen kann. Von einer positiven Reaktion kann insofern nur dann ausgegangen werden, wenn der persönliche Raum einer Person mit positiver Energie geladen und seine Grenze nicht fest, sondern offen ist. Das Eindringen in einen negativ geladenen und fest umgrenzten Raum wird eher negative Gefühle auslösen, die sich mit zunehmender Nähe intensivieren.[32]

Angehörige mitteleuropäischer Kulturen beanspruchen im Durchschnitt einen persönlichen Raum von ungefähr 120 cm Durchmesser. Es gibt allerdings eine Reihe sozialer und situativer Faktoren, die zu Abweichungen von dieser generellen Norm führen können. Die nachweislich stärksten Auswirkungen haben die Faktoren Geschlecht, Alter und psychische Gesundheit.[33] Daß Männer generell einen größeren persönlichen Raum beanspruchen als Frauen, wurde mittlerweile sehr oft nachgewiesen. Ebenso konnte festgestellt werden, daß psychisch Kranke oder Menschen mit bestimmten psychischen Problemen (z.B. Schizophrene, Sozialängstliche und Neurotiker, die ihren persönlichen Raum als „Sozialpuffer" betrachten und sich von anderen Menschen grundsätzlich in negativer Weise abgrenzen) ebenfalls zu erweiterten Raumansprüchen neigen. Besonders große Raumansprüche wurden bei Männern festgestellt, die sich in bestimmten Persönlichkeitsaspekten vom Durchschnitt abheben, z.B. bei inhaftierten Straftätern mit hohen Aggressivitätswerten und einer Neigung zur Gewalttätigkeit und bei Jugendlichen, bei denen „abweichendes Verhalten" diagnostiziert worden war.[34] Mit einem unterdurchschnittlich kleinen persönlichen Raum begnügen sich hingegen generell

Frauen und Extravertierte sowie ausgeprägt affiliative Menschen (d.h. Menschen mit einem extremen Bedürfnis nach Verbundenheit und Zusammengehörigkeit mit anderen Menschen).

Das Bedürfnis nach einer sowohl schützenden wie auch geschützten persönlichen Sphäre scheint universell zu sein, auch wenn es sich auf durchaus unterschiedliche Weise konkretisiert.[35] Die freie Verfügung über einen persönlichen Raum schafft angenehme Kommunikationsbedingungen und ist wesentliche Voraussetzung für persönliche Entfaltung und emotionale Entspannung.[36] Als *zone sanitaire* gewährleistet der persönliche Raum den periodischen Rückzug ins Innere des eigenen Selbst, der als unabdingbar für die psychische Regeneration, die Erholung von sozialem Streß und die Abschirmung von unerwünschter Kommunikation betrachtet wird und letztlich die psychische Gesundheit garantiert.

Als sphärische Erweiterung des Körperselbst reflektiert der mit unterschiedlichen Emotionen besetzte und spannungsmäßig entsprechend „aufgeladene" persönliche Raum den innerpsychischen Referenzraum, der die soziale Welt eines Individuums repräsentiert. Seine spezifischen Charakteristika machen die Dimensionen und Qualitäten deutlich, die in den Beziehungen zu anderen Menschen entscheidend sind. Ist dieser Raum hierarchisch strukturiert, dann stellen die Pole „unten" und „oben" seine wesentlichen Markierungspunkte dar. Innerhalb eines solchen Raums werden Beziehungen nur durch ihre hierarchische Differenz charakterisiert und Annäherungen dementsprechend entweder als Bestätigung oder Bedrohung dieser Ordnung aufgefaßt. Ist er aber horizontal strukturiert, dann repräsentiert er Beziehungen, in denen das Verhältnis zueinander primär durch emotionale Nähe oder Entfernung bestimmt ist und nicht auf systematischen Macht- und Dominanzunterschieden beruht, sondern auf prinzipieller Gleichwertigkeit. In einem solchen Bezugsrahmen werden individuelle Annäherungen nicht als Dominanzversuche, sondern als Ausdruck von Interesse und Sympathie interpretiert, was vollkommen andere Reaktionen zur Folge hat.

Das spezifische Dominanztraining, das mit einer typisch männlichen Körpersozialisation einhergeht, schlägt sich psychisch in der Errichtung vertikal strukturierter Referenzräume nieder, in denen Personen entsprechend ihrer Macht oder ihres Status positioniert werden. Petillon konnte in einer vergleichenden Studie an männlichen und weiblichen Schulanfängern nachweisen, daß sich dieses Muster bereits im zarten Alter von sechs Jahren fest etabliert hat. Die „soziale Welt" der Jungen ist eindeutig hierarchisch strukturiert: Jungen mes-

Abb. 52

sen ihre Kräfte, fechten untereinander ihre Rangpositionen aus, üben sich in ihrer Durchsetzungsfähigkeit und schrecken im Konfliktfall nicht davor zurück, körperlich aggressiv zu werden, wobei die Grenzen zur Gewalt durchaus überschritten werden können. Die gleichaltrigen Mädchen bewegen sich in einer vollkommen anders strukturierten sozialen Welt. Ihnen geht es in erster Linie darum, untereinander ein dichtes Netz sozialer Beziehungen zu knüpfen, in dem mit hoher sozialer Sensibilität Nähe erprobt und Rivalitätskonflikte um Freundschaften ausgetragen werden. Gewalt wird als Mittel der Konfliktaustragung abgelehnt. Mädchen benutzen lieber verbale Mittel oder setzen das Mittel der sozialen Ausgrenzung ein.[37]

Abb. 53

Insgesamt gesehen scheint das weibliche Raumverhalten differenzierter zu sein als das der Männer, da es von vielfältigeren Bedingungsfaktoren beeinflußt

214

wird. Frauen halten untereinander generell geringere Interaktionsabstände ein als Männer (vgl. Abb. 52). Haben sie die Möglichkeit, den Abstand zu anderen Personen völlig frei zu bestimmen, dann reflektieren die gewählten Distanzen den Grad ihrer emotionalen Nähe (ihrer Bekanntschaft oder Freundschaft) ziemlich genau. Gegenüber unbekannten Menschen wahren sie mehr Distanz als Männer, wobei die Distanz zu fremden Männern deutlich größer ist als gegenüber fremden Frauen. Im Kontakt mit Freunden und Bekannten halten sie deutlich weniger Distanz. Am engsten interagieren Frauen, abgesehen von ihren sexuellen Beziehungen, mit ihren „besten Freundinnen".[38]

Männer unseres Kulturkreises hingegen halten untereinander – relativ unabhängig vom spezifischen Grad ihrer Bekanntschaft oder Freundschaft – konstant gleich weite Abstände ein (vgl. Abb. 51 Mitte). Dieses relativ undifferenzierte Distanzierungsverhalten wird in der wissenschaftlichen Literatur oft mit einer „Furcht vor Homosexualität" begründet. Obwohl dieser Aspekt männliche Interaktionsmuster zweifellos beeinflußt, scheinen doch die spezifischen Merkmale ihres persönlichen Raums dabei eine wesentliche Rolle zu spielen. Zum einen erzeugt die negative „Ladung" ihres persönlichen Raums einen gewissen Dauerstreß, der durch eine erweiterte Distanz – die als Form der respektvollen Anerkennung gegenseitiger Grenzen interpretiert wird – aufgelöst werden kann. Zweitens lösen aufgrund der vertikalen Strukturierung ihres psychischen Referenzraums Annäherungen anderer Männern prinzipiell eher negative Gefühle aus, selbstbedrohliche Vorstellungen von potentieller Dominanz und Machtausübung, die Anspannung und u.U. sogar Angst bewirken.

Empirische Untersuchungen bestätigen, daß Männer unseres Kulturkreises körperliche Nähe zu ihren Geschlechtsgenossen meist als unangenehm empfinden und mit Vorstellungen von Bedrohung und Konkurrenz verbinden (Abb. 53).[39] In einer einschlägigen Feldstudie wurde festgestellt, daß sich die Zeitspanne zwischen dem Betreten eines öffentlichen Pissoirs und dem Einsetzen des Urinflusses zunehmend verlängert, je mehr Männer bereits versammelt sind; einer der Autoren erklärt dieses Ergebnis ausdrücklich mit dem damit verbundenen Anstieg einer negativen Spannung, die beim einzelnen Individuum Irritation und Unbehagen auslöst.[40] Dennoch werden keinerlei Anstalten gemacht, die Intimsphäre in Männertoiletten durch vergleichsweise geringfügige architektonische Veränderungen – Sichtblenden oder Trennwände – besser zu schützen.

Der Streß, den Männer allein durch körperliche Präsenz untereinander auslösen können, läßt sich auch an weniger anrüchigen Orten nachweisen, die sich weder durch unspezifische Homophobie noch durch die konkrete Gefahr entsprechender Übergriffe kennzeichnen lassen. Denn weder eine persönliche Bekanntschaft noch eine Freundschaft zwischen Männern hat denselben entspannenden, distanzreduzierenden Effekt, der für entsprechende Frauenbeziehungen charakteristisch ist. Intimisierende Effekte treten nur in Beziehungen auf, an denen Frauen beteiligt sind – im Umgang miteinander ebenso wie im privaten Umgang mit Männern. Resümierend bleibt demnach festzuhalten, daß jene persönlichen Eigenschaften und Fähigkeiten, die ein interaktives Klima des Vertrauens schaffen, in dem sich die InteraktionspartnerInnen so weit entspannen und beruhigen können, daß ein völlig angst- und streßfreies „Aufeinanderzugehen" möglich wird, unter den gegebenen gesellschaftlichen und psychologischen Bedingungen anscheinend nur von Frauen entwickelt werden können.

6. Soziale Verdichtung und Invasionen des persönlichen Raums

Der persönliche Raum schützt den Körper wie eine unsichtbare Hülle. Die Anerkennung und Respektierung seiner Grenzen durch andere gilt allgemein als Voraussetzung für das Erleben individueller Integrität. Sie verhindert unerwünschte Intimität und ermöglicht freie Entscheidungen. Aber was passiert, wenn diese Bedingungen nicht gegeben sind? Wie reagieren Frauen und Männer, wenn ihr Anspruch auf eine intime Sphäre mißachtet oder ignoriert wird, wenn andere die Grenzen ihres persönlichen Raums verletzen und überschreiten?

Soziale Lebensbedingungen, die weder die Aufrechterhaltung persönlicher Räume noch den Schutz der Privatspäre ermöglichen, werden in der wissenschaftlichen Auseinandersetzung als „soziale Verdichtung" oder als „Pferchung" – in der englischsprachigen Fachliteratur als *crowding* – bezeichnet. Der generell negativen Bewertung dieser Bedingungen liegt ein kultur- und geschlechtsspezifischer *bias* zugrunde, nämlich die unreflektierte Generalisierung wissenschaftlicher Erkenntnisse über das Empfinden und Verhalten von Männern aus einer bestimmten Kultur und einer bestimmten sozialen Schicht auf alle Menschen. Eine genauere Betrachtung zeigt, daß der negative Begriff der Pferchung praktisch nur auf die durchweg negativen Folgen sozialer Verdichtungen in Hinblick auf Männer aus westeuropäischen und nordamerikanischen Gesellschaften abstellt. Er kennzeichnet weder den Umgang von Männern und Frauen aus anderen

Kulturen mit diesem Phänomen noch insbesondere den von Frauen derselben Kultur.

Sowohl die Wahrnehmung sozialer Verdichtung als auch die Empfindungen und Reaktionen darauf werden von kulturellen Traditionen und von Gender – dem sozialen Geschlecht einer Person – maßgeblich beeinflußt. Je älter eine Kultur ist, um so weniger Probleme scheinen ihre Angehörigen, unabhängig von ihrem Geschlecht, damit zu haben. Frauen reagieren sogar in unserer als extrem kontaktfeindlich eingeschätzten westlichen Kultur deutlich anders und weniger aggressiv auf Verdichtungen als Männer, denn ihr persönlicher Raum ist – wie im letzten Kapitel ausgeführt – anders strukturiert und emotional positiver besetzt. Ihr Umgang mit sozialer Dichte spiegelt die Strukturen und Besetzungen ihres subjektiven Referenzraums wider. Da Frauen sich anderen Menschen gegenüber auch unter anderen Bedingungen und aus freien Stücken mit größerer Leichtigkeit öffnen können, werden sie auch durch von den Umständen erzwungene Nähe weniger unter Streß gesetzt. In der spezifisch weiblichen Selbstwahrnehmung wird der persönliche Raum weniger als Mittel zur Abgrenzung von anderen erlebt und daher beschützt denn als ein Raum, der intensive Beziehungen mit anderen ermöglicht. Die Aussage „privacy is communion"[41] bringt eine typisch weibliche Vorstellung über einen zufriedenstellenden Zustand auf den Punkt, der weit weniger bzw. überhaupt nicht vom Ausschluß anderer abhängig gemacht wird.

Den Beginn der nordamerikanischen *Crowding*-Forschung markieren die berühmten, über einen Zeitraum von vierzehn Jahren ausgedehnten Beobachtungen von Rattengesellschaften durch Calhoun. Seine systematischen Veränderungen der sozialen Dichte wirkten sich in dramatischer und durchweg negativer Weise auf das Verhalten der Tiere aus. Es entstand ein „Verhaltenspfuhl", in dem aggressives, sexuell perverses und asoziales Verhalten an der Tagesordnung war.[42] Tatsächlich ist aber eine Generalisierung dieser Ergebnisse auf Menschen keineswegs statthaft, denn bereits ein Blick auf das Verhalten anderer Tiere zeigt, daß diese eindeutig negative Entwicklung keine unumgängliche Folge sozialer Verdichtung sein muß. Schimpansen beispielsweise verhalten sich unter vergleichbaren Bedingungen wesentlich sozialer als Ratten. Ihre Fürsorge füreinander, die sich etwa in der gegenseitigen Fellpflege äußert, wird durch die engen Verhältnisse nicht reduziert, sondern sogar gesteigert, und sie kämpfen seltener miteinander als unter normaleren Lebensbedingungen.[43]

Noch wesentlich flexibler reagieren Menschen auf soziale Verdichtung. Ein kulturelles Beispiel dafür bietet das Inselreich Japan, in dem 335 Menschen auf einem Quadratkilometer leben. Seine mit 8 Millionen Menschen dichtest besiedelte Hauptstadt Tokio ist nichtsdestoweniger eine der am reibungslosesten funktionierenden Hauptstädte der Welt. Vergleichende Kriminalstatistiken weisen sie gar als eine der sichersten Millionenstädte aus. Die beträchtlichen Verkehrsprobleme versucht man durch „Pusher" in den Griff zu bekommen, deren Aufgabe darin besteht, die an den U-Bahn-Haltestellen Wartenden mit weißbehandschuhten Händen von außen in die Waggons hineinzudrücken, um eine maximale „Füllung" zu ermöglichen. Von zentraler Bedeutung für die letztlich positive Wahrnehmung und den unproblematischen Umgang mit ihren beengten räumlichen Verhältnisse ist mit Sicherheit die besondere „Raummentalität" der japanischen Bevölkerung. Diese ermöglicht ihnen, räumliche Bedürfnisse auch mit minimalen Mitteln oder sogar auf rein symbolische Weise befriedigen zu können. In der japanischen Sprache gibt es kein Äquivalent für den Begriff der Privatheit. Im traditionellen japanischen Heim schaffen mobile hauchdünne Wände aus Reispapier eine offenbar als hinlänglich empfundene Atmosphäre der Abgeschlossenheit für die einzelnen BewohnerInnen. Nicht zuletzt ist ihr öffentlicher Umgang miteinander von stark formalisierten und ritualisierten Formen bestimmt. So verweisen beispielsweise Untergebene auf die soziale Unbedenklichkeit ihrer körperlichen Annäherungen an Vorgesetzte durch die alltägliche Begrüßungsformel „Ojama shimasu!" („Entschuldigen Sie, daß ich Ihnen zu nahe trete!")

Im westlichen Kulturkreis durchgeführte *Crowding*-Studien stellen hingegen ziemlich einheitlich einen Anstieg von Aggression und Gewalttätigkeit als Folge sozialer Verdichtung fest. Betrachtet man die Umstände etwas genauer, unter denen viele dieser Untersuchungen durchgeführt wurden, dann erscheint allerdings selbst eine Generalisierung auf die männliche Population durchaus fragwürdig. Ein Großteil davon wurde nämlich in amerikanischen Männergefängnissen durchgeführt. Es ist nicht allzu schwer nachzuvollziehen, daß die Pferchung von Zuchthaus-Insassen den allgemeinen Aggressionspegel in einer solchen Anstalt entsprechend hochtreibt, zumal wenn wir bedenken, daß Männer ihren persönlichen Raum generell negativer besetzen und daß speziell bei besonders aggressiven Individuen die Raumansprüche steigen. Je aggressiver Männer sind, desto eher empfinden sie eine soziale Verdichtung und individuelle Annäherungen anderer als selbst-bedrohlich und reagieren darauf in entsprechend aggressiver Weise. Die Untersuchungen verweisen darauf, daß eine unerwünschte räumliche Annäherung auf diese Männer eine vergleichbar gewaltauslösende Wirkung haben wie Diebstahl oder eine direkte verbale Provokation. Die Gefahr für andere, die von solchen besonders aggressiven und gewaltbereiten Individuen ausgeht, wird dadurch noch potenziert, daß diese die „kritische Distanz", das heißt den Abstand, bei dem eine aggressive Reaktion auf einen Eindringling erfolgt, bis auf die vierfache Größe des Normalen erweitern.[44]

Ob Frauen unter gleichen Bedingungen vergleichbare Verhaltensmuster entwickeln, ist mangels entsprechender Forschung nicht bekannt. Es spricht allerdings nur wenig für diese Annahme. Auch Kriminalstatistiken verzeichnen kaum Aufstände, Randale, Rebellionen und Gewalttätigkeiten in Frauengefängnissen. Selbst unter objektiv gleichen Lebensbedingungen entwickelt sich bei Frauen offenbar kein vergleichbarer Aggressionsstau und entsprechend aggressives Verhalten untereinander. Crowding-Experimente, die unter „normalen" sozialen Bedingungen durchgeführt wurden, bestätigen dies.[45] Es zeigte sich, daß Frauen selbst unter Bedingungen extremer Verdichtung, z.B. wenn sie über einen längeren Zeitraum in sehr kleine Räume mit zu enger Bestuhlung gepfercht wurden, nicht nur durchweg positiv aufeinander reagierten, sondern sogar positiver als unter normalen Bedingungen. Sie nahmen sich gegenseitig nicht als Rivalinnen im Kampf um ein begrenztes Revier wahr, sondern als prinzipiell gleichberechtigte Elemente einer Gruppe, die eine gemeinsame Erfahrung machte. Unter Pferchbedingungen verstärkten sich die positiven Bindungen und das Verständnis der Frauen untereinander, und ihre Kooperationsbereitschaft wuchs. Männliche Personen reagierten in derselben experimentellen Situation vollkommen anders aufeinander. Sie nahmen einander primär als Rivalen und Konkurrenten wahr. Sie beurteilten einander schlechter als unter normalen Bedingungen. Ihre Einstellungen zueinander waren nicht von Kooperation, sondern von Konkurrenz bestimmt.

Der sehr unterschiedlichen subjektiven Wertschätzung ihrer Mitbetroffenen sowie den unterschiedlichen Verarbeitungsmustern von Frauen und Männern lag bemerkenswerterweise eine völlig identische Wahrnehmung und Bewertung ihrer objektiven Lage zugrunde. Beide Geschlechter beschrieben die Pferchsituation gleichermaßen als „unangenehm" und „unnormal". Während sich Frauen unter solchen Streßbedingungen aber anscheinend noch sozialer als üblich verhalten, verändern sich die Einstellungen und das Verhalten von Männern in deutlich negativer Weise, wenn auch insgesamt vergleichsweise weniger als das der Frauen. In gleicher Weise unterschiedlich wirkten sich auch bestimmte Veränderungen der experimentellen Anordnung aus. Wenn Männern unter *crowding*-Bedingungen eine komplexe Aufgabe übertragen wurde, die einzelnen die Gelegenheit bot, sich hervorzutun, sich zu bewähren und damit in der Gruppe ein entsprechendes Ansehen und eine Position zu erringen, konnten sie den überfüllten Raum in einer ihnen vertrauten Weise hierarchisch strukturieren und fühlten sich beträchtlich wohler. Das subjektive Wohlbefinden von Frauen wurde durch eine vergleichbare Aufgabenstellung hingegen deutlich beeinträchtigt: Sie konnten die ihren Bedürfnissen entsprechende und als angenehmer empfundene Definition der Situation als von prinzipieller Gleichheit, Gemeinsamkeit und positiven Bindungen bestimmt unter diesen Bedingungen nicht mehr aufrechterhalten und fühlten sich schlechter.

Im Gegensatz zum sozialen Phänomen der Verdichtung verstehen wir unter einer Invasion das unberechtigte Eindringen einer Person in den persönlichen Raum einer anderen Person. Die Grenzen des persönlichen Raums werden dabei aus eigenem Antrieb und ohne Rücksicht auf die Bedürfnisse der betroffenen Person überschritten, wobei deren Einverständnis stillschweigend vorausgesetzt oder ihr Widerstand bewußt ignoriert wird. Solche Verhaltensweisen haben macht- und statusrelevante Bedeutungen, kennzeichnen Beziehungen als ungleich und ungleichwertig und lösen bei den betroffenen Personen daher starke Emotionen aus. Einer absichtlichen Invasion unterstellen wir in der Regel persönliche Dominanzbedürfnisse und das Ziel, die andere Person einzuschüchtern, zu verletzen, zu unterwerfen. Ein sogar gewaltsames Eindringen nimmt der betroffenen Person jegliche Entscheidungsfreiheit.

Entsprechend dem Äquilibriums-Modell von Argyle & Dean wird jede Invasion als Störung eines als angenehm empfundenen Gleichgewichts betrachtet und von beiden Geschlechtern gleichermaßen als unangenehm empfunden, wobei die Empfindungen zwischen Irritation, Verstörtheit, Angst, Anspannung und Unbehagen schwanken. Bei Männern lösen frontale Annäherungen stärkere Reaktionen aus als seitliche, bei Frauen ist es genau umgekehrt.[46]

Die starken Effekte von Grenzüberschreitungen lassen sich sogar dann nachweisen, wenn sie gesellschaftlich legitimiert und damit „berechtigt" sind. Schwartz (1968) führt z.B. das hohe Sozialprestige von Ärzten nicht zuletzt darauf zurück, daß ihr Beruf die Invasion der persönlichen Räume anderer Menschen einschließt und sie das Privileg haben, tief in die Privat- und Intimsphäre, selbst in die Körper anderer Menschen einzudringen, ohne diesen umgekehrt vergleichbare Rechte einräumen zu müssen.

Werden Grenzüberschreitungen durch äußere Bedingungen erzwungen, z.b. wenn wir uns im Kino oder Theater durch bereits besetzte Sitzreihen zwängen müssen, um zu unseren Plätzen vorzudringen, dann bemühen wir uns, durch distanziertes Verhalten und verbale Entschuldigungen klarzumachen, daß keine entsprechenden Motive zugrunde liegen.

Im Fall einer Invasion versuchen die Betroffenen, das ursprüngliche, als angenehm empfundene Gleichgewicht wieder herzustellen. Dabei können zwei prinzipiell unterschiedliche Strategien benutzt werden: zum einen die defensive Strategie der Kompensation, die darin besteht, die unerwünschte Nähe durch distanzierendes Verhalten in den früheren, angenehmen Zustand zurückzuführen. Dazu gehören beispielsweise das Zurückweichen, das Abwenden des Körpers, das Errichten körperlicher Barrieren durch das Verschränken der Arme vor dem Körper, die Vermeidung von Blickkontakt oder die Verweigerung eines Gesprächs.

Im Gegensatz dazu hat die reziproke Strategie einen aggressiven Charakter. Sie besteht darin, daß das invasorische Verhalten des Eindringlings aufgegriffen und übernommen wird, um ihn sozusagen mit seinen eigenen Waffen in die Flucht zu schlagen. Die reziprok reagierende Person weicht vor der unerwünschten Annäherung nicht defensiv zurück, sondern verkürzt die Distanz, indem sie aktiv und unerschrocken auf den Eindringling zugeht. Reziproke Reaktionen kommen einer Kampfansage gleich, was sich unter Umständen auch als gefährlich erweisen kann (vgl. Abb. 53).

In ihrer Wahrnehmung und in ihren emotionalen Empfindungen in bezug auf Invasionen unterscheiden sich Frauen und Männer nicht prinzipiell voneinander, wohl aber in Hinblick auf die Strategien, die sie zur Wiederherstellung des Gleichgewichts benutzen. Die Entscheidung darüber wird in der Regel nicht bewußt und rational getroffen, sondern spontan. Unter vergleichbaren Bedingungen bevorzugen Männer reziproke Abwehrstrategien, wobei sie eine Eskalation der Situation bis hin zur gewalttätigen Auseinandersetzung – nach dem Motto „Wer nicht hören will, muß fühlen!" – durchaus ins Kalkül ziehen. Frauen hingegen reagieren in der Regel mit kompensatorischen Strategien, die die Angreifer weitgehend schonen und ihnen auch im Fall einer Niederlage ermöglichen, ihr Gesicht zu wahren. Das Verhalten der Frauen ist deutlicher von positiven Signalen, z.B. dem Lächeln, durchsetzt.[47]

Die Weichen für diese starke Polarisierung hinsichtlich der Abgrenzungsstrategien gegenüber unerwünschtem Eindringen in den eigenen persönlichen Raum werden bereits in der traditionellen Weiblichkeits-sozialisation gestellt. In dieser Mädchenerziehung wird prinzipiell jede Form der körperlichen Aggression und somit zwangsläufig jedes reziproke Verhalten gegenüber Männern als unangemessen erachtet. Frauen werden von klein auf an kompensatorische, defensive Verhaltensstrategien gegenüber Männern herangeführt, die als kompatibel mit traditionellen Weiblichkeitsvorstellungen erachtet werden. Die Durchsetzung eigener Bedürfnisse und Ansprüche von Frauen gegenüber Männern wird bereits im Vorfeld dadurch behindert, daß Männer über eine weitgehende Definitionsmacht verfügen, die es ihnen ermöglicht, ihre wahren Absichten zu verschleiern und Frauen in bezug auf die Legitimität zurückweisenden Verhaltens zu verunsichern. Man legt ihnen nahe, aufdringliches männliches Verhalten nicht als unberechtigten Versuch, sie zu dominieren oder einzuschüchtern, zu interpretieren, sondern es als typischen Ausdruck von Männlichkeit nach dem Motto: Männer sind eben so! entweder zu tolerieren oder gar als persönliches Kompliment aufzufassen.

In diesem Fall wird die Invasion weiblicher Räume durch Männer als „natürliche" Reaktion auf die erotische Anziehungskraft der Frauen definiert. Mit anderen Worten: Sie selbst sind es, die dieses Verhalten auslösen, daher haben sie es auch zu verantworten und – sie sollen sich dadurch nicht beeinträchtigt, sondern geschmeichelt fühlen.

Aus einer unerwünschten Invasion kann sich kein symmetrisches Verhältnis zwischen prinzipiell Gleichwertigen entwickeln. Die wahre Struktur von Beziehungen, die auf diese Weise hergestellt und im folgenden auch durchgehend aufrechterhalten werden, kann durch eine Verhaltensumkehr – durch simplen Rollentausch – leicht offengelegt werden. Wäre das invasorische Verhalten der Männer tatsächlich nur eine reflektorische und schmeichelhafte Reaktion auf die erotische Anziehungskraft von Frauen, dann stünde einem Rollentausch nichts im Wege – im Gegenteil: Es würde die erotischen Beziehungen zwischen den Geschlechtern bedeutend bereichern, wenn Frauen wie Männer in der Lage wären, ein entsprechendes Interesse am anderen Geschlecht durch gleiches direktes Verhalten auszudrücken. Genau das ist aber nicht der Fall. Frauen werden im Gegensatz zu Männern darauf verpflichtet, die persönlichen Grenzen von Männern, mit denen sie noch kein intimes Verhältnis eingegangen sind, unbedingt zu respektieren.

*Eine Frau kann **ungestraft** innerhalb der persönlichen nahen Zone ihres Mannes verweilen. Ganz anders liegt die Sache für eine andere Frau.*[48] (Hervorhebung von GMA)

Das Eindringen von Frauen in den persönlichen Raum eines fremden Mannes wird deshalb weit negativer beurteilt, weil Frauen mit solchem Verhalten ein männliches Privileg in Frage stellen und sich Macht anmaßen. Wenn sie es dennoch wagen, sich unbekannten Männern über Gebühr anzunähern, müssen sie mit negativen Reaktionen rechnen. Wenn sie weiblichem Verhalten ein Dominanzmotiv unterstellen, haben Männer auch gegenüber Frauen prinzipiell keine Schwierigkeiten, in angemessener – das heißt reziproker – Weise zu reagieren, um es abzustellen. Dabei schrecken sie auch vor der Anwendung von körperlicher Gewalt keineswegs zurück. Das invasorische Vorgehen einer Frau kann sogar dann zur Wiederherstellung der alten Ordnung der Geschlechter benutzt werden, wenn es auf ein sexuelles Interesse zurückgeführt wird. Denn abgesehen von der Tatsache, daß sich ein solches Verhalten durchaus negativ auf die moralische Bewertung von Frauen auswirken kann, geraten Frauen damit leicht in den Verdacht, sich Männern durch das aktive Zugehen auf sie letztlich doch wieder nur als sexuelle Objekte anzubieten.

1   Münchner Abendzeitung, 23.9.1989.
2   Die Nachricht vom Ableben des einflußreichen Verlegers John Jahr nahm beispielsweise im Familienanzeigenteil der Süddeutschen Zeitung mit 1 3/4 Seiten bzw. 3364 Quadratzentimetern mehr Raum in Anspruch als alle anderen Todesanzeigen zusammen (von immerhin weiteren 24, sozial ganz offensichtlich unbedeutenderen Menschen). Die Hinterbliebenen machten darüber hinaus den exklusiven Status des Verstorbenen auch verbal, durch Verwendung räumlicher und hierarchischer Metaphern („Familienmittelpunkt", „Firmenmittelpunkt", „herausragende Verlegerpersönlichkeit"), klar.
3   Vgl. Graudentz/Pappritz, 1971, S. 527f. Der Vollständigkeit halber sollte erwähnt werden, daß die Einschränkung der weiblichen Selbstdarstellung sich nicht auf das reine Format beschränkt, sondern auch einen inhaltlichen Aspekt hat. Es wird nämlich explizit darauf verwiesen, daß auf der Damenkarte keine statusrelevanten Angaben gemacht werden, sondern ausschließlich Informationen über die Identität und den Familienstand (!) Platz finden sollten.
4   E.T. Hall, 1976, S. 23.
5   Vgl. C.R. Carpenter, 1958.
6   So kommentierte z.B. die Süddeutsche Zeitung unter der Überschrift „Autofahrer sind wie wilde Tiere" die Ergebnisse einer Studie des britischen Automobilverbands AA mit der Bemerkung, daß beim Autofahren „der Instinkt zum Tragen komme, Territorium zu verteidigen" (12.3.1993).
7   Vgl. SZ, 20.10.1992.

8 Vgl. L.R. Brown u.a., 1993.
9 Vgl. Ley & Cybriwski, 1974.
10 Barbara Linner vom Büro des Städtischen Kommunalreferenten in München, zitiert im Münchner Stadtanzeiger, 18.3.1993.
11 J.G. Bourke (1992) beschreibt die kauernde Haltung beim Urinieren als ein typisches Verhaltensmuster der nordamerikanischen Apachen, wohlgemerkt auch der männlichen.
12 Während eines Strandaufenthalts wurde ich zufällig Zeugin eines derartigen Sozialisationsprozesses: Als sich der nackte Kleine zum Pinkeln in den Sand hocken wollte, zog ihn die Mutter unverzüglich wieder hoch, stellte ihn frontal vor die Stange des Sonnenschirms, unter dem beide saßen, und wies ihn eigenhändig an, seinen Urinstrahl dagegen zu richten.
13 W. Mertens, 1992, S. 101.
14 Vgl. S. Kitch, 1991.
15 Vgl. R. Seifert, 1991 und 1992, und K. Theweleit, 1980.
16 Süddeutsche Zeitung, 30.1.1993.
17 Zitiert in K. Theweleit, a.a.O., S. 84.
18 Vgl. Burbach & Schlottau, 2001
19 Vgl. Süddeutsche Zeitung, 14.10.1991.
20 Vgl. Süddeutsche Zeitung, 28.9.1992.
21 V. Woolf, 1981, S. 12f.
22 Vgl. Kavemann & Lohstöter, 1984, und Statistik des LKA München.
23 Vgl. Henderson & Lyons, 1972.
24 Vgl. N. Henley, 1988, S. 66.
25 Vgl. SZ vom 9.6.2001 („Mein Lieblingsplatz")
26 Vgl. Hall, a.a.O., S. 122–129.
27 Vgl. M. Joos, 1962.
28 E.T. Hall, a.a.O., S. 161.
29 Vgl. M. Argyle, 1975, S. 319.
30 Vgl. Harper, Wiens und Matarazzo, 1978; Siegman & Feldstein, 1978.
31 Vgl. R. Sommer, 1969, S. VIII.
32 Vgl. L.A. Hayduk, 1983, S. 293.
33 Vgl. M.L. Patterson, in Siegman/Feldstein, 1978; Harper/Wiens/Matarazzo, 1978; Aiello & Jones, 1971.
34 Vgl. A.F. Kinzel, 1970.
35 Vgl. I. Altman, 1975.
36 Vgl. A.F. Westin, 1967, S. 32.
37 Vgl. Petillon, 1993
38 Vgl. Aiello & Jones, 1971; J.R. Aiello, 1987.
39 Vgl. Freedman, 1975; Freedman, Levy, Buchanan & Price, 1972.
40 Vgl. Middlemist, Knowles & Matter, 1976.
41 Sisk, 1975, S. 102.
42 Vgl. E.T. Hall, a.a.O., S. 36–46.
43 Vgl. F. de Waal, 1989.
44 Vgl. A.F. Kinzel, 1970.

45 Ross, Layton, Erickson and Schopler, 1973.
46 Vgl. Baxter & Deanovich, 1970.
47 Vgl. Felipe & Sommer, 1966.
48 E.T. Hall. S. 125.

LITERATURVERZEICHNIS

AIELLO, J.R., „Human spatial behavior", in: Stokols & Altman (Hg.), *Handbook of Environmental Psychology (Band 1)*, S. 389-504, New York, 1987.

AIELLO, J. R. & JONES, S. E., „Field study of the proxemic behavior of young school children in three subcultural groups", in: *J. of Pers. and social Psychol.*, 19, S. 351-356, 1971.

ALTMAN, I., *The Environment and Social Behavior: Privacy, personal space, territoriality, crowding*, Monterey, 1975.

ANZIEU, D., *Das Haut-Ich*, Frankfurt/M., 1991.

ARCANA, J., *Every Mother's Son*, Seattle, 1986.

ARGYLE, M., *Bodily Communication*, London, 1975.

ARGYLE, M., *Körpersprache und Kommunikation*, Paderborn, 1996.

ARGYLE, M. & DEAN, J., „Eye contact, distance, and affiliation", in: *Sociometry*, 28, S. 289-304, 1965.

ARGYLE, M., LEFEBVRE, L. M. & COOK, M., „The meaning of five patterns of gaze", in: *European Journal of Social Psychology*, 4, S. 125-136, 1974.

BALAZS, B., *Der Film*, Wien, 1961.

BAXTER, J.C., „Interpersonal spacing in natural settings", in: *Sociometry*, 33, S. 444-456, 1970.

BAXTER, J.C. & DEANOVICH, B. F., „Anxiety arousing effects of inappropriate crowding", in: *J. of Consulting and Clinical Psychology*, 35, S. 174-178, 1970.

BEAUVOIR, S. de, *Das andere Geschlecht*, Hamburg, 1951.

BELL, P.A., FISHER, J.D., BAUM, A. & GREEN, T.E., *Environmental Psychology*, Fort Worth, 1990.

BELOTTI, E.G., *Was geschieht mit kleinen Mädchen?*, München, 1975.

BEM, S.L., „The measurement of psychological androgyny", in: *J. of Consulting and Clinical Psychol.*, 42, 2, S. 155-162, 1974.

BEM, S.L., „Gender Schema Theory and Self-Schema Theory Compared: A Comment on Markus, Crane, Bernstein, and Siladi's ‚Self-Schemas and Gender'", in: *J. of Personality and Social Psychol.*, 43, S. 1192-1194, 1982.

BENJAMIN, J., *Die Fesseln der Liebe*, Basel, Frankfurt/M., 1990.

BERGER, P.L. & LUCKMANN, T., *Die gesellschaftliche Konstruktion der Wirklichkeit*, Frankfurt/M., 1969.

BILDEN, H., „Geschlechtsspezifische Sozialisation", in: *Handbuch der Sozialisationsforschung*, S. 777-812, 1980.
BILDEN, H., „Geschlechtsspezifische Sozialisation", in: Hurrelmann & Ulich (Hg.), *Handbuch der Sozialisationsforschung*, S. 279-301, Weinheim, 1991.
BIRDWHISTELL, R. L., *Kinesics and Context*, Philadelphia, 1970.
BORDIEU, P., *Das Elend der Welt*, Konstanz, 1997.
BOURKE, J.G., *Das Buch des Unrats*, Frankfurt/M., 1992.
BOWLBY, J., *Attachment and Loss (Bd. –3)*, New York, 1979.
BOY, B., *Barbie. Ihr Leben und ihre Welt*, Wien, 1988.
BRODY, L.R., „Gender differences in emotional development: A new review of theories and research", in: *J. of Personality*, 53, S. 102-159, 1985.
BRODY, L.R., „The socialization of gender differences in emotional expression: Display rules, infant temperament, and differentiation", in: Fischer, A.H. (Hg.), *Gender and emotion: Social psychological perspectives*, S. 24-47, New York, 2000.
BROWN, L.R. u.a. (Worldwatch Institute), *Zur Lage der Welt 1992: Daten für das Überleben unseres Planeten*, Frankfurt/M., 1993.
BRÜCKNER, M., *Die Liebe der Frauen*, Frankfurt/M., 1988.
BRÜCKNER, P., *Psychologie und Geschichte*, Berlin, 1982.
BUCHANAN, D. R., GOLDMAN, M., JUHNKE, R., „Eye contact, sex and the violation of personal space", in: *J. of Social Psychology*, 103, S. 19-25, 1977.
BUFORD, B., *Geil auf Gewalt*, München, 1992.
BURBACH, CH. & SCHLOTTAU, H., *Abenteuer Fairness: Ein Arbeitsbuch zum Gendertraining*, Göttingen, 2001.
BURLINGHAM, D., „The Pre-Oedipal Infant-Father Relationship", in: *Psychoanalitic Study of the Child*, 28, S. 23-47, 1973.
BUTLER, J., *Das Unbehagen der Geschlechter*, Frankfurt/M., 1991
BUTLER, J., *Körper von Gewicht*, Berlin, 1995
BUTLER, J., *The psychic life of power*, Stanford, 1997
CARDELLA, L., *Ich wollte Hosen*, München, 1991.
CARPENTER, C.R., „Territoriality: A Review of Concepts and Problems", in: Roe & Simpson (Hg.), *Behavior and Evolution*, New Haven, 1958.
CHERULNIK, P.D., „Sex differences in the expression of emotion in a structured social encounter", in: *Sex Roles*, 5(4), S. 413-424, 1979.
CHODOROW, N., *Das Erbe der Mütter*, München, 1985.
CONNELL, R.W., *Der gemachte Mann. Konstruktion und Krise von Männlichkeiten*, Opladen, 1999.

CREMERIUS, J., "Die Sprache der Zärtlichkeit und der Leidenschaft'. Reflexionen zu Sandor Ferenczis Wiesbadener Vortrag von 1932", in: *Psyche*, 37, S. 988-1015, 1983.

CUNNINGHAM, M., "Measuring the Physical in Physical Attractiveness: Quasi-Experiments on the Sociobiology of Female Facial Beauty", in: *J. of Pers. and Social Psychol.*, 50, 5, S. 925-935, 1986.

CUNNINGHAM, M., BARBEE, A.P. & PIKE, C.L., "What do Women want? Facialmetric Assessment of Multiple Motives in the Perception of Male facial physical attractiveness", in: *J. of Pers. and Social Psychol.*, 59, 1, S. 61-72, 1990.

DALY, M., *Gyn/Ökologie*, München, 1981.

DANICA, E., *Nicht!*, München, 1989.

DEUTSCH, F.M., LEBARON, D. & FRYER, M.M., "What is in a smile?", in: *Psychology of Women Quarterly*, 11, S. 341-352, 1987.

DE WAAL, F., *Peacemaking among Primates*, Cambridge, 1989.

DINNERSTEIN, D., *Das Arrangement der Geschlechter*, Stuttgart, 1979.

DOUGLAS, J.D. & ATWELL, F.C., *Love, Intimacy and Sex*, Newbury Park, 1988.

EAKINS, B.W. & EAKINS, R.G., *Sex differences in human communication*, Geneva, Ill., 1978.

EFRAN, M.G. & CHEYNE, J.A., "Affective concomitants of the invasion of shared space", in: *J. of Personality and Social Psychol.*, 29, S. 219-226, 1974.

EKMAN, P. & FRIESEN, W.V., "The repertoire of nonverbal behavior: categories, origins, usage and coding", in: *Semiotica*, 1, S. 49-98, 1969.

EKMAN, P. & FRIESEN, W.V., *Unmasking the face*, Englewood Cliffs, 1975.

EKMAN, P., FRIESEN, W.V. & ELLSWORTH, P.C., *Gesichtssprache. Wege zur Objektivierung menschlicher Emotionen*, Wien, 1972.

ELIAS, N., *Über den Prozeß der Zivilisation* (2. Aufl.), Bern, 1969.

ELLIS, H., *Studies in the Psychology of Sex* (Bd. 1,2), New York, 1936.

ELLSWORTH, P.C., "Direct gaze as a social stimulus: The example of aggression", in: Pliner, Krames & Alloway (Hg.), *Nonverbal communication of aggression*, S. 53-76, New York, 1975.

ELLSWORTH, P.C., CARLSMITH, J.M. & HENSON, A., "The stare as a stimulus to flight in human subjects: A series of field experiments", in: *J. of Personality and Social Psychol.*, 21, S. 302-311, 1972.

EPSTEIN, Y. M. & KARLIN, R.A., "Effects of acute experimental crowding", in: *J. of Applied Social Psychology*, 5, S. 34-53, 1975.

ERIKSON, E. H., *Childhood and Society*, Harmondsworth, 1950.

EXLINE, R.V., „Visual Interaction: The glances of Power and Pre-
ference", in: Cole (Hg.), *Nebraska Symposium on Motivation*, Bd.
19, Lincoln, 1971.

FALLADA, H., *Damals bei uns daheim —Heute bei uns zu Haus*,
Frankfurt/M., 1992.

FELIPE, N.J. & SOMMER, R., „Invasions of Personal Space", in: *Social
Problems*, 14, S. 206-214, 1966.

FERENCZI, S. (1933), „Sprachverwirrung zwischen den Erwachsenen
und dem Kind", in: *Schriften zur Psychoanalyse* (Bd. 2),
Frankfurt/M., 1972.

FEUERBACH, A. Ritter von, *Kaspar Hauser*, Ansbach, 1832.

FISHER, M. & STRICKER, G. (Hg.), *Intimacy*, New York, 1982.

FLÜGEL, J.K., *The Psychology of Clothes*, London, 1930.

FREEDMAN, J.L., *Crowding and Behavior*, San Francisco, 1975.

FREEDMAN, J.L., LEVY, A. S., BUCHANAN, R.W. & PRICE, J., „Crowding and Human Aggressiveness", in: *J. of Exp. Social Psychol.*, 8, S.
528-548, 1972.

FREEDMAN, N., „The Analysis of movement behavior during the clinical interview", in: Siegman (Hg.), *Studies in Dyadic Communication*, 1972.

FRENCH, M., *Der Krieg gegen die Frauen*, München, 1992.

FREUD, A., *Das Ich und die Abwehrmechanismen*, München, 1936.

FREUD, A., „A psychoanalists view of sexual abuse by parents", in:
Mrazek & Kempe (Hg.), *Sexually abused children and their fami-
lies*, Oxford, 1981.

FREUD, S., „Zur Ätiologie der Hysterie", in: *Gesammelte Werke*, 1,
1896.

FROMM, E., *Anatomie der menschlichen Destruktivität*, Reinbek,
1977.

FTHENAKIS, W.E., *Väter, Band 2. Zur Vater-Kind-Interaktion in verschiedenen Familienstrukturen*, München/Wien/Baltimore, 1985.

GALBRAITH, J.K., *Wirtschaft für Staat und Gesellschaft*, München,
1976.

GODENZI, A., *Bieder, brutal*, Zürich, 1989.

GÖTTNER-ABENDROTH, H., *Die tanzende Göttin*, München, 1984.

GÖTTNER-ABENDROTH, H., *Die Göttin und ihr Heros*, München,
1993.

GOFFMAN, E., *Asylums*, Harmondsworth, 1961.

GOFFMAN, E., „Rollendistanz", in: Steinert (Hg.), *Symbolische Interaktion*, S. 260-279, 1973.

GOFFMAN, E., *Rahmen-Analyse*, Frankfurt/M., 1977.

GOFFMAN, E., *Geschlecht und Werbung*, Frankfurt/M., 1981.

GOLDBERG, S. & LEWIS, M., „Play Behavior in the Year-Old Infant: Early Sex Differences", in: *Child Development*, 40, S. 21-31, 1969.

GRAUDENZ, K., PAPPRITZ, E. & SCHRAMM, U., *Etikette neu*, München, 1971.

GREENBAUM, P. & ROSENFELD, H.M., „Patterns of avoidance in response to interpersonal staring and proximity: Effects of bystanders on drivers at a traffic intersection", in: *J. of Personality and Social Psychol.*, 36, S. 575-587, 1978.

HALL, E.T., *Die Sprache des Raums*, Düsseldorf, 1976.

HALL, J.A., CARTER, J.D. & HORGAN, T.G., „Gender Differences in nonverbal communication of emotion", in: Fischer (Hg.), *Gender and emotion*, S. 97-117, New York, 2000.

HARLOW, H.F., „The Nature of Love", in: *American Psychologist*, 13, S. 673-685, 1958.

HARPER, R.G., WIENS, A.N. & MATARAZZO, J.D., *Nonverbal Communication. The state of the art*, New York, 1978.

HAVILAND, J.M., „Sex-related pragmatics in infants' nonverbal communicaton", in: *Journal of communication*, 27, S. 80-84, 1977.

HAYDUK, L.A., „Personal Space: Where We Now Stand", in: *Psychological Bulletin*, 94, S. 293-335, 1983.

HECHT, M. A. & LAFRANCE, M., „License or Obligation to Smile: The Effect of Power and Sex on Amount and Type of Smiling", in: *Personality and Social Psychology Bulletin*, 24, 12, S. 1332-1342, 1998.

HEDIGER, H., „The Evolution of Territorial Behavior", in: Washburn (Hg.), *Social Life in Early Man*, New York, 1961.

HEILIGER, A. & KUHNE, T. (Hg.), *Feministische Mädchenpolitik*, München, 1993.

HENDERSON, L.F. & LYONS, D.J., „Sexual Differences in Human Crowd Motion", in: *Nature*, S. 353-355, 1972.

HENLEY, N. M., *Körperstrategien*, Frankfurt/M., 1988.

HENLEY, N. M. & LAFRANCE, M., „Gender as Culture: Difference and Dominance in Nonverbal Behavior", in Wolfgang (Hg.), *Nonverbal Behavior: Perspectives, Applications, Intercultural Insights*, S. 351-371, Toronto, 1984.

HERRMANN, H., *Begehren, was man verachtet – Männer haben Angst vor Frauen*, Münster, 2003.

HERZOG, J.M., „Preoedipal Oedipus. The father-child dialog", in: Pollock & Ross (Hg.), *The Oedipus papers. Classics in Psychoanalysis: monograph 6*, S. 475-491, Madison, Conn., 1985.

HIRSCHAUER, S., „Die interaktive Konstruktion von Geschlechtszugehörigkeit", in: *Zeitschrift für Soziologie*, 18, 2, S. 100-118, 1989.

HUGHES, J. & GOLDMAN, M., „Eye contact, facial expression, sex, and the violation of personal space", in: *Perceptual and Motor Skills*, 46, S. 579-584, 1978.

HUNTER, A.E. (Hg.), *On Peace, War, and Gender: A Challenge to Genetic Explanations*, New York, 1991.

INNESS, J.C., *Privacy, Intimacy, and Isolation*, New York, Oxford, 1992.

INSEL, P.M. & LINDGREN, H.C., *Too Close for Comfort*, Englewood Cliffs, 1978.

JOOS, M., „The five clocks", in: *Int. Journal of Am. Linguistics*, 28/2, Part V.

JOURARD, S.M., „An exploratory study of body-accessibility", in: *Brit. J. of Social and Clinical Psychology*, 5, S. 221-231, 1966.

JUGENDWERK DER DT. SHELL (Hg.), *Jugend '92: Lebenslagen, Orientierungen und Entwicklungsperspektiven im vereinigten Deutschland*, Opladen, 1993.

KAPLAN, L.J., *Weibliche Perversionen*, Hamburg, 1991.

KAVEMANN, B. & LOHSTÖTER, I., *Väter als Täter*, Reinbek, 1984.

KENNEDY, C.W. & CAMDEN, C., „Gender differences in interrruption behaviour: A dominance perspective", in: *International Journal of Women's Studies*, 4, S. 18-25, 1983.

KIMBLE, C.E., FORTE, R.A. & YOSHIKAWA, J.C., „Nonverbal concomitants of enacted emotional intensity and positivity: Visual and Vocal Behavior", in: *J. of Personality*, 49, S. 271-283, 1981.

KINZEL, A.F., „Body buffer zone in violent prisoners", in: *Am. Journal of Psychiatry*, 127, S. 99-104, 1970.

KINZEL, J., SCHETT, P., WANKO, K., & BIEBL, W., „Langzeitfolgen sexueller Mißbrauchserfahrungen bei einer nichtklinischen Gruppe", in: *Psychologie in der Medizin*, 3, 4, S. 13-17, 1992.

KITCH, S.L., „Does war have Gender?", in: Hunter (Hg.), *On Peace, War, and Gender*, S. 92-103, New York, 1991.

KLEBE, J., *Die Sprache der Zeichen und Bilder*, Köln, 1989.

KLEINKE, C., „Gaze and Eye Contact: A Research Review", in: *Psychological Bulletin*, 100, S. 78-100, 1986.

KOMPTER, A.E., *De macht van de vanzelfsprekendheid. Relaties tussen vrouwen en mannen*, Den Haag, 1985.

LAFRANCE, M. & HECHT, M.A., „Gender and smiling: A metaanalysis", in: Fischer, *Gender and emotion: Social psychological perspectives*, S. 118-142, New York, 2000.

LAMB, M.E., „The Development of Parental Preferences in the First Two Years of Life", in: *Sex Roles*, 3, S. 495-97, 1977.

LAMB, M.E. (Hg.), *The role of the father in Child development*, New York, 1976.

LANG, S., „Two-Spirit People: Gender Variance, Homosexualität und Identitätsfindung bei IndianerInnen Nordamerikas", in: *kea – Zeitschrift für Kulturwissenschaften*, 7, S. 69- 86.

LAQUEUR, T., *Auf den Leib geschrieben*, Frankfurt/M., 1992.

LERNER, H.G., *Wohin mit meiner Wut?*, Zürich, 1987.

LESSEN, R. van, *Entwicklung einer inhaltsanalytischen Methode zur Beschreibung der Gestaltungsmittel audiovisueller Medien, insb. von Dokumentarfilmen*, Mainz, 1975.

LEWIS, M. & WEINRAUB, M., „The father's role in the child's social network", in: Lamb (Hg.), *The role of the father in child development*, S. 157-184, New York, 1976.

LEY, D. & CYBRIWISKY, R., „Urban graffiti as territorial markers", in: *Annals of the American Geographers*, 64, S. 491-505, 1974.

LIEDLOFF, J., *Auf der Suche nach dem verlorenen Glück*, München, 1980.

LOCHMAN, J.E. & ALLEN, G., „Nonverbal communication of couples in conflicts", in: *Journal of Research in Personality*, 15, S. 253-269, 1981.

LORBER, J., *Gender-Paradoxien*, Opladen, 1999.

MAHLER, M., PINE, F. & BERGMANN, A., *Die psychische Geburt des Menschen*, Frankfurt/M., 1985.

MANN, K., *Der Wendepunkt*, Frankfurt/M., 1963.

MASSON, J.M., *Was hat man dir, du armes Kind, getan?*, Reinbek, 1984.

MATTHIAS, A., *Wie erziehen wir unseren Sohn Benjamin?*, München, 1902.

MEAD, M., *Mann und Weib*, Hamburg, 1958.

MERTENS, W., *Entwicklung der Psychosexualität und der Geschlechtsidentität* (Band 1), Stuttgart, 1992.

MIDDLEMIST, R.D., KNOWLES, E.S. & MATTER, C F., „Personal space invasions in the lavatory: Suggestive evidence for arousal", in: *J. of Personality and Social Psychol.*, 33, S. 541-546, 1976.

MITSCHERLICH-NIELSEN, M., „Zur Psychoanalyse der Weiblichkeit", in: *Psyche*, 32, S. 669-694, 1978.

MONTAGU, A., *Körperkontakt*, Stuttgart, 1971.

MONTAGU, A., *Touching: The Human Significance of the Skin*, New York, 1978.

MORRIS, D., *Liebe geht durch die Haut*, München, Zürich, 1972.

MORRIS, D., *Manwatching. A Field Guide to Human Behaviour*, London, 1977.

MOSS, H.A., Sex, age and state as determinants of mother-infant interaction, in: *Merrill Palmer Quarterly*, 13, S. 19-36, 1967.

MÜHLEN ACHS, G. (Hg.), *Bildersturm. Frauen in den Medien*, München, 1990.

MÜHLEN ACHS, G., *Wie Katz und Hund. Die Körpersprache der Geschlechter*, München, 1993.

MÜHLEN ACHS, G., *Geschlecht bewußt gemacht. Körpersprachliche Inszenierungen*, München, 1998.

MÜHLEN ACHS, G. & SCHORB, B. (Hg.), *Geschlecht und Medien*, München, 1995

NEWSON, J. & NEWSON, E., *Seven Years Old in the Home Environment*, London, 1976.

PATTERSON, M.L., „The role of space in social interaction", in: Siegman & Feldstein (Hg.), *Nonverbal behavior and communication*, S. 265-290, 1978.

PETILLON, H., *Das Sozialleben des Schulanfängers. Die Schule aus der Sicht des Kindes*, Weinheim, 1993.

PIONTELLI, A., „Infant observation from before birth", in: *Int. J. Psycho-Anal.*, 68, S. 453-464, 1987.

RACHKOWSKI, R. & O'GRADY, K.E., „Client gender and sex-type nonverbal behaviour: Impact on impression formation", in: *Sex Roles: A Journal of Research*, 19, S. 771-783, 1988.

REMLAND, M.S. & BRINKMANN, H., „Interpersonal distance, body orientation and touch: Effects of culture, gender and age", in: *Journal of Social Psychology* 135, 3, S. 281-297.

RIEDL, B., „Morphologisch-metrische Merkmale des männlichen und weiblichen Partnerleitbildes in ihrer Bedeutung für die Wahl des Ehegatten", in: *Homo*, 41, S. 72-85, 1990.

RIJNAARTS, J., *Lots Töchter*, Düsseldorf, 1988.

ROSENTHAL, R. & DEPAULO, B. M., „Sex Differences in Accomodation in Nonverbal Communication", in: Rosenthal (Hg.), *Skill in Nonverbal Communication: Individual Differences*, Cambridge, Mass., 1979.

ROSS, M., LAYTON, B., ERICKSON, B. & SCHOPLER, J., „Affect facial regard and reactions to crowding", in: *J. of Personality and Social Psychol.*, 28, S. 69-76, 1973.

ROUSSEAU, J.J., *Emil oder über die Erziehung*, Paderborn, 1972.

RUSSELL, D.E., *The Secret Trauma*, New York, 1986.

RUTSCHKY, K. (Hg.), *Schwarze Pädagogik*, Frankfurt/M, 1977.

SANDAY, P.R., *Female Power and Male Dominance*, New York, 1981.

SCHEFLEN, A. E., *Körpersprache und soziale Ordnung*, Stuttgart, 1976.

SCHERER, K.R. & WALLBOTT, H.G. (Hg.), *Nonverbale Kommunikation: Forschungsberichte zum Interaktions-Verhalten*, Weinheim, 1979.

SCHEU, U., *Wir werden nicht als Mädchen geboren – wir werden dazu gemacht*, Frankfurt/M., 1977.

SCHILLING, S., *Die Schlangenfrau*, Frankfurt/M., 1984.

SCHMAUCH, U., *Anatomie und Schicksal: zur Psychoanalyse der frühen Geschlechtersozialisation*, Frankfurt/M., 1987.

SCHMERL, C., *Das Frauen- und Mädchenbild in den Medien*, Opladen, 1984.

SCHMERL, C., *Frauenzoo der Werbung*, München, 1992.

SCHMITT, J-C., *Die Logik der Gesten im europäischen Mittelalter*, Stuttgart, 1992.

SPANGLER, L., „Gender specific nonverbal communication: Impact for speaker effectiveness", in: *Human Resource Development Quart.*, 6,4, S. 409-419, 1995.

SCHULMAN, G.I. & HOSKINS, M., „Perceiving the male versus the female face", in: *Psychology of Women Quarterly*, 10, S. 141-154, 1986.

SCHWARTZ, B., „The Social Psychology of Privacy", in: *Am. Journal of Sociology*, 73, S. 741-754, 1986.

SEIFERT, R., „Feministische Theorie und Militärsoziologie", in: *Das Argument*, 190, 1991.

SEIFERT, R., „Männlichkeitskonstruktionen: Die diskursive Macht des Militärs", in: *Das Argument*, 196, 1992.

SHENGOLD, L., „Child abuse and deprivation: Soul murder", in: *J. Am. Psychoanal. Assoc.*, 27, S. 533-559, 1979.

SIEGMAN, A.W. & FELDSTEIN, S. (Hg.), *Nonverbal behavior and Communication*, Hillsdale, 1978.

SISK, J.P., „In Praise of Privacy", in: *Harpers's*, Febr, S. 100-107, 1975.

SOMMER, R., *Personal Space. The behavioral basis of design*, New York, 1969.

SPENCE, J.T. & HELMREICH, R.L., *Masculinity & Femininity: Their psychological dimensions, correlates, & antecedents*, Austin, 1978.

SPITZ, R.A., „Hospitalism", in: *The Psychoanalytic Study of the Child*, 1, S. 53-74, 1945.

SPITZ, R.A., *Vom Säugling zum Kleinkind*, Stuttgart, 1972.

STIGLMAYER, A. (Hg.), *Massenvergewaltigung. Krieg gegen die Frauen. Recherchen – Interviews – Analysen*, Freiburg i. Br., 1993.

STOPPARD, J.M. & GUNN GRUCHY, C.D., „Gender, context and

expression of positive emotion", in: *Personality and Social Psychology Bulletin ,*19, S. 143-150, 1993.

SUWELACK, D.M., *Die stumme Beziehungssprache der Geschlechter.* Frankfurt/M., 1998

THEWELEIT, K., *Männerphantasien*, Reinbek, 1980.

TRÖMEL-PLÖTZ, S., „Sprache, Geschlecht und Macht", in: *Linguistische Berichte*, 69, 1980.

TRÖMEL-PLÖTZ, S., *Frauensprache: Sprache der Veränderung,* Frankfurt/M., 1982.

TRÖMEL-PLÖTZ, S., *Vatersprache - Mutterland*, München, 1992.

TRÖMEL-PLÖTZ, S. (Hg.), *Gewalt durch Sprache*, Frankfurt/M., 1984.

VAN LAWICK-GOODALL, J., *Wilde Schimpansen*, Reinbek, 1971.

VILLA, P.-I., *Sexy Bodies*, Opladen, 2000.

VOSS, J., *Das Schwarzmondtabu: Die kulturelle Bedeutung des weiblichen Zyklus*, Stuttgart, 1988.

VRUGT, A. & KERKSTRA, A., „Difference between Men and Women in Nonverbal Behavior", *Paper presented at the 2nd Int. Conf. on nonverbal behavior*, Toronto, Can., 1983.

WALLBOTT, H.G., „Aus dem Zusammenhang gerissen – Schauspielermimik ohne Kontextinformation", in: Wallbott, H.G., *Mimik im Kontext*, S. 187-199, Göttingen, 1990.

WATZLAWICK, P., BEAVIN, J.H., JACKSON, D.D., *Menschliche Kommunikation*, Bern, 1969.

WAXER, P., „Nonverbal cues for depression", in: *Journal of Abnormal Psychology*, 83, S. 319-322, 1974.

WEILER, G., *Der enteignete Mythos*, München, 1985.

WEITZ, S., *Nonverbal Communication. Readings with commentary*, London, 1974.

WEST, C., *Routine Complications*, Bloomington, 1984.

WEST, C. & ZIMMERMAN, D.H., „Doing Gender", in: Lorber/Farell (Hg.): *The social construction of Gender*, Newbury Park, 13-17, 1991

WESTIN, A.F., *Privacy and Freedom* (6.Auflage), New York, 1970.

WEX, M., *„ Weibliche" und „ männliche" Körpersprache als Folge patriarchalischer Machtverhältnisse*, Hamburg, 1979.

WOLF, N., *Der Mythos Schönheit*, Reinbek, 1991.

WOOLF, V., *Orlando*, Frankfurt/M., 1928.

WOOLF, V., *Ein Zimmer für sich allein*, Berlin, 1978.

YU, D.W. & SHEPARD, G.H., „Is beauty in the eye of the beholder?", in: *Nature ,*396, S. 321- 322.

ZASLOW, R.W., „Der Medusa-Komplex", in: *Zeitschr. f. klin. Psych. u. Psychotherapie*, 2, S. 162-180, 1982.

Die Autorin

Dr. Gitta Mühlen Achs, Autorin von „Geschlecht bewußt gemacht. Körpersprachliche Inszenierungen", „Wie Katz und Hund. Die Körpersprache der Geschlechter", „Bildersturm. Frauen in den Medien" und anderen einschlägigen Publikationen, ist langjährige Mitarbeiterin des Instituts für Psychologie an der Ludwig-Maximilian-Universität München und Trainerin für Körpersprache, soziale Kommunikation und Genderkompetenz (Gender Mainstreaming).

Gitta Mühlen Achs

Geschlecht bewußt gemacht
Körpersprachliche Inszenierungen
Ein Bilder- und Arbeitsbuch

160 Seiten

ISBN 3-88104-308-X

Geschlecht ist nicht etwas, das wir haben oder sind. Geschlecht ist etwas, das wir tun. Vor allem durch die Art unseres Auftretens, unsere Haltung und unsere Körpersprache weisen wir uns als Männer oder Frauen aus. Die Vorlagen dafür liefern u.a. die Bilder von Frauen und Männern in den Medien. Trotz aller gesellschaftlichen Veränderungen entsprechen diese Bilder nach wie vor dem traditionellen Rollenverständnis von Männlich und Weiblich, von Stark und Schwach. Solange wir uns, ohne nachzudenken, an solchen Bildern orientieren, konstruieren auch wir Geschlecht als ein scheinbar selbstverständliches naturgegebenes Machtverhältnis.

Aber das läßt sich ändern. Anhand vieler Abbildungen zeigt dieses Buch, wie die Zeichen auch anders gelesen und genutzt werden können.

Verlag Frauenoffensive

Zum Weiterlesen

Elena Gianini Belotti
Was geschieht mit kleinen Mädchen?
Ein Beitrag zur rollenspezifischen Sozialisation

aus dem Italienischen von Luisa Francia

176 Seiten

ISBN 3-88104-030-7

Eine streitbare Dokumentation über die Grausamkeit des Kleinmädchendaseins. Systematisch werden die Vorbilder des Mädchens auf eine passive Rolle eingeengt. Ein Kreislauf, der sich schließt, wenn das Mädchen als Mutter, Lehrerin, Kindergärtnerin dieses negative Selbstbild an ihre Töchter und Erziehungsbefohlenen weitergibt.

Mary Daly
Gyn/Ökologie
Eine Metaethik des radikalen Feminismus
aus dem amerikanischen Englisch von Erika Wisselinck
530 Seiten

ISBN 3-88104-215-6

Mary Dalys Buch besteht aus drei Passagen. In der ersten beschreibt sie die Wirkung alter und neuer Mythen auf das Selbst der Frauen. In der zweiten untersucht sie frauenzerstörerische Praktiken aus verschiedenen Zeiten und Kulturräumen: Witwenverbrennung in Indien, Füßeeinbinden in China, Genitalverstümmelungen in Afrika, Hexenverbrennungen in Europa, moderne amerikanische Gynäkologie und Nazi-Medizin. In der dritten Passage benennt Mary Daly die Gegenkräfte, die Frauen entwickeln können: Sprühen im Sinn von Funkenschlagen – das Feuer der Frauenfreundschaft; Spinnen im mythischen Sinn des Worts – neue Zeiten/Räume spinnen.

Verlag Frauenoffensive

Zum Weiterlesen

Virginia Woolf
Drei Guineen
Essay
aus dem Englischen von Anita Eichholz
270 Seiten, geb.

ISBN 3-88104-164-8

„Drei Guineen" wurde 1938 als letzte Veröffentlichung zu Virginia Woolfs Lebzeiten publiziert. Ein fiktiver Briefwechsel mit einem gebildeten Mann in reiferen Jahren mit erfolgreicher Karriere und geglücktem Familienleben. „Der klügste und witzigste Text, der je gegen den Völkerkrieg und über den Geschlechterkrieg geschrieben wurde."
(Alice Schwarzer)

Nancy Chodorow
Das Erbe der Mütter
Psychoanalyse und Soziologie der Geschlechter
aus dem amerikanischen Englisch von Gitta Mühlen Achs
320 Seiten

ISBN 3-88104-145-1

Wie entstehen qualitative Unterschiede der „Geschlechterpersönlichkeit"? Wie sehen diese Unterschiede aus, und in welchem Zusammenhang stehen sie zur Ideologie über Frauen, zur Ungleichheit von Frau und Mann und zur Familienstruktur? Welche Folgen hat es für Frauen und Männer, daß die erste Liebesbeziehung jedes Menschen eine Frau, die Mutter, ist? Das Erbe der Mütter ist eine schlüssige, sich allen ideologischen Kategorisierungen widersetzende Entmystifizierung von Weiblichkeit und Mütterlichkeit.

Verlag Frauenoffensive